RATGEBER

Krebse, Krabben und Garnelen im Süßwasseraquarium

Hans Gonella

Caridinia japonica ist eine beliebte algenfressende Garnele im Pflanzenaquarium.
Foto: Takashi Amano

© Copyright 1999, bede-Verlag GmbH, Bühlfelderweg 12, D-94239 Ruhmannsfelden
e-mail: bede-Verlag@t-online.de;   Internet: http://www.bede-verlag.de

Herstellung und Gestaltung: bede-Verlag

Fotos: Takashi Amano, Hans Gonella, Daniel Meier, Marie-Paule & Christian Piednoir/Aqua-Press, Hans-Joachim Richter (mit Dank an Dr. Herbert R. Axelrod), Dr. Jürgen Schmidt, Yvette Tavernier, Alfred Waser und Andreas Wieland, sowie bede-Verlag; sofern nicht anders angegeben.

Fachliche Durchsicht: Dr. Andreas Pohlschmidt, Erlangen; Dr. Jürgen Schmidt, Ruhmannsfelden.

Alle Rechte vorbehalten. Für Schäden, die durch Nachahmung entstehen, können Verlag und Autor nicht haftbar gemacht werden.

ISBN 3-931 792-87-O

INHALT

Einleitung..4
Danksagung...5

Die wirbellosen Tiere................................6
Die Krebstiere, Crustacea.........................8
Entwicklungsgeschichte der Krebstiere..............9

Systematik der Krebstiere........................10
Kleinkrebsgruppe, Cephalocarida.................11
Kleinkrebsgruppe, Remipedia......................11
Blattfußkrebse, Branchiopoda.....................11
Bartkrebse, Mystacocarida.........................11
Karpfenläuse, Branchiura...........................11
Muschelkrebse, Ostracoda..........................11
Kleinstkrebsgruppe, Tantulocarida...............11
Rankenfüßer, Cirripedia.............................11
Ruderfußkrebse, Copepoda.........................11
Krebsgruppe Malacostraca (Höhere Krebse).......11
Leptostraca, Phyllocarida...........................11
Fangschreckenkrebse Stomatopoda, Hoplocarida.....11
Syncarida..11
Thermosbaenacea, Pancarida.......................11
„Ranzenkrebse", Peracarida.........................12
Krebsgruppe Eucarida................................12
Die Krebstierklassen.................................13

Die Familien der Süßwasser-Krebs-, -Krabben- und -Garnelengruppen................................14

Besonderes im Körperbau der Krebstiere........15
Panzerung...15
Färbung..16
Das Häuten..16
Sinnesleistungen.....................................17
Kiemen...17
Innere Organe..19
Allgemeines zur Fortpflanzung....................19

Bedeutung der Krebstiere für den Menschen...20
Schutz der Krebstiere................................20
Flußkrebse gehören nicht in Freilandanlagen......21
Das Herstellen von Präparaten.....................21

Was sind Süßwasserkrebstiere?.................24
Verbreitungsgebiete und Biotope..................24
Anpassung an die Lebensräume...................25

Süßwasserkrebse, -krabben und -garnelen im Aquarium..27
Das Wasser fürs Aquarium.........................28
Wichtiges zum Thema Wasserhärte................30
Wichtiges zum Thema pH-Wert....................31
Wichtiges zum Thema Wassertemperatur.........32

Das Aquarium für Süßwasserkrebse..............33
Aquariumgröße.......................................33
Technik...33
Einrichtung..34
Krebsarten fürs Süßwasseraquarium..............34

Das Aquaterrarium für Krabben....................42
Größe des Aquaterrariums..........................42
Technik...42
Bau eines Aquaterrariums..........................43
Krabbenarten fürs Süßwasseraquarium...........44
Zum Thema Landeinsiedlerkrebse................48

Das Aquarium für Garnelen.........................49
Aquariumgröße.......................................49
Technik...49
Einrichtung..50
Garnelenarten fürs Süßwasseraquarium..........50

Die Pflege und Zucht.................................63
Die kontinuierlichen Pflegemaßnahmen..........63
Schwierigkeiten bei der Pflege.....................65
Futter für Krebse, Krabben und Garnelen........66
Das Füttern..70
Zucht von Krebsen, Krabben und Garnelen.......70
Die Zucht von Flußkrebsen.........................71
Die Zucht von Krabben..............................73
Die Zucht von Garnelen.............................73

Krankheiten und Schädigungen von „Höheren Krebsen" im Aquarium.............................78

Das Verhalten von Krebsen, Krabben und Garnelen...83

Das Verhalten von Flußkrebsen....................84
Das Verhalten von Krabben.........................86
Das Verhalten von Garnelen.......................87
Die Vergesellschaftung mit Fischen und anderen Tieren.....88

Schlußbemerkungen.................................90

Literaturverzeichnis..................................92

Register...94

Einleitung

Auf viele Leute haben die Krebse, Krabben und Garnelen eine anziehende Wirkung. Manche dagegen ekeln sich vor den urtümlich anmutenden Wesen aus dem Wasser. Unbestritten ist, daß von Krebsen, Krabben und Garnelen eine ungeheure Faszination ausgehen kann. Besieht man sich die zum Teil farbenprächtigen Krustentiere, so ist der Betrachter schnell geneigt, einige dieser geheimnisvollen Wesen in einem Aquarium oder Terrarium zu pflegen. Gerade die Möglichkeit, die Krebstiere im Süßwasser pflegen zu wollen, verleitet zum unüberlegten Kauf. Vielfach geht dies gut und die Tiere bereiten viel Freude. Oft aber stellen sich auch Probleme ein, mit denen der Pfleger nicht gerechnet hat. Den gepanzerten Süßwasserbewohnern ist ein möglicher Krankheitsbefall, der beispielsweise auf unzureichende Pflegevoraussetzungen zurückzuführen ist, kaum anzusehen, und schon nehmen die „lustigen Gesellen" Schaden.

Über die Pflege von im Süßwasser lebenden Krebstieren ist noch verhältnismäßig wenig bekannt. Ausgenommen jene Arten, die für die menschliche Ernährung eine Bedeutung haben und in großer Stückzahl gezüchtet werden. Dagegen ist über die tropischen „Aquarium-Süßwasserkrebse" so gut wie nichts bekannt. Zum einen ist dies auf die ungeheure Artenzahl aus den unterschiedlichsten Biotopen zurückzuführen. Zum anderen wurde die Pflege von Krebstieren im Süßwasseraquarium in den letzten Jahrzehnten nur von wenigen Enthusiasten betrieben, und dies meist auch nur gelegentlich. In den letzten Jahren wurden tropische Süßwasserkrebstiere vermehrt eingeführt und fanden eine immer größer werdende Zahl von Liebhabern, die gewillt sind, sich mit den Bedürfnissen der Krebse und deren Anforderungen an die Pflege auseinanderzusetzen. Das vorliegende Buch soll die Lücke des oft noch fehlenden Wissensstands füllen, um eine erfolgreiche Krebspflege in eine erreichbare Nähe zu rücken. Auf gar keinen Fall aber soll mit diesem Buch der Eindruck erweckt werden, daß darin ein vollständiges Wissen zur Krebspflege dargestellt wird. Dies ist kaum möglich, denn immer wieder werden neue, manchmal auch unbekannte Arten eingeführt, deren Lebensweisen bis heute unbekannt sind. Dafür werden in diesem Buch alle wichtigen Fragen zur Krebstierpflege beantwortet, die mithelfen können, auch einer ungewohnten Situation mit der nötigen Umsicht beggnen zu können.

Krebse, Krabben und Garnelen zählen zu jenen Aquarienpfleglingen, bei denen es sich lohnt, sich genau über ihre Lebensweisen zu informieren. Ebenso ist es wichtig, beim Kauf über den Ursprungsort der jeweiligen Art möglichst viel in Erfahrung zu bringen. Dies erleichtert die spätere Pflege.

Die meisten Arten stellen bestimmte Ansprüche an die Wasserqualität und die Einrichtung des Aquariums beziehungsweise Terrariums. Einige Arten besiedeln in der Natur sowohl die Süßwasser- als auch Meereszonen, was besonders hohe Pflegeansprüche zur Folge hat. Von diesen Arten sollte der noch ungeübte Pfleger absehen und seine ersten Erfahrungen mit Arten sammeln, die ausschließlich im Süßwasser leben. Wie an verschiedenen Stellen im vorliegenden Buch auch immer wieder hervorgehoben wird, sollten die Krebstiere vorzugsweise im Artaquarium oder -terrarium gepflegt werden. Das heißt, mit den Krebsen sollen keine Fische oder andere Krebstiere gepflegt werden. Die meisten Krebstiere sind hartnäckige Jäger,

Unter den tropischen Krebstieren, die regelmäßig in Aquarien gepflegt werden, zählen die Fächergarnelen zu den „Klassikern". Foto: Yvette Tavernier

die auch ihre kleineren Artgenossen nicht verschmähen. Allerdings wird der erfahrene Pfleger sehr wohl Tiergemeinschaften im Aquarium zusammenstellen können, die harmonieren und demnach ein friedliches Zusammenleben verschiedener Tierarten erlauben.

Zu den nachfolgenden Ausführungen der Systematik sei erwähnt, daß diese einen kleinen Einblick in die Welt der Krebstiere geben soll und daher nicht als eine ausführliche, wissenschaftliche Zusammenstellung über die Tiergruppe anzusehen ist. Dasselbe gilt für die Artenzusammenstellungen und die dazugehörigen Anmerkungen, die auf den heutigen Erkenntnissen bei der Krebspflege beruhen und sich auf die häufig eingeführten Arten beschränken.

Dem aufmerksamen Leser wird es auch nicht entgehen, daß in einzelnen Abschnitten thematische Ähnlichkeiten oder Wiederholungen gewisser Themenkreise vorzufinden sind. Einerseits soll dies der besseren Verständlichkeit dienen, andererseits werden wichtige Fakten wiederholt, um das Buch sozusagen auch als Nachschlagewerk nutzen zu können. Und schlußendlich ist noch sehr deutlich darauf hinzuweisen, daß

EINLEITUNG

Zu den Krebstieren zählt man über 50 000 unterschiedliche Arten. Hier ist eine phantastisch anzuschauende Meereskrabbe von den Malediven abgebildet.
Foto: Andreas Wieland

nachfolgende Ausführungen zur Pflege gewissenhaft überprüft wurden und auf den Erfahrungen vieler Aquarianer basieren. Trotzdem ist folgendes zu bedenken: Je nach Aquariumverhältnissen und Pflegebedingungen könnten durchaus abweichende Beobachtungen und Erfahrungen bei der Krebstierpflege gemacht werden. Die Pflege von Krebsen, Krabben und Garnelen kann also kein Vorgehen nach Rezept sein, sondern sie kann den Erfordernissen entsprechend durchaus variieren. Oder anders ausgedrückt: Was sich mehrfach bewährt hat, muß dennoch nicht immer als Selbstverständlichkeit angesehen werden, sondern verlangt vom Pfleger trotzdem ungeteilte Aufmerksamkeit, um auf Unvorhergesehenes angemessen reagieren zu können.

Danksagung

Ein ausdrücklicher Dank verdient Herr Dr. Andreas POHLSCHMIDT für seine fachliche Durchsicht des Texts. Durch seine wertvollen Anmerkungen hat das vorliegende Buch viel an Substanz gewonnen.
An der Zusammenstellung des vorliegenden Buchs haben sich verschiedene an der Krebspflege interessierte Personen aus den unterschiedlichsten Fachbereichen beteiligt. Ohne die großzügige und freundliche Unterstützung der erwähnten Personen oder Institutionen wäre dieses Buch über Krebse, Krabben und Garnelen wohl nie zustande gekommen. Ein aufrichtiger Dank an alle, die mit ihrem Beitrag das Erscheinen des Buchs erst ermöglicht haben. Der Inhalt des Buchs muß jedoch nicht ohne weiteres mit dem großen Erfahrungsschatz und den Ansichten der hier genannten Personen oder Institutionen übereinstimmen.

Ein besonderes Dankeschön gebührt:

Bernd & Marcus DEGEN, bede-Verlag, Ruhmannsfelden, D
Dr. Jürgen SCHMIDT, bede-Verlag, Ruhmannsfelden, D
Dr. Thomas WAHLI, Institut für Tierpathologie,
　　Universität Bern, CH
Fischerei- und Jagdverwaltung des Kantons Zürich, CH
Mitarbeiterinnen und Mitarbeiter der Qualipet AG,
　　Dietlikon, CH
René BURKHART, Bassersdorf, CH
Joachim FRISCHE, Penzberg, D
Samuel FURRER, Zoologe, Volketswil, CH
Rudolf HEUBERGER, Urdorf, CH
Johannes LEUENBERGER, Kaiseraugst, CH
Daniel MADÖRIN, Zoologischer Garten Basel, CH
Daniel MEIER, Bern, CH
Jeannette PLEHN-MAHLER, Sandhausen, D
Dr. Andreas POHLSCHMIDT, Erlangen, D
Oliver SCHRIMPER, Kiefersfelden, D
Alfred WASER, Winterthur, CH
WEBER-Aquaristik, Bern, CH
Andreas WIELAND, Hüttwilen, CH

Für die Mitarbeit beim Recherchieren und für die Textbearbeitung ist nicht zuletzt Denise GONELLA-GYGAX sowie Paul GYGAX zu danken.

EINLEITUNG

In den Naturaquarien nach japanischem Vorbild hat sich der Einsatz von Garnelen zur Algenbekämpfung sehr bewährt.

EINLEITUNG

Die Yamatonuma-Garnele, *Caridina japonica*, verträgt sich gut mit Salmlern. Foto: Takashi Amano

DIE WIRBELLOSEN

DIE WIRBELLOSEN TIERE

Die Krebstiere gehören zu den wirbellosen Tieren, auch Invertebrata (lat.) genannt. Dabei handelt es sich nicht um eine systematische Bezeichnung für die Tiere ohne Wirbelsäule. Ihrem Körper verleiht nicht die Wirbelsäule „die nötige Stabilität", sondern diese wird von der Körperhülle gegeben. Bei den Krebstieren übernimmt also die Panzerung diese „Funktion". Die Vielzahl der Tierarten, die zu den Wirbellosen zählen ist, ist unüberschaubar. Gerade bei den Einzellern läßt sich die ungeheure Artenzahl kaum mehr abschätzen. Die wahrscheinlich bekanntesten Einzeller sind wohl die Geißel- und Wimpertierchen. Weiterhin umfassen die wirbellosen Tiere viele aus der Meerwasseraquaristik bekannte Lebewesen. Dazu gehören zum Beispiel die Nesseltiere mit etwa 9000 Arten, zu welchen die Blumentiere, die Anemonen und Quallen sowie andere Organismen gehören. Die Schwämme mit rund 5000 Arten bilden ebenfalls eine artenreiche Wirbellosengruppe. Diese Artenvielfalt wird jedoch von der Gruppe der Würmer noch bei weitem übertroffen. Zu den gut 130 000 Weichtieren, die ebenfalls zu den Wirbellosen zählen, werden die „Tintenfischartigen", Muscheln und Schnecken eingeteilt. Die gewaltige Gruppe der Insekten und Spinnentiere ist wohl eine allgegenwärtige Gruppe der Wirbellosen. Neben einer Million Insektenarten und rund 60 000 Spinnentieren erscheint die Gruppe der Krebstiere mit über 50 000 Arten geradezu bescheiden.

Die Krebse, Crustacea

Die Krebstiere umfassen eine beachtliche Anzahl an Arten, die sich in Größe und Formenvielfalt beachtlich voneinander unterscheiden. Die kleinsten Krebse sind Millimeter große Tierchen und besiedeln als sogenanntes Zooplankton sowohl das Süßwasser, als auch das salzhaltige Wasser. Die größten Krebse aus dem Meer erreichen eine Körperlänge von 60 cm. Andere Arten haben eine Panzerbreite von 40 cm und Beine, die eine Spannweite von bis zu 3 m aufweisen können. Der größte heute bekannte Flußkrebs kommt aus Tasmanien und erreicht eine Körperlänge von 1 m. Der „Tasmanische-Flußkrebs", *Astacopsis gouldi*, erreicht seine Geschlechtsreife erst nach 14 Jahren, dafür wird er aber 35 bis 40 Jahre alt. Er zählt zu den geschützten Tierarten.

Die meisten Arten sind im Meer zu finden, in dem sie auch ihren entwicklungsgeschichtlichen Ursprung haben. Sie kommen am Strand genau so vor wie auch in den Tiefen der Ozeane. Die Columbus-Krabben leben sogar auf Treibgut oder Meeresschildkröten und lassen sich so durch die Weltmeere transportieren. Einige Arten bevorzugen das Brackwasser, dort wo die Flüsse ins Meer fließen. Gewisse Arten dringen auch ins Süßwasser vor. Sie müssen aber zur Fortpflanzung wieder ins Meer zurückkehren. Manche Krebsarten, die für die Pflege im Süßwasseraquarium infrage kommen, leben aber dauerhaft im Süßwasser. Auch Krebsarten, die einen Großteil ihres Lebens an Land verbringen sind bekannt. Zur Fortpflanzung sind sie jedoch aufs nasse Element angewiesen. Lediglich die zu den Krebsen zählenden Landasseln (Ordnung Isopoda) haben sich gänzlich an das Leben an Land angepaßt.

Die größer werdenden Krebse atmen durch Kiemen. Ihr Körperbau ist durch zwei Paar Antennen und einen Kopfbrustpanzer oder aber zwei Schalenklappen gekennzeichnet. Die Panzerung – das äußere Chitinskelett – erhält seine beachtliche Festigkeit durch die Einlagerung von kohlensaurem Kalk. Wie bei vielen Arten gut ersichtlich ist, setzt sich der Panzer aus verschiedenen, voneinander getrennt angeordneten Segmenten zusammen. Einige Krebsformen haben einen sehr ursprünglichen Charakter, wie man ihn anhand fossiler Funde aus dem Erdaltertum erkennt. Wieder andere Krebstiere dagegen kann man zu den moderneren Tierformen zählen. Sie stehen sozusagen noch inmitten einer „lebhaften" Evolution. Unter den Krebstieren finden sich bemerkenswerte, wie auch bizarre Formen. So sind beispielsweise die allbekannten Wasserflöhe sogar in der Lage, je nach Jahreszeit ihre Körperform zu verändern, um sich damit vermutlich an die veränderten Lebensbedingungen anzupassen. Unter den Krebsen finden sich auch eine Vielzahl an Parasiten. Wie in der Natur befallen sie auch im Aquarium Fische und machen, je nach Art, auch nicht vor ihren großwüchsigen Verwandten halt.

Früher wurden die Krebse in Niedere Krebse (Entomostraca) und Höhere Krebse (Malacostraca) unterteilt. Heute besteht eine viel differenziertere Aufteilung der Krebstiere. Eines besseren Verständnisses wegen wird der

Unter den „Höheren Krebsen" finden sich zahlreiche sonderbare, wie auch „einfallsreiche" Arten. Dieses Beispiel zeigt einen Einsiedlerkrebs aus dem Roten Meer, der eine alte Schneckenschale als Behausung nutzt.
Foto: Andreas Wieland

Begriff der "Höheren Krebse" trotzdem an verschiedenen Stellen der Ausführungen verwendet.

Außer bei der folgenden Übersicht zur Systematik der Krebse und einigen wenigen anderen Ausnahmen beschränken sich die nachfolgend behandelten Themenkreise hauptsächlich auf jene Krebstiere, die im Süßwasser leben und für die Pflege im häuslichen Umfeld einiges an Bedeutung erlangt haben. Dies ist zum einen sehr schade, denn es gibt unzählige Arten, die über ausgesprochen interessante Lebensweisen verfügen. Zum anderen würde es aber den vorgegebenen Rahmen des Buchs bei weitem sprengen, die Zahl der hier erwähnten Krebstiere beliebig zu erweitern.

Entwicklungsgeschichte der Krebstiere

Die Entwicklungsgeschichte der Tier- und Pflanzenwelt während der letzten 600 Millionen Jahre läßt sich anhand zahlreicher Fossilienfunde recht gut dokumentieren. Das Auftreten beziehungsweise Verschwinden gewisser Tiergruppen half mit, die drei Erdzeitalter zu unterteilen; nämlich in das Erdaltertum, das Erdmittelalter und die Erdneuzeit. Die Krebstiere sind schon aus dem frühen Erdaltertum bekannt. Bis heute bilden sie eine der erfolgreichsten Tiergruppen. Einst aus dem Meer entstanden, blieben die meisten Arten bis heute dem "salzigen Element" treu.

Aus dem Kambrium, vor über 500 Millionen Jahren sind die ersten Krebstiere als Fossilien erhalten geblieben. Ihren Ursprung haben sie aber wahrscheinlich schon viel früher. Viele Arten sind im Laufe der Entwicklungsgeschichte ausgestorben. Darüber hinaus vollzog sich bei anderen Krebsgruppen, wie bei den Muschelkrebsen eine Fortentwicklung, die bis in die heutige Zeit hineinreicht.

Schon zu Beginn ihrer Entwicklungsgeschichte waren die Krebstiere in großer Artenzahl vertreten. Die zur Gruppe der Eucarida gehörenden Zehnfüßer, zu denen auch die Flußkrebse zählen, traten aber erst mit einer "gemeinsamen Stammform" vor über 225 Millionen Jahren am Ende des Erdaltertums auf. Die Krabben sind dagegen erst aus dem Jura, vor über 135 Millionen Jahren, anhand spärlicher Funde bekannt. Während des Erdmittelalters entwickelten sich die Krabben bis zur Erdneuzeit im Tertiär, vor 70 Millionen Jahren, so erfolgreich, daß sie einen Großteil der Krebsfunde aus dieser Zeit ausmachen. Somit bilden die Krabben auch zugleich die jüngste Krebsgruppe.

Die Frage nach der Entwicklungsgeschichte der Flußkrebse hat die Wissenschaft schon eingehend beschäftigt. Das Wissen um die Entwicklungsgeschichte der Krebse, auch bezüglich ihres Ausbreitungsverlaufs, ist aber trotzdem noch verhältnismäßig bescheiden. Grundsätzlich unterscheidet man zwischen den Krebsen der Nordhalbkugel und jenen der Südhalbkugel. Auffallend ist die hohe Artendichte in Nordamerika, die sich von den Rocky Mountains bis nach Mittelamerika erstreckt. In Südamerika nimmt die Artendichte drastisch ab. Dagegen haben sich die Arten in Asien bis nach Australien gut entwickelt ohne jedoch die Artenvielfalt aus Nordamerika zu erreichen. In Afrika fehlen Flußkrebse. Einer umstrittenen Theorie zufolge beruht die ungleiche Artenverteilung und das Fehlen der Flußkrebse in Afrika auf das frühzeitige Abdriften des Urkontinents Gondwana. Jedoch erschüttert das Vorkommen

Eine fossile Krabbe aus der Kreidezeit.
Foto: Hans Gonella

Neben den Flußkrebsen besiedeln noch andere unscheinbarere Krebstierarten die europäischen Gewässer. Dazu gehört zum Beispiel der Bachflohkrebs, *Gammarus pulex*. Dieser Bachflohkrebs krabbelt gerade über die Behausung einer Köcherfliegenlarve.
Foto: Jürgen Schmidt

von Flußkrebsen auf Madagaskar diese Annahme. So geheimnisvoll, wie sich die Entwicklung der Krebstiere aus längst vergangenen Zeiten präsentiert, um so schwieriger ist es heute, die natürlichen Verbreitungsgebiete einheimischer Krebsarten zu definieren. Der Grund dafür ist, daß das Schlagwort "Faunaverfälschung" nicht nur ein Problem unserer Tage darstellt. Schon während des späteren Mittelalters – in manchen Regionen auch früher – begannen zum Beispiel die Mönche nahe ihrer Klosteranlagen Karpfenteiche anzulegen. Die Karpfenzucht diente dazu, während der Fastenzeit etwas Abwechslung in den Speiseplan zu bringen, da Wassertiere nicht unter die Fastenregeln fielen. Zusammen mit den Karpfen wurden auch Speisekrebse ausgesetzt und somit die "natürlichen Verbreitungsgebiete" der als Speisekrebse geltenden Arten vermutlich um ein Vielfaches erweitert.

Systematik

Systematik der Krebstiere

Die Krebstiere gehören zum Tierstamm der Gliederfüßer (Arthropoda). In den letzten Jahrzehnten hat die Systematik innerhalb dieses Tierstamms einiges an Veränderungen erfahren. Bei manchen Krebsgruppen, so zum Beispiel bei gewissen Kleinstkrebsen gibt die Zugehörigkeit zu den Krebsen (Crustacea) heute noch Anlaß zu heftig geführten Diskussionen. Dies hat jedoch im Zusammenhang mit dem Ziel des vorliegenden Buchs überhaupt keine Bedeutung. Selbst große Teile der nachfolgenden Auflistungen sind für die Einteilung der im Aquarium gepflegten Krebsarten weitgehend bedeutungslos. Trotzdem sollen alle heute bekannten Krebsgruppen kurz erwähnt werden, um zumindest die Fülle und die Verschiedenartigkeit der unzähligen Krebsarten aufzuzeigen. Die allgemeinen Informationen zur Systematik wurden dem Lehrbuch spezielle Zoologie, Teil 1: Einzeller und wirbellose Tiere, aus dem Gustav Fischer Verlag entnommen. Die Krebstiere (Crustacea) besitzen zwei Antennenpaare und einen schützenden Panzer. Weiterhin sind den Krebstieren sogenannte Spaltfüße zu eigen. Selbst die Kiemen können zur Einteilung in die Gruppe der Krebse hinzugezogen werden. Neben vielen weiteren Körpermerkmalen charakterisieren die Krebstiere die Anordnung beziehungsweise Beschaffenheit der unteren Gliedmaßen, die der Nahrungsaufnahme und der Fortbewegung dienen. Darüber hinaus werden die Körpermerkmale der Jungkrebse, den Nauplius-Larven, für die Systematik der Krebse beigezogen. Die Verwandtschaftsbeziehungen zwischen den verschiedenen Krebsgruppen sind auch heute noch unklar. Deshalb wird bei manchen Krebsgruppen sogar von einer Einteilung in eine höhere systematische Ordnung abgesehen. Die im Aquarium beziehungsweise Aquaterrarium gepflegten Krebse, Krabben und Garnelen, die in die Unterklasse der sogenannten „Höheren Krebse" (Malacostraca) gehören, werden am Schluß der Auflistung behandelt.

Diese Aufnahme zeigt ein „Engelskrebs", *Eubranchipus grubei*, der in Kamen, Deutschland gefangen wurde. Krebstiere sind auch hervorragende Indikatoren, wenn es darum geht über den Verschmutzungsgrad natürlicher Gewässer Auskunft zu geben. Bei schlechtem Gewässerzustand nehmen die Krebstierpopulationen ab oder verschwinden gänzlich.
Foto: Jürgen Schmidt

Der „Engelskrebs", *Eubranchipus grubei*, lebt ausschließlich in Gewässern, die im Frühjahr Wasser führen, im Sommer jedoch austrocknen. Dabei überleben die Dauereier im Boden sogar mehrere Jahre, falls das Gewässer im Frühjahr einmal kein Wasser führen sollte.
Fotos: Jürgen Schmidt

SYSTEMATIK

Einsiedlerkrebse schützen ihr verletzbares Hinterteil, indem sie Schutz in einer leeren Schneckenschale suchen. Hier ist ein sehr schönes Exemplar eines marinen Einsiedlerkrebses von den Malediven abgebildet. Foto: Andreas Wieland

Kleinkrebsgruppe Cephalocarida

Bei dieser Kleinkrebsgruppe handelt es sich um seltene Kleinkrebse, die überwiegend im Meer leben. Mit 3 mm Körperlänge gehören sie zu den kleineren Krebsarten. Insgesamt sind neun Arten bekannt. Für die Pflege im Aquarium haben sie keine Bedeutung.

Kleinkrebsgruppe Remipedia

Zur Gruppe der Remipedia zählen neun Arten. Die in Höhlen lebenden Kleinkrebse bevorzugen sauerstoffarmes Meerwasser. Die Körperlänge der Tiere beträgt bis 45 mm. Für die Aquariumpflege haben sie keine Bedeutung.

Blattfußkrebse, Branchiopoda

Die Blattfußkrebse umfassen sehr verschiedenartige millimetergroße Kleinkrebse. Dazu gehören beispielsweise die Rüsselkrebse, Bosminen, die Daphnien und andere Arten. Auch die Artemien werden zu dieser artenreichen Krebsgruppe gezählt.

Bartkrebse, Mystacocarida

Diese weniger als 1 mm großen Krebstierchen leben vorwiegend an Meeresstränden. Mit elf Arten sind sie an den Atlantikküsten, im Mittelmeer und an Küstengebieten Chiles sowie Australiens und Südafrikas beheimatet.

Karpfenläuse, Branchiura

Es sind rund 125 Arten an Karpfenläusen bekannt, deren Körperlänge meist weniger als 2 cm beträgt. Die Parasiten sind auch bei den Aquarianern bekannt. Die Schmarotzer befallen beispielsweise die Fischhaut oder die Kiemen und hinterlassen unschöne oder sogar gefährliche Wunden.

Muschelkrebse, Ostracoda

Wie der Name schon besagt, haben die Muschelkrebse äußerlich Ähnlichkeit mit kleinen Muscheln. Die meisten Vertreter der etwa 12000 Arten weisen eine Körperlänge von 1 mm auf. Größere Arten erreichen eine Körperlänge von 23 mm. Sie leben vorwiegend in den Meeren, kommen aber auch im Süßwasser vor. Für die Pflege im Aquarium haben sie keine Bedeutung, zumal einige Arten zu den Parasiten zählen.

Kleinstkrebsgruppe Tantulocarida

Alle diese mikroskopisch kleinen Krebschen sind Parasiten. Es sind lediglich rund 25 Arten bekannt, die in allen Weltmeeren vorkommen.

Rankenfüßer, Cirripedia

Mit über 800 Arten sind die Rankenfüßer in allen Weltmeeren, wie auch im Brackwasser heimisch. Bekannteste Vertreter dieser Krebsgruppe sind die Entenmuscheln und Seepocken. Das besondere an den Rankenfüßern ist, daß sich die erwachsenen Krebstiere an einem nahezu „beliebigen" Untergrund festhaften können. Gerade die Entenmuscheln bilden gerne an Schiffsrümpfen große Kolonien.

Ruderfußkrebse, Copepoda

Zu den Ruderfußkrebsen gehören zum Beispiel die Hüpferlinge, wie die in der Aquaristik gerne als Fischfutter verwendeten *Cyclops*. Die millimetergroßen Kleinkrebse leben sowohl im Meer als auch im Süßwasser. Insgesamt sind über 8000 Ruderfußkrebsarten bekannt.

Krebsgruppe Malacostraca (Höhere Krebse)

Die früher als „Höhere Krebse" bezeichnete Krebsgruppe Malacostraca beinhaltet auch jene Arten, die im Süßwasseraquarium, beziehungsweise Aquaterrarium gepflegt werden können. Die „Höheren Krebse" beinhalten sechs „Untergruppen" oder Teilgruppen, die nachfolgend mehr oder weniger genauer erwähnt werden sollen.

Leptostraca, Phyllocarida

Die Teilgruppe der Leptostraca umfaßt 13 Arten. Sie alle leben im Meer. Die größte Art erreicht eine Körperlänge von rund 4 cm.

Fangschreckenkrebse Stomatopoda, Hoplocarida

Die rund 350 Arten dieser Krebsteilgruppe leben ausschließlich im Meer. Ihre Größe variiert zwischen 15 und 340 mm.

Syncarida

Obwohl die Vertreter dieser Teilgruppe vorwiegend Süßwasserbewohner sind, haben sie keine Bedeutung für die Pflege im Aquarium. Zu den urtümlichen Gruppen zählen beispielsweise rund 160 Arten von Brunnenkrebsen, deren Körperlänge zwischen 0,5 und 3,4 mm liegt. Mit circa 20 Arten zählen auch die Vertreter von Anaspidacea zu dieser Teilgruppe. Diese Kleinkrebse bilden zugleich die kleinsten Vertreter der „Höheren Krebse".

Thermosbaenacea, Pancarida

Etwa 20 Arten zählen zu dieser Teilgruppe. Mit 5 mm Körperlänge gehören auch sie zu den extremen Winzlingen unter den „Höheren Krebsen". Diese Krebse sind ebenfalls alle Meeresbewohner.

SYSTEMATIK

Unter den Krebstieren finden sich auch einige „Futtertiere", die aus der Aquariumfischpflege bestens bekannt sind. Dazu zählen beispielsweise „Wasserflöhe" oder, wie hier abgebildet, die Salinenkrebse, welche aus der Aufzucht von Aquarienfischen kaum mehr wegzudenken sind.   Foto: Y. Tavernier

Bärenkrebs aus dem Roten Meer. Je nach Lebensweise und Spezialisierung haben sich während der Evolution die unterschiedlichsten Krebsformen entwickelt.
Foto: Andreas Wieland

„Ranzenkrebse", Peracarida

Zwei Entwicklungsreihen gehören in diese Teilgruppe. Zum einen sind dies die Flohkrebse mit rund 6000 Arten, wovon über 80 % zu den Gammariden gerechnet werden. Bekannteste Art ist wohl der Bachflohkrebs. Zum anderen gehören die Mysiden dazu. Es sind etwa 780 Arten bekannt, wobei nur gerade 25 Arten im Süßwasser leben. Viele dieser Arten bilden große Schwärme im Meer wie auch im Süßwasser. Mit Körperlängen von 1 mm bis 28 cm bleiben die Ranzenkrebsarten aber dennoch meist kleiner als 10 mm. Zur Teilgruppe der Ranzenkrebse gehören auch die artenreichen Vertreter der Asseln.

Krebsgruppe Eucarida

Zur Teilgruppe Eucarida zählt man die marinen Leuchtkrebse (Euphausiacea) mit 85 Arten, wie etwa den Krill und die lediglich eine Art beinhaltende Amphionidacea, welche ebenfalls im Meer leben. Die dritte Reihe umfaßt die Zehnfüßer (Decapoda). Die Zehnfüßer sind es dann auch, welche die Langschwanzkrebse, Garnelen, Krabben und die Einsiedlerkrebse umfassen. Mit über 10 000 Arten bilden die Zehnfüßer eine der artenreichsten Crustaceengruppen. Unter ihnen finden sich Winzlinge von 1 mm und Riesen von 60 cm Körperlänge, wie eine gewisse Langustenart. Die Mehrheit der Zehnfüßer bewohnt die Weltmeere. Manche haben sich aber auch hervorragend an das Leben im Süßwasser angepaßt. Einige wenige Arten entwickelten sich sogar zu Landbewohnern, die zur Fortpflanzungszeit aber das Meer aufsuchen müssen.

Die Zehnfüßer werden in zwei unterschiedliche – in sich geschlossene – Abstammungsgemeinschaften unterteilt, die natürlich jeweils alle von einer Stammart entstandenen Arten enthalten.

Die erste Teilgruppe sind die Dentrobranchiata. Sie beinhalten etliche Speisekrebsarten. Als zweite Teilgruppe besteht die Pleocyemata. Diese umfaßt wiederum die Caridea, Stenopodidea und Reptantia. Die Ritterkrebse (Reptantia) werden ihrerseits ein weiteres Mal unterteilt: Nämlich in „Langschwanzkrebse" (Palinura), die „Eigentlichen Langschwanzkrebse" (Astacura) und die sogenannten Mittelkrebse (Anomura) sowie die „Echten Krabben" (Brachyura).

Zur Gruppe der „Langschwanzkrebse" (Palinura) gehörten zum Beispiel die Europäische Languste", *Palinurus elephas*, und die „Amerikanische Languste", *Palinurus argus*.
Die „Eigentlichen Langschwanzkrebse" (Astacura) beinhalten zum Beispiel den selten gewordenen „Europäischen Hummer", *Homarus gammarus*.
Zu den Mittelkrebsen (Anomura) zählt beispielsweise die „Königskrabbe", *Paralithodes camtschatica*.
In die Gruppe der „Echten Krabben" (Brachyura) gehört beispielsweise die „Blaukrabbe", *Callinectes sapidus*.

Die Krebstierklassen

An verschiedenen Stellen des Buchs wurde bewußt auf eine hierarchische Einordnung der Krebstiere verzichtet. Deshalb wird häufig von Gruppen gesprochen. Dies mag ungewöhnlich erscheinen, doch darf in Fällen bei denen nicht eindeutig geklärt ist, welchen Gattungen, Familien et cetera die Tiere zuzuordnen sind, die Bezeichnung „Gruppe" verwendet werden.
Die Einteilungen der Krebstiere in die Klassen sind ebenfalls umstritten. Dies beruht darauf, daß die Untersuchungen an der hierarchischen Ordnung noch lange nicht abgeschlossen sind. Die Klassifikation wird in Zukunft wohl noch so manche Änderungen erfahren. Heute bestehen unterschiedliche wissenschaftliche Betrachtungsweisen über die Einordnung der Krebstiere. Aus diesem Grund blieben bei vorangegangener Auflistung der Krebsgruppen die Ekto- und Endoparasiten Ascothoracica auch unberücksichtigt.
Von den im Gebrauch stehenden nomenklatorischen Einordnungen sei nachfolgend eine oft verwendete Darstellung der Hierarchie aufgezeigt. Dabei ist aber deutlich festzuhalten, daß es nicht Zweck dieses Buchs sein kann, sich an der aktuellen – und zum Teil heftig geführten – Diskussion über die Einteilung der Krebstiere zu beteiligen. Dagegen soll es mit der Gegenüberstellung möglich sein, die einzelnen Krebsgruppen in anderen Publikationen wiederzuerkennen.
Nachfolgende Auflistung stammt von Sharon BAHAGI, Universität Hohenheim (An Overview of the Animals, 1998). Hier enthält der Unterstamm der Crustacea zwölf Klassen mit etlichen Unterklassen und Ordnungen:
Klassen Remipedia, Cephalocarida und Phyllopoda (Blattfußkrebse) mit den Ordnungen Cladocera (Wasserflöhe), Conchostraca und Notostraca.
Klasse Anostraca (Kiemenfußkrebse) mit den Ordnungen Cephalocarida, Euanostraca und Lipostraca.
Klassen Ostracoda (Muschelkrebse) und Copepoda (Ruderfußkrebse, Hüpferlinge) mit der Ordnung Calanoida.
Klassen Branchiura (Fisch-, bzw. Karpfenläuse), Mystacocarida, Tantulocarida, Ascothoracica und Cirripedia (Rankenfüßer) mit den Ordnungen Acrothoracica, Rhizocephala und Thoracica.
Klasse Malacostraca mit den Unterklassen Phyllocarida und Syncarida mit den Ordnungen Anaspidacea, Bathynellacea sowie der
Unterklasse Pancarida mit der Ordnung Thermosbaenacea sowie den
Unterklassen Hoplocarida und Peracarida (Ranzenkrebse) mit den Ordnungen Amphipoda (Flohkrebse), Cumacea, Isopoda (Asseln), Mysidacea, Spelaeogriphacea, Tanaidacea (Scherenasseln) sowie der
Unterklasse Eucarida mit den Ordnungen Decapoda (Zehnfußkrebse) und Euphausiacea (Leuchtkrebse, Krill)
In vielen Publikationen werden die Decapoda (Zehnfüßer, auch Zehnfußkrebse genannt) in drei Unterordnungen unterteilt:
1. Natantia (Garnelen),
2. Reptantia (Panzer- oder auch Ritterkrebse genannt) mit den Gruppen *Palinurus* (Langusten), *Scyllarus* und *Astacura* (Hummer, Süßwasserkrebse),
3. Amphipoda (Flohkrebse).

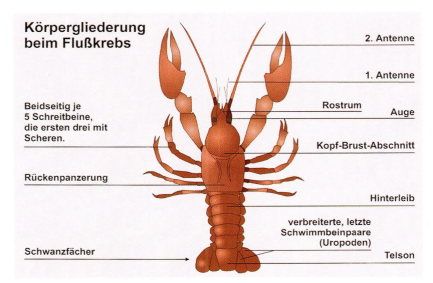

Die beschrieben Unterschiede lassen erahnen wie es um die Einteilung der Krebstiere bestellt ist. Deswegen, und weil es den Rahmen dieses Buchs bei weitem sprengen würde, wird hier auf eine weitere Darstellung der Krebstierfamilien und deren Gattungen verzichtet. Teilweise sind auch zu wenig gesicherte und anerkannte Informationen vorhanden, um die Krebstierfamilien und deren Gattungen fehlerlos aufzuzeigen. Dafür werden aber die häufig in Aquarien gepflegten Krebstiere mit ihren Ansprüchen erwähnt.

Die Körpergliederung der Flußkrebse gibt den Körperbau der „Eigentlichen Langschwanzkrebse" wieder. Krebstypisch sind dabei die jeweils fünf Schreitbeinpaare, die großen Scheren mitgezählt.
Abbildung: Hans Gonella

Die Familien

Die Familien der Süsswasser-Krebs-, -Krabben- und -Garnelengruppen

Die heute aquaristisch bekannten Süßwasserkrebse, -krabben und -garnelen verteilen sich auf wenige Familien. Nachfolgend sind die für die Aquaristik bedeutenden Krebstiere aufgelistet.

Die Krebse werden grundsätzlich in zwei Gruppen aufgeteilt. Nämlich, wie schon erwähnt, in jene Arten der Nordhalbkugel (Astacoidea) und die der Südhalbkugel (Parastacoidea). Beide Gruppen werden in der Obergruppe Astacidea zusammengefaßt. Die Gruppe der Astacoidea wird in zwei Familien aufgeteilt. Die eine Familie Astacidae umfaßt vier Gattungen mit über zwölf Arten. Bekanntester Vertreter aus dieser Familie ist der Edelkrebs, *Astacus astacus*. Die zweite Familie Cambaridae beinhaltet drei Unterfamilien mit insgesamt zwölf Gattungen und über 335 Arten. Dazu zählt auch die Unterfamilie Cambarellinae, die lediglich die Gattung *Cambarellus* enthält, welche die rund 17 Arten der Zwergflußkrebse umfaßt. Die Gruppe Parastacoidea besteht dagegen nur aus einer Familie, nämlich den Parastacidea, mit ihren 14 Gattungen und über 129 Arten. Dazu gehört unter anderem der Yabby, *Cherax destructor*.

Als Süßwasserkrabben bezeichnet man die Arten aus der Familie der Potamonidae. Darin sind beispielsweise die Malawisee-Krabben und Tanganjikasee-Krabben als dauernde Süßwasserbewohner enthalten. Zur Familie Grapsidae gehören die Mangrovenkrabben, die jedoch keine echten Süßwasserbewohner darstellen, sondern zur Fortpflanzung ans Meer gebunden sind. Desweiteren beherbergen die Familie Coenobitidae die Landeinsiedlerkrebse und die Familie Gecarcinidae die Landkrabben sowie die Familie Ocypodidae, die Renn- und Winkerkrabben. Die letzten drei Familien seien der Vollständigkeit halber kurz bei den Artenauflistungen erwähnt, obwohl diese nicht „vollumfänglich" ans Wasser gebundenen Gruppen dennoch in Heimterrarien mehr oder weniger regelmäßig gepflegt werden.

Bei den Garnelen ist es die Familie der Süßwassergarnelen (Atyidae), die häufig in Aquarien gepflegt wird. Zu einer Gattung dieser Familie gehören die *Caridina*-Arten an. Auch ist die Garnelengruppe *Neocaridina* bekannt. Ebenso stellen die Riesenbachgarnelen oder auch Fächergarnelen, namens *Atyopsis* eine weitere Gruppe dar. Während die Gattung *Atyopsis* die westindopazifischen Arten umschließt, werden die amerikanischen Arten der Gattung *Atya* zugesprochen. Ob sich diese Aufteilung auch in der Aquaristik durchsetzen wird, ist ungewiß. Desweiteren werden die Vertreter aus der Familie Palaemonidae immer häufiger in Aquarien gepflegt. Hierzu zählen die Großarmgarnelen der Gattung *Macrobrachium*.

Eine Wasserassel, *Asellus aquaticus*, klettert über eine Spitzschlammschnecke, *Lymnaea stagnalis*.
Die Wasserassel ist ein hervorragender Restevertilger im Aquarium, sofern sie nicht von den Fischen als lebendes Futter betrachtet wird.
Foto: Jürgen Schmidt

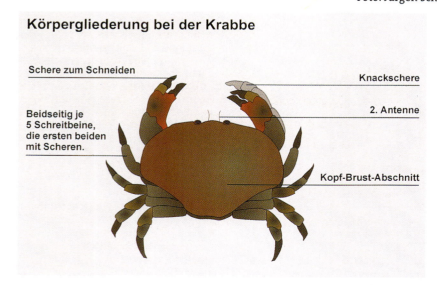

Die Körpergliederung der Krabben unterscheidet sich von der anderer Krebstiere. Bei den Krabben ist der verkümmerte Schwanzteil sozusagen nach unten geklappt und liegt der Bauchpartie auf.
Abbildung: Hans Gonella

Besonderes im Körperbau der Krebstiere

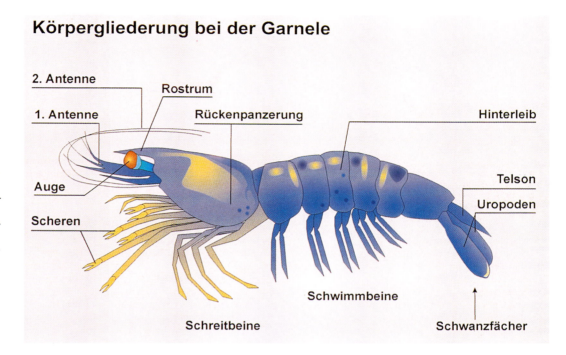

Wie der Name schon besagt dienen die Schreitbeine den Garnelen zum Gehen. Außerdem finden sie damit auf dem Untergrund festen Halt. Mit den Schwimmbeinen können sie sich dagegen vortrefflich im freien Wasser fortbewegen.
Abbildung: Hans Gonella

In groben Zügen läßt sich der Körper der Krebse in Kopf, Brustabschnitt und Hinterleib aufteilen. Die „Höheren Krebse", von denen hier die Rede ist, haben aber, wie die anderen Krebstiere auch, eine Fülle von Körperformen hervorgebracht. So kann kaum ein umfassendes Bild für alle „Höheren Krebse" aufgezeigt werden. Man denke nur einmal an die Krabben und Garnelen, deren äußeres Erscheinungsbild nicht unterschiedlicher sein könnte. Am Beispiel des Flußkrebses lassen sich die Grundzüge des Körperbaus der „Höheren Krebse" aber sehr schön aufzeigen.
Der Kopfschild übernimmt in erster Linie eine Schutzfunktion. Am Kopf befinden sich unübersehbar zwei Antennenpaare, die als Tastorgane dienen. Die einzelnen Segmente des Hinterleibs verleihen den Flußkrebsen eine ungeahnte Beweglichkeit und enden am Schwanzfächer. Auf der Unterseite des Körpers haben die Krebse ihre Gliedmaßen. Zuvorderst liegen die Fühler, gefolgt von den Antennen. Ebenfalls noch gut zu erkennen, sind die Ober- und Unterkiefer mit der sogenannten Atemplatte. Diese ist ständig in Bewegung, um frisches Atemwasser in den Kiemenraum zu befördern. Als nächstes in der Anordnung folgen die fünf Schreitbeinpaare (woher auch der Name Zehnfußkrebs resultiert), wobei sich an den vordersten große Scheren befinden. Sie dienen für innerartliche Auseinandersetzungen, dem Beutefang und zur Verteidigung. Auffallend sind auch die drei Paare Mundgliedmaßen, mit denen die Nahrung festgehalten wird. Die zweit- und drittplazierten Beinpaare verfügen ebenfalls noch über, wenn auch sehr unscheinbare, Scheren. Vom zweiten Kieferfuß bis zum vierten Schreitbeinpaar verteilen sich die Kiemen. Anschließend sind die sechs Bauchfüße angeordnet, wobei beim Männchen die ersten zwei zum sekundären Begattungsorgan umgeformt sind. Zumindest gilt dies für die amerikanischen und europäischen Arten. Beim Weibchen dienen die letzten vier Bauchfüße als Eierträger.

Im Gegensatz zu ihren langgestreckten Verwandten ist der Körper der Krabben mehr breit als lang. Die Fühler, beziehungsweise die Antennen, sind stark verkürzt. Die Krabben können sich dank ihres Körperbaus vor-, rück- und seitwärts bewegen. Aufgrund des Körperbaus schreiten manche Arten allerdings meist seitwärts. Eine schnelle Fortbewegung verlangt bei allen Arten ein Seitwärtsgehen.
Die Körperform der Garnelenartigen ist im Gegensatz zu den Flußkrebsen seitlich zusammengedrückt. Typisch ist bei den Garnelen der kielartige Kopffortsatz auch Rostrum genannt. Auch die Garnelen tragen mehr oder weniger große Scheren. Nochmals anders präsentiert sich der äußere Körperbau der Einsiedlerkrebse. Der Hinterleib ist asymmetrisch geformt. Dem wurstartigen Hinterleib fehlt die Panzerung, weshalb die Krebse auf Schneckenschalen angewiesen sind, um den verletzlichen Hinterteil zu schützen. Die „Bauchbeine" und der „Schwanzfächer" sind so zur Verankerung umgeformt, daß es unmöglich wird, die Einsiedlerkrebse aus ihrem Gehäuse zu ziehen.

Panzerung

Der Kopfschild der Krebstiere, aber auch die nachfolgenden Körpersegmente gleichen der Panzerung der aus dem Mittelalter bekannten Ritterrüstungen. Der Panzer der Krebse besteht aus Chitin und Kalkeinlagerungen, die eine hohe Festigkeit erreichen. Er wird auch als Exoskelett bezeichnet. Die Innenseite des Panzers kann eine dünne Chitinschicht aufweisen, so daß die Atmung beziehungsweise der Gasaustausch begünstigt wird. Zudem schützt der Panzer die Kiemen und bietet Raum für die Brutpflege. Trotz der äußeren Hülle sind die Krebse nicht unbeweglich. Mit dem Hinterleib, insbesondere durch Teile des Schwanzfächers, sind sie in der Lage, sich blitzschnell nach

KÖRPERBAU

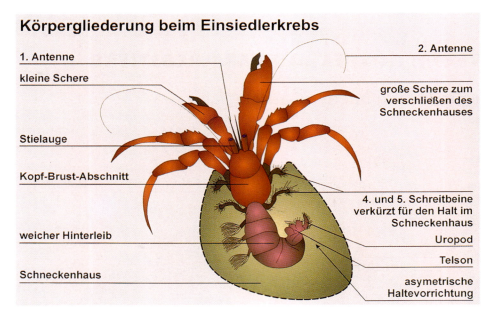

Körpergliederung beim Einsiedlerkrebs

- 1. Antenne
- kleine Schere
- Stielauge
- Kopf-Brust-Abschnitt
- weicher Hinterleib
- Schneckenhaus
- 2. Antenne
- große Schere zum verschließen des Schneckenhauses
- 4. und 5. Schreitbeine verkürzt für den Halt im Schneckenhaus
- Uropod
- Telson
- asymetrische Haltevorrichtung

Den weichen und daher verletzlichen Hinterleib verbergen die Einsiedlerkrebse in von Schnecken verlassenen Gehäusen. Dabei halten sie sich so fest, daß sie auch nicht mit Gewalt schadlos aus dem „Häuschen" zu entfernen sind. Während des Wachstums müssen die Einsiedlerkrebse ihre Behausung fortwährend wechseln. Demzufolge hat man ihnen im Aquaterrarium verschieden große Schneckenschalen bereitzustellen.
Abbildung: Hans Gonella

hinten fortzubewegen. Manche Garnelen springen so selbst über die Wasseroberfläche hinweg, um sich vor einer Gefahr in Sicherheit zu bringen.

Die Panzerung der Krabben unterscheidet sich nur unwesentlich nicht von jener der Flußkrebse. Allerdings ist das Kopfbruststück (Cephalothorax) bei den Krabben verbreitert und das bei den Flußkrebsen auffällige Hinterteil als „Überbleibsel" (Pleon oder Abdomen) nach unten umgeschlagen. Ein Schwanzfächer fehlt. Der bei den Garnelen und Flußkrebsen typische Stirnfortsatz (Rostrum) entspricht bei den Krabben dem Stirnrand der durch die Augenvertiefungen abgegrenzt wird.

Färbung

Die Färbung des Panzers ist auf eingelagerte Farbstoffe zurückzuführen. Die Farbpalette der verschiedenen Krebsarten reicht von graubraun und grünlich bis bläulich. Auch knallig gelbe, rote oder blaue Arten sind beliebte Pfleglinge im Aquarium. Die Körperfärbung kann sich schnell ändern. So können manche Krabbenarten ihre Färbung von hellbraun bis dunkelbraun, ja bis weiß variieren. Es ist anzunehmen, daß dies zur Tarnung dient – aber auch gewisse Stimmungen signalisiert werden können. Für Farbgebung und Farbveränderung sind „sternförmige" Farbstoffzellen, sogenannte Chromatophoren im Unterhautgewebe verantwortlich. Eine nervöse und hormonale Stimulation bewirkt, daß sich die Farbstoffzellen zusammenziehen oder sich ausdehnen. Aufgrund der Zusammensetzung der Farbstoffe erhalten die Speisekrebse auch den typischen orangeroten Farbton bei ihrer Zubereitung für die menschliche Ernährung. Durch die Hitzeeinwirkung auf den Eiweißfarbstoff Astaxanthin zerfällt dieser in einzelne Bestandteile, wobei auch ein Carotinfarbstoff gebildet wird, der zur bekannten „Verfärbung" führt.

Das Häuten

Der Panzer kann nicht mit den Krebstieren mitwachsen. So muß er periodisch erneuert werden. Dies geschieht durch eine Häutung, wobei die Krebse nachfolgend auf einmal ein ganzes Stück größer werden. Die Häutung wird hormonell gesteuert. Gleichzeitig mit der Häutung werden auch verloren gegangene Gliedmaßen erneuert. Eine verlorengegangene Schere kann so nachwachsen. Zuerst ist sie noch eine verkleinerte Ausgabe der vorhergegangenen Pracht, doch schon nach der dritten bis vierten Häutung hat die Schere wieder ihre Normalgröße erreicht. In der ersten Zeit nach der Häutung sind die Krebse sehr empfindlich. Bis der Panzer ausgehärtet ist, besteht eine erhöhte Verletzungsgefahr. Ungeschützt sind sie den Freßfeinden oder Artgenossen unterlegen. Deshalb verstecken sich die Tiere und nehmen dann auch meist keine Nahrung zu sich. Viele Arten fressen aber kurz nach dem Häuten den alten Panzer auf.

Die Häutung stellt einen beachtlichen, wiederkehrenden Einschnitt im Krebsleben dar. Die Nahrungsaufnahme wird eingestellt und unter dem Panzer bildet sich alsdann eine weiche Haut, die dem Panzer soviel Kalk wie möglich entzieht. Die Nervenenden weichen zurück, wobei eine Schleimschicht das alte und neue Außenskelett voneinander trennt. Alleine schon die Vorbereitung zum Häuten dauert rund eine Woche. Das Häuten selbst geht sehr schnell vonstatten. Vom alten Skelett befreit, beginnt der Krebs große Mengen an Wasser aufzunehmen und erhält so seine neue Körpergröße. Nach rund drei Tagen ist der Panzer ausgehärtet. In sehr sauren, kalkarmen Gewässern dienen die Krebssteine, die sogenannten Gastrolithen als Kalklieferant für den Panzer. Die bis 8 mm im Durchmesser messenden halbkugelförmigen Gebilde sind neben dem Magen gelagert. Sie bestehen aus kohlensaurem Kalk, der sich während des Häutens auflöst und dem neuen Panzer zugeführt wird. Während sich die Krebse im ersten Lebensjahr mehrmals (vier- bis fünf Mal) häuten, verringern sich die Häutungsvorgänge mit zunehmendem Alter, bis sich die Tiere nur noch ein- oder zweimal pro Jahr von ihrem Panzer trennen. Sobald beim Häuten Probleme auftauchen und ein Abstreifen der alten Hülle, aus welchen Gründen auch immer, verunmöglicht wird oder noch Reste des alten Panzers am Körper hängen bleiben, stirbt der Krebs. Letzteres tritt vor allem bei Häutungsproblemen in der Scherenpartie auf. In der Regel treten die Häutungsprobleme aber erst beim Ablauf der zu erwartenden Lebensspanne oder in stark organisch belasteten Gewässern auf.

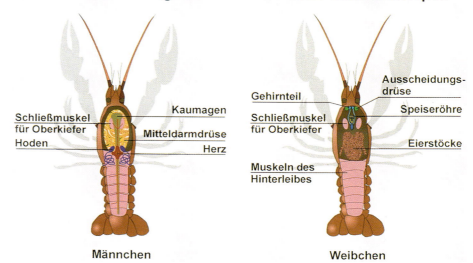

Schematischer Längsschnitt durch den Flußkrebskörper

Männchen — Weibchen

Die Muskulatur des Hinterleibs ist bei den Flußkrebsen kräftig entwickelt. So können sie sich ruckartig und sehr schnell vor vermeintlichen Freßfeinden in Sicherheit bringen.
Abbildung: Hans Gonella

Sinnesleistungen

Die Krebstiere verfügen über ein nicht zu unterschätzendes Repertoire, um sich in ihrer Umgebung zurecht zu finden. Je nach Lebensraum sind einzelne Sinnesorgane mehr oder weniger gut ausgebildet. Die visuelle Wahrnehmung, Tastsinn, Geruchssinne oder Erschütterungssinne übernehmen je nach Lebensweise die Hauptfunktion.

Tasten

Flußkrebse können sich neben ihren Augen hervorragend mit ihren Fühlern und den langen Antennen orientieren. So sitzen sie beispielsweise in ihren Höhlen versteckt und haben ihre Antennen zum Ein- und Ausgang hin ausgerichtet. Somit sind sie in der Lage, einen möglichen Eindringling auch bei völliger Dunkelheit durch Ertasten frühzeitig zu erkennen. Bei den Krabben sind die Antennen stark verkürzt.

Sehen

Vielen Krebstieren ist auch ein überaus gutes Sehvermögen gegeben. Die Augen kommen in zweierlei Form vor: So findet sich ein einfach gebautes Auge in der Mittellinie des Kopfes. Das sogenannte Stein- oder Naupliusauge ist meist dreiteilig segmentiert. Die zwei weitaus komplizierteren Komplexaugen stehen seitlich am Kopf. Sie sind unbeweglich oder beweglich auf Stielen angelegt. Diese Komplexaugen setzen sich aus einer oft sehr großen Zahl stiftförmiger Einzelaugen (Ommatidien) zusammen und können überaus leistungsfähig sein. Manche Arten können allerdings nur zwischen hell und dunkel unterscheiden. All jene Arten, die in lichtdurchfluteten Lebensräumen vorkommen, sehen ausgezeichnet. Sie können mit ihren beweglichen Augen Farben und Formen sehen – letztere auch erkennen. Bei gewissen Arten kann ein Auge aus 7 000 bis 30 000 Einzelaugen bestehen, was ein sehr gutes Sehen ermöglicht. Gerade bei jenen Arten mit langen Stielaugen ist sogar eine Rundumsicht möglich. Winkerkrabben sind gar in der Lage, mit ihrem optischen Erkennungsvermögen, sich anhand des Sonnenstands und vielleicht auch des Mondstands oder anhand markanter Landmarken zu orientieren.

Erschütterungssinn

Neben dem guten Sehvermögen ist aber auch der Erschütterungssinn für die hohe Fluchtdistanz von 10 bis 20 m bei Krabben verantwortlich. Gerade der Erschütterungssinn nimmt bei den Winkerkrabben eine wichtige Stellung ein. Durch Klopfzeichen haben sie eine Art Krabbensprache entwickelt. Gefahren, aber vor allem Revieransprüche werden dadurch übermittelt. In diesem Zusammenhang ist auch zu erwähnen, daß mit sogenannten „Schrill-Leisten" manche Arten Laute erzeugen können.

Riechen

Geruchs- und Geschmackssinn sind ebenfalls gut ausgebildet. Auf den ersten Antennen sind oft Sinneszellen vorhanden. Geschmacksorgane beziehungsweise Geschmackszellen finden sich auch an den Mundwerkzeugen und den Gehbeinen. Bemerkenswert ist, daß zum Beispiel manche Krabben, die regelmäßig mit der Pinzette gefüttert werden, schon beim ersten Geruch des Futters eine ihrer Scheren zum Entgegennehmen der Futterstücke aufrichten und die Pinzette regelrecht anspringen.

Gleichgewichtssinn

Mit den Erläuterungen zu den Sinnesleistungen der Krebstiere darf auch die Schwerewahrnehmung nicht vergessen werden. Die statischen Organe kommen nur bei höheren Krebsen vor; sie liegen meist in Grübchen an der Basis der ersten Antennen. Sie sind von der äußeren Haut der Körperdecke ausgekleidet und bergen im Inneren eine mit Sinneshaaren besetzte Leiste (Crista statica) und einen Statolithenhaufen (Schweresteine). Je nach Lage des Tiers werden die vorhandenen Sinneshaare unterschiedlich belastet und zeigen so die Körperlage an. Bei jeder Häutung wird der Schwerestein abgestoßen und muß erneuert werden. Entweder wird dieser, je nach Art, vom Krebs selbst gebildet oder muß durch einen Fremdkörper erneuert werden. So setzen sich zum Beispiel Garnelen nach der Häutung ein kleines Sandkörnchen oder ein anderes geeignetes Objekt in das dafür vorgesehene Sinnespolster ein.

Kiemen

Die Kiemen dienen der Atmung. Zudem vermögen die Krebse über die Kiemen harnartige Stoffe auszuscheiden. Die Krebse und Garnelen haben Büschelkiemen, während die Krabben über Blattkiemen verfügen. Die Innenseite des Panzers beziehungsweise der Kiemenhöhlen, aber auch gewisse Teile der Körperoberfläche können die Atmung unterstützen. Manche Krebs-

KÖRPERBAU

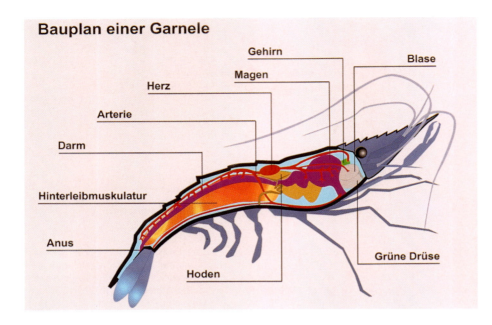

Wie bei anderen Krebstieren auch, ist der Bauplan der Garnelen ein kleines Wunderwerk der Natur, dem es an nichts fehlt. Das als „Grüne Drüse" bezeichnete Organ sitzt dem sogenannten „Labyrinth" auf, das über den Nephridienkanal mit der Harnblase in Verbindung steht. Abbildung: Hans Gonella

arten decken sogar den gesamten Sauerstoffbedarf über die Panzerinnenseite. Flußkrebse und Krabben besitzen aber gut ausgebildete Kiemen, die sozusagen an den Beinpaaren unterhalb des Körpers anliegen. Damit die Kiemen unter den schützenden Kiemenhöhlen ausreichend mit sauerstoffreichem „Frischwasser" versorgt werden, müssen die Krebse mit den vorderen Extremitäten einen dauernden Wasserstrom unter ihrem Leib erzeugen. Das so in die Kiemenhöhlen gelangende Wasser wird zusätzlich durch Borsten gereinigt, so daß keine Schmutzpartikel die zarten Kiemen in ihrer Funktion beeinträchtigen können. Aufgrund der Kiemenbeschaffenheit bleiben die Kiemen der Krebse auch an Land für eine bestimmte Zeit funktionstüchtig. Bei kühler und feuchter Witterung können so die Krebse über mehrere Wochen außerhalb des Wassers überleben.

Eine besonders ausgeklügelte Atemtechnik haben beispielsweise die Strandkrabben. Sie schützen ihre Kiemen vor dem Austrocknen, indem sie auch an Land ständig Wasser durch die Kiemen fließen lassen. Dies bewerkstelligen sie, indem sie das Wasser aus der Kiemenhöhle durch die Mundöffnung ausscheiden und dieses entlang der Bauchseite hinunter rinnen lassen. Dabei wird das „Atemwasser" mit Sauerstoff angereichert, bis es nahe der Beinansätze wieder in die Kiemenhöhle eintritt. Durch diesen Wasserkreislauf können sich die Krabben relativ lange an Land aufhalten. Wird den Krabben der Zutritt zum Wasser verwehrt, dann verringert sich der Wasseranteil durch die Verdunstung zusehends. Fließt nicht mehr genügend Wasser in die Kiemenhöhlen, so bildet sich Schaum um die Kiemen. Krabben, um deren Mund eine Schaumbildung zu beobachten ist, leiden deshalb unter akutem „Atemwassermangel" beziehungsweise an Atembeschwerden. Im Gegensatz zu ihren wassergebundenen Verwandten haben sich bei den Landkrabben die Kiemen zu „eigentlichen Lungen" umgebildet. Sie sind so in der Lage, ohne permanente Wasserzufuhr dauerhaft ihren Organismus mit Sauerstoff zu versorgen. Eine Möglichkeit zur Wasseraufnahme in Form eines Wasserbehälters muß im Terrarium dennoch stets zur Verfügung stehen.

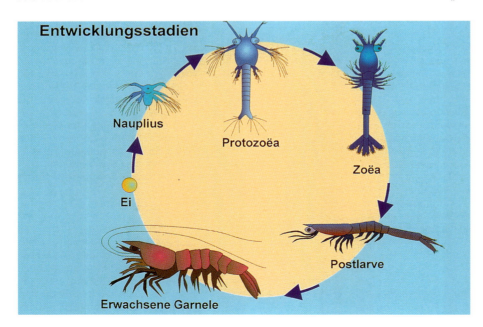

Anhand dieses Beispiels sind die verschiedenen Entwicklungsstadien einer im Meer lebenden Garnelenart dargestellt. Je nach Artzugehörigkeit können mehr oder weniger Larvenstadien beobachtet werden.
Abbildung: Hans Gonella

KÖRPERBAU

Obschon es sich hier um ein Buch über Süßwasserkrebse handelt, wird an verschiedener Stelle auch auf einige Besonderheiten bei marinen Krebsen hingewiesen. Dies soll einen erweiterten Einblick in die Welt der Krebstiere vermitteln und auf deren Kostbarkeiten aufmerksam machen.
In der Regel haben die Meeresgarnelen, wie die abgebildete Putzergarnele, *Lysmata amboinensis*, aus dem Indopazifik, eine um einiges komplexere Larvenentwicklung als dies bei Süßwassergarnelen der Fall ist.
Foto: Daniel Meier

Innere Organe

Die inneren Organe der Krebse befinden sich hauptsächlich in der vorderen Körperhälfte, unter der Kopfplatte, wie dies beispielsweise beim Flußkrebs der Fall ist. In der Mitte entlang der Körperachse verläuft der Kaumagen, beziehungsweise der Darmtrakt. Die Nahrungsverwertung verläuft dabei folgendermaßen: Mit den Mundwerkzeugen wird die Nahrung in „mundgerechte" Stücke zerkleinert. Die Nahrung gelangt in den zweigeteilten Kaumagen. Im vorderen Bereich des Kaumagens, der geräumigen Cardia, finden sich beidseitig zwei starke, gezahnte Chitinleisten, die ins Innere vordringen. In Kombination mit der hoch entwickelten Spezialmukulatur dienen diese Magenzähne zum Zerkleinern und Durchkneten der Nahrung. Außerdem wird die Nahrung hier mit Verdauungsenzymen aus der Mitteldarmdrüse aufgeschlossen. Im zweiten Teil des Kaumagens, dem Pylorus, finden sich komplizierte Falten und Reusen, die dazu dienen, grobe und feine Nahrung zu trennen. Nur feinste Partikel gelangen zur Endverdauung in die Mitteldarmdrüsen, die gröberen werden über ein Trichterventil in den Enddarm befördert. In der vorderen Körperhälfte befinden sich ferner die kräftigen Muskeln für die Oberkiefer, das Herz und je nach Geschlecht des Krebses die Hoden oder die Eierstöcke. Eine Art von Harnblase ist ebenfalls vorhanden. Über die Nierenschläuche, die ebenfalls in der Kopfgegend liegen, werden die harnartigen Stoffe ausgeschieden. Natürlich fehlt es den Krebsen auch nicht an Hirnzentren und einem überraschend komplexen Nervensystem, welches im übrigen maßgeblich für die Steuerung der Hormonproduktion zuständig ist. Diese wiederum beeinflußt die Häutung, die Fortpflanzung, die Osmosefunktion, den Herzschlag und anderes mehr.

Allgemeines zur Fortpflanzung

Mit Ausnahme von einigen Speisekrebsarten und Garnelen ist über die Fortpflanzung der Krebstiere noch sehr wenig bekannt. Außerhalb der Gruppe der Zehnfußkrebse bestehen verschiedenartige „Fortpflanzungsstrategien". Dagegen läßt sich die Fortpflanzungsbiologie der Zehnfußkrebse folgendermaßen zusammenfassen: Mit Ausnahme von den Penaeidae, eine Familie von garnelenartigen Langschwanzkrebsen, die ihre Eier ins freie Wasser abgeben, findet bei den Zehnfußkrebsen eine Art von Brutpflege statt. Dabei tragen die Weibchen ihre Eier bis zum Schlüpfen der Larven an ihrer Körperunterseite mit sich herum. Grundsätzlich können zwei Entwicklungsformen bei der Brut unterschieden werden. Als ursprüngliche Entwicklung werden unterschiedliche Larvenphasen bis zum Heranwachsen eines erwachsenen Krebses angesehen. Durch die Häutung getrennt, durchlaufen die Larven verschiedene Stadien. Dabei schlüpft ein Nauplius mit lediglich drei ausgebildeten Gliedmaßen aus dem Ei.
Bei den vorangegangenen erwähnten Penaeidae ernährt sich der Nauplius von noch vorhandenen Dotterresten, ohne Nahrung aufzunehmen. Danach folgen die Protozoëa- und Zoëa-Larven, indem zusätzliche Körperteile, beziehungsweise Segmente entstehen. In der darauffolgenden Phase entwickelt sich das postlarvale Stadium und daraus schließlich, das mit allen Körperteilen und Organen versehene Krebstier. Im Gegensatz dazu, schlüpft bei anderen Arten ein beinahe fertig entwickelter Jungkrebs aus dem Ei. Die Larvenentwicklung wird bei diesen Arten weitgehend im Ei durchlaufen, was wahrscheinlich die Überlebenschancen der Jungkrebse, beziehungsweise Zoëa-Larven, erhöht, weil die gefahrenreiche Zeit als freischwebendes Plankton stark verkürzt wird. Bei der Zucht von Krebsen im Aquarium sind es dann auch diese Arten, welche sich gut aufziehen lassen. Während die Futtermittelbeschaffung für die – zum Teil sehr winzigen – Larven anderer Arten ein echtes Problem darstellen kann.
Die unterschiedlichen Entwicklungsstadien lassen sich auch an der Anzahl der produzierten Eier erkennen. Während Flußkrebse mit ihren nach dem Schlüpfen weit entwickelten Jungkrebsen bis zu 250 Eier hervorbringen, tragen Krabben, die sich mit verschiedenen Larvenstadien fortpflanzen, bis zu mehrere hunderttausend Eier mit sich herum.

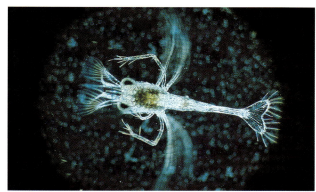

Larve einer Putzergarnele; anfangs häuten sich die Tiere fast stündlich.
Foto: Daniel Meier

BEDEUTUNG

BEDEUTUNG DER KREBSTIERE FÜR DEN MENSCHEN

Es ist anzunehmen, daß Krebstiere, damit sind natürlich die „Höheren Krebse" gemeint, schon seit Menschengedenken eine bestimmte Rolle für die menschliche Ernährung hatten. Flußkrebse lassen sich im seichten Wasser gut fangen und Strandkrabben regelrecht ernten, besonders dann, wenn große Populationen eine Region besiedeln. Zudem können Flußkrebse leicht in Reusen gefangen werden. Und der Fischfang mit Reusen ist ja schon aus frühzeitlichen Siedlungsgebieten bekannt. Zugleich stellen Krebstiere ein wertvolles Lebensmittel dar. Die eiweißreichen Tiere haben Nährwerte, die mit Fischen gleichzusetzen sind. Sie haben aber noch andere Vorteile. Richtig gelagert, können zum Beispiel Flußkrebse hervorragend als „lebende Konserven" aufbewahrt werden oder über große Distanzen ins Landesinnere auf Märkte gelangen. Während des Mittelalters bis ins 19. Jahrhundert hinein waren Krebse, ähnlich wie der Lachs, einer der wichtigsten Eiweißlieferanten im mitteleuropäischen Raum. In Deutschland wurde der Flußkrebs sogar zum Volksnahrungsmittel. Dies ging soweit, daß es in Ostpreußen verboten wurde, den Dienstboten mehr als dreimal pro Woche Krebse zum Mittagessen aufzutischen, als das Personal begann, sich erfolgreich für seine Rechte einzusetzen. Daraus wird auch ersichtlich in welchen riesigen Mengen die Flußkrebse die europäischen Gewässer besiedelten. Zu Millionen und aber Millionen wurden sie abgefischt, bis die Krebspest dem scheinbar, nie enden wollenden Überfluß ein tragisches wie auch jähes Ende bereitete.

Heute sind Krebse und Krabben, wie auch Garnelen eine hochgeschätzte Delikatesse. Insbesondere der immer seltener werdende Hummer wird teuer gehandelt. Während bei Garnelen der Hinterleib gegessen wird, werden bei Hummern und Flußkrebsen auch das Fleisch der großen Scheren geschätzt. Die „feudalen" Gelüste der Feinschmecker gipfeln soweit, daß beispielsweise die sogenannten Blaukrabben nach der Häutung als Butterkrebskrabben in den Handel gelangen und so mit dem noch weichen Panzer als Ganzes gegessen werden. Überhaupt gelten die Krabben als die absolute Delikatesse und finden immer mehr kulinarische Liebhaber. Bei den Garnelen haben vor allem Tiefseegarnelenarten wie auch Süßwassergarnelen eine große wirtschaftliche Bedeutung. So behaupten Gourmets, daß Salzwassergarnelen in qualitativer und geschmacklicher Hinsicht ihren im Süßwasser lebenden Verwandten überlegen sind, was sich letztendlich auch im höheren Preis niederschlägt. Die Gastronomen haben neben einer geschickten Verarbeitung der Speisen auch höchst fantasievolle Namen für ihre Gerichte und zum Teil auch für die Krebstiere im Gebrauch. Neben Bezeichnungen wie Scampi, Langusten oder Hummerkrabben lassen dabei die verwendeten Namen kaum darauf schließen, um welche Krebstiere es sich in Wahrheit handelt. Nicht zum Irreleiten, sondern eher aus Unwissenheit erhalten allerlei Großarmgarnelen oft die mannigfaltigsten Namen – den Gast stört es allgemein ja wenig. Pro Jahr werden rund drei Millionen Tonnen Speisekrebse gefangen oder zu einem kleineren Teil in Aquakulturen gezüchtet. Solche Zuchtbetriebe findet man in Indien, Ostasien, wie auch in Nordamerika. Gezüchtet werden Marine- und Süßwasserarten. Dabei handelt es sich in erster Linie um den Europäischen Hummer, *Homarus gammarus*, den Amerikanischen Hummer, *Homarus americanus*, oder beispielsweise um den Roten Sumpfkrebs, *Procambarus clarkii*. Zu den gezüchteten Garnelenarten gehören weiterhin die Tigergarnele, *Penaeus monodon*, und die fälschlicherweise als Nordsee-Krabbe bezeichnete Garnelenart *Crangon crangon*, dazu. Beide Arten leben im Meerwasser. Im Süßwasser wird dagegen die Garnelenart *Macrobrachium rosenbergii* in großen Mengen nachgezüchtet. Es ist auch nicht zu übersehen, daß durch die Aquakulturen manche Regionen massive Umweltschäden aufweisen. Dazu zählen auch viele tropische Regionen, in denen es mit dem Umweltschutz ohnehin nicht zum Besten bestellt ist. Im Vergleich zum Weltfischereiertrag machen die Krebse etwa 5 % der gefangenen Tiere aus. Wobei dieser Ertrag auf rund 70 % Garnelen, 20 % Krabben und 7 % Langusten, Hummer und Flußkrebse entfällt. Inwieweit die starke Befischung der Weltmeere auch negative Folgen auf die Krebstiere hat, läßt sich wohl kaum im ganzen Umfang erfassen. Doch kann man davon ausgehen, daß es gar nicht zum Guten bestellt ist, zumal die Garnelen auch wichtige Nahrungsbestandteile für die Fische darstellen.

Selbst die in Heimaquarien gepflegten, kleinwüchsigen Krebstiere, wie die Glasgarnelen, *Macrobrachium* sp., stellen in Südamerika und Asien ein beliebtes menschliches Nahrungsmittel dar. Sie werden allerdings hauptsächlich von den Einheimischen zur Bereicherung ihres oft spärlich ausfallenden Menüplans genutzt.

Heute haben die Krebse hauptsächlich als Nahrungsmittel eine große Bedeutung. Nebenbei sind sie in der Aquaristik sehr beliebt. Dies war aber nicht immer so. Früher kam den Flußkrebsen auch eine magische Bedeutsamkeit zu. In der mittelalterlichen Medizin sagte man den Flußkrebsen eine heilende Wirkung gegen allerlei Gifte und Tierbisse zu. Auch sollten sie vor innerlicher Hitze schützen und ihr Verzehr das Zahnfleisch reinigen. Gerade die Krebssteine waren in der altertümlichen Medizin kaum wegzudenken. Als Ganzes oder zermahlen schienen sie gegen eine Unmenge Krankheiten und Gebrechen Heilung oder Linderung zu versprechen. Der Irrglaube kostete Millionen und aber Millionen von Flußkrebsen das Leben, ähnlich wie es in neuerer Zeit die Krebspest verursachte. Nur mit dem Unterschied, daß sich die Bestände wieder erholten, was von den Auswirkungen der Krebspest und den Folgen veränderter Gewässerqualitäten nicht behauptet werden kann.

Schutz der Krebstiere

Fragen zum Schutz der Krebstiere werden in der Öffentlichkeit leider nur am Rande oder gar nicht behandelt. Nicht nur in Europa sondern auch in tropischen Regionen werden weitläufige Gebiete zusehends durch den menschlichen Einfluß drastisch verändert. Waldgebiete weichen fortlaufend Weidegebieten oder werden in Felder für eine intensive Landwirtschaft verwandelt. Hierfür werden Feuchtgebiete entwässert und Düngemittel, wie auch Pestizide gelangen in die Fließgewässer. Gleichzeitig verwandelt ein unkontrolliertes Industriewachstum einst intakte Gewässersysteme in Kloaken, wo die Artenvielfalt an Wasserlebewesen bedenklich abnimmt. Dabei nimmt man kaum Notiz

davon, daß auch die Krebstiere ihren Lebensraum verlieren. Währenddessen die Öffentlichkeit sehr wohl vom Aussterben vieler Wirbeltiere Kenntnis hat und auch die Fischwelt unter anderem durch Aquarianer eine Lobby besitzt, interessiert es kaum jemanden, wie es um die Artenvielfalt und die Bestände von tropischen Süßwasserkrebstieren steht. Einige wenige Wissenschaftler und Aquarianer haben sich zwar solcher Belange schon angenommen. Doch ist dies bei weitem zu wenig, zumal die warnenden Stimmen in der breiten Öffentlichkeit kaum gehört werden. Vielleicht kann das vorliegende Buch über die Pflege und Zucht von Süßwasserkrebstieren ebenso einen bescheidenen Beitrag dazu leisten, damit auch vermehrt die Welt der „Höheren Krebse" in den Tropen Beachtung findet. Nicht nur Fische und andere ans Wasser gebundene Lebewesen gilt es zu schützen, sondern auch die nur am Rande wahrgenommenen Krebse. Heute sind es vor allem einige Aquarianer, die von ihren Fangreisen regelmäßig Krebse nach Hause bringen und die bemerkenswerten Geschöpfe einer breiteren interessierten Öffentlichkeit zugänglich machen. Unter anderem erreichen sie damit aber vielleicht auch einen Sinneswandel beim Beobachter, der in den gepanzerten Tieren nicht mehr nur ein schmackhaftes Lebensmittel sieht, sondern plötzlich auch die Schönheit der Krebse zu erkennen vermag.
Bestes Beispiel, daß gerade auch kleinere Krebstiere zu den bedrohten Arten zählen, sind wohl die einheimischen Rückenschaler. Diese Krebse ähneln in ihrem Aussehen etwas den Pfeilschwanzkrebsen, die übrigens zu den Spinnenverwandten gezählt werden. Der „Große Rückenschaler", *Triops cancriformis*, wird rund 20 mm lang und ist in Deutschland nahezu ausgestorben. Im Aquarium lassen sich die Rückenschaler nur wenige Wochen bis Monate pflegen. Sollte es zu einer Ablage von sogenannten Dauereiern im schlammigen Bodengrund kommen, so ist einigen Empfehlungen zufolge eine zwei- bis dreimonatige Reifeperiode im kühlen und trockenen Boden vorzusehen. Die nach dem Ansetzen der Eier nach wenigen Tagen entwickelten Jungkrebse können mit planktonischen Algen aufgezogen werden. Für eine erfolgreiche Aufzucht wird härteres Wasser benötigt. Allerdings werden schon sehr spezielle Kenntnisse benötigt, um diese Tiere im Aquarium auf die Dauer zu pflegen. So ist in jedem Fall auf die Pflege von wildlebenden Exemplaren zu verzichten. Allerdings existieren in Deutschland eine Reihe von *Triops*-Zuchten, die es erlauben die sehr interessanten Pfleglinge in großer Zahl nachzuziehen. Diesen „Aquarientieren" reichen schon zweiwöchige Trockenzeiten für die Zucht. Zur Eiablage ist ein sandiger Bodengrund anzubieten. Nach der Wartefrist ist der Sand mit den Gelegen mit Regen- oder Osmosewasser aufzugießen. Später ist das Aquariumwasser mit Leitungswasser aufzuhärten. Die Aufzucht gelingt mit feinstem Trockenfutter, später mit *Artemia*-Nauplien, Daphnien und anderen Futtertieren. Bei unzureichender Fütterung neigen die Jungtiere zu Kannibalismus.
Heute finden sich die Rückenschaler lediglich in naturbelassenen Gebieten. Bekannt ist ihr Vorkommen in österreichischen Schutzgebieten der March-Auen und Donau-Auen. Die Entnahme von Krebsen aus der Natur ist strengstens untersagt. So gesehen ist ohnehin auf die Pflege dieser bedrohten Tiere zu verzichten, zumal sie für die dauerhafte Pflege im Aquarium gänzlich ungeeignet sind.

Larve der Putzergarnele, *Stenopus hispidus*, 120 Tage nach dem Schlüpfen. Die filigranen Garnelenlarven bilden als im Meer lebendes Zooplankton einen wichtigen Bestandteil in der Nahrungskette.   Foto: Daniel Meier

Flußkrebse gehören nicht in Freilandanlagen

Um das Wesentliche gleich vorwegzunehmen: Flußkrebse aus anderen Kontinenten gehören nicht in europäische Gartenteiche. Gelegentlich bietet der Handel den Roten Sumpfkrebs, *Procambarus clarkii*, sozusagen als eine attraktive Bereicherung für Teichanlagen an. Solange diese Krebse ausschließlich im Aquarium gepflegt werden, ist aus moralischer Sicht bestimmt nichts am Handel mit diesen Tieren auszusetzen – in Freilandanlagen haben sie aber nichts zu suchen.
Die Roten Sumpfkrebse stammen ursprünglich aus einem Gebiet, welches das nördliche Mexiko bis zu den Südstaaten der USA umfaßt. Heute werden die Roten Sumpfkrebse auch im großen Stil in China für Speisezwecke gezüchtet, von wo sie wiederum in den europäischen Handel gelangen. Durch ihre gute Anpassungsfähigkeit können sich die Roten Sumpfkrebse auch in unseren Breiten schnell vermehren und überstehen selbst die härtesten Winter in größeren Teichen. Dadurch, daß sie in der Lage sind, sich über weite Distanzen über Land fortzubewegen, gelangen sie auch in natürliche Gewässer und verdrängen dort einheimische Arten. Gelangen Rote Sumpfkrebse erst einmal in natürliche Gewässer, die ihnen zusagen, dann ist ihnen kaum mehr beizukommen.
Zum einen sind die Roten Sumpfkrebse sehr „wählerisch" was ihren Lebensraum anbelangt. Ist ein Gartenteich zu klein, dann wandern sie umgehend ab, um sich ein passenderes Gewässer zu suchen. Zum anderen pflanzen sie sich in einem für sie günstigen Gartenteich in Unmengen fort, so daß in Kürze eine Überpopulation entsteht. Diese bewirkt wiederum ein Abwandern der „überzähligen" Krebse in andere Gewässer. Dadurch können die Roten Sumpfkrebse auch die Krebspest verbreiten, gegen die sie zwar weitgehend immun sind, dafür aber – als Träger der Krankheit – die einheimischen Krebsarten damit anstecken, und so sind sie für ein immer wieder auftretendes Massensterben bei einheimischen Arten verantwortlich sind.
Nebenbei bemerkt hat sich eine alte „Fischerregel" schon mehrfach bewahrheitet. Dort wo Seerosen wachsen, kommen aus unerklärlichen Gründen kaum Rote Sumpfkrebse vor. Da jedoch in den meisten Gartenteichen Seerosen gepflegt werden, besteht noch ein zusätzlicher Grund keine Krebse auszusetzen. Diese könnten – so unglaublich sich dies anhört – die Krebse

BEDEUTUNG

zum Abwandern bewegen. Auch ohne Krebse, die ohnehin eine versteckte Lebensweise vorziehen, sind Gartenteiche mit ihren natürlichen Bewohnern interessant genug.
Doch nun zum Wichtigsten in Sachen Pflege von Flußkrebsen. Dabei handelt es sich um die rechtlichen Aspekte. Die einheimischen Arten stehen unter Schutz und eine Entnahme aus den Gewässern ist verboten. Darüberhinaus verbieten an und für sich die Fischereigesetze verschiedener Europäischer Staaten, ausländische Flußkrebsarten im Aquarium zu halten. Selbst der Transport von lebenden Krebsen wäre untersagt. So macht sich so mancher Aquarianer im Grunde der Dinge strafbar, wenn er Flußkrebse im Heimaquarium pflegt. Nun können diese Gesetze kaum durchgesetzt werden, da die Speisekrebse bekanntlich ja lebend transportiert und verkauft werden und vielleicht dadurch die zuständigen Stellen keinen Handlungsbedarf sehen, die wohl veralteten Gesetze zu vollziehen. Die Gesetze haben ihren Ursprung in den fatalen Folgen der Krebspest und stammen aus einer Zeit, in der man glaubte, mit einem Gesetz den Lauf der Dinge aufhalten zu können. Dem war aber nicht so. Überdies sind die australischen Krebsarten nicht von der Krebspest befallen, so daß zumindest dieser Umstand ein generelles Pflegeverbot kaum zu rechtfertigen vermag. Allerdings können auch asiatische und australische Flußkrebse sowie die südamerikanischen Arten von der Krebspest befallen werden und die Krankheit auf natürliche Gewässer übertragen. So gesehen dürfen auch diese Arten nicht ausgesetzt werden, weil eine Übertragung der Krankheit auch auf den Transportwegen nach Europa über Fische stattfinden kann und die Tiere unentdeckt infiziert werden können. Zudem würden die tropischen Arten in den kühlen Regionen Europas ein kläglisches Ende finden.

Herstellen von Präparaten

Die festen Panzer und die außergewöhnliche Formgebung der „Höheren Krebse" verleiten geradezu die verstorbenen Tiere zu präparieren. So kann man sich noch lange an der leblosen Hülle erfreuen. Desweiteren können selten gefangene Krebse im konservierten Zustand für Vergleiche bei neuimportierten Krebsen hinzugezogen werden. Unter anderem kann dies vielleicht auch eine gewisse Hilfestellung bei der Artenbestimmung bieten, sofern den Präparaten der Fundort und andere wichtige Daten zugewiesen werden können.
An dieser Stelle seien einige Möglichkeiten aufgezeigt, um mit relativ geringem Aufwand Präparate herzustellen. Dabei handelt es sich in erster Linie nicht um Konservierungstechniken, welche für wissenschaftliche Arbeiten herangezogen werden. Dafür sind nachfolgende Beispiele aber geeignet, auch von noch unerfahrenen „Gelegenheitspräparatoren" durchgeführt werden zu können.
Bei den Flußkrebsen aber auch bei anderen Krebsgruppen bietet sich der abgestoßene Panzer nach der Häutung zur Herstellung eines Präparats an. Hierfür wird die Panzerhülle behutsam aus dem Wasser geborgen. Anschließend wird sie auf einer sauberen Glasplatte unter Zuhilfenahme einer Pinzette in die gewünschte Lage gebracht. Es liegt am nächsten, die Panzerhülle so anzuordnen, wie sie vormals den lebenden Krebs umgeben hat. Dafür wird beispielsweise der aufgeklappte Kopfteil

Der Fundort von *Caridina zeylanica* auf Sri Lanka. Die tropischen Vorkommensgebiete von Süßwassergarnelen sind nicht selten durch Industrie und Landwirtschaft bedroht. Foto: Alfred Waser

eines Flußkrebses wieder in die ursprüngliche Lage zurückversetzt. Die Gliedmaßen werden vorsichtig in ihrer natürlichen Lage angeordnet. Zum Anheben von Körperpartien eignen sich zum Beispiel kleine Styroporwürfelchen oder andere Materialien, die später am besten in der vorgegebenen Position belassen werden, so daß nicht die filigranen Gliedmaßen etwa durch eine Überbeanspruchung abbrechen können. Nachdem die Panzerhülle restlos abgetrocknet ist, läßt sie sich nicht mehr verändern. Feine Körperteile würden dann schon bei der kleinsten Kraftanwendung abbrechen. Mit einer Spraydose lackiert und in einen kleinen durchsichtigen Kunststoffbehälter geklebt, läßt sich so die Panzerhülle gut aufbewahren. Natürlich könnten die Panzerhüllen auch mit Acrylfarben entsprechend der Körperfärbung des lebenden Individuums bemalt werden.
Eine einfach zu handhabende Methode ist das Einlegen verstorbener Krebse in einer 70 bis 80 %igen Alkohollösung. Bevor die Krebspräparate so gelagert werden, müssen sie über eine Alkoholreihe von 20, 40, 50 und dann 60 % entwässert werden, ehe sie endgültig in 70 bis 80 %igem Alkohol gelagert werden. Diese schonende Form der Fixierung trägt begrenzte Zeit zum Erhalt der Farben der Präparate bei. Es empfiehlt sich, die Krebse in kleine, gut verschließbare Glasbehälter, die bis oben hin mit Alkohol aufgefüllt sind, einzulegen. Die Glasbehälter müssen jedoch gelegentlich kontrolliert werden und falls der Alkohol langsam verdunstet, so ist dieser wieder zu ergänzen. Unter Umständen muß das Präparat in ein besser verschließbares Gefäß überführt werden, wenn eine zu starke Verdunstung vorliegt. Die Aufbewahrung im Alkohol hat aber einen großen Nachteil. Schon bald nach dem Einlegen verlieren die konservierten Krebse ihre ursprüngliche Farbgebung.

BEDEUTUNG

Gewässer, die vom Roten Sumpfkrebs, P. clarkii, „verseucht" sind, können kaum mehr von den Fremdlingen gesäubert werden. Durch das Abfischen der Krebse mit Reusen lassen sich die Bestände bestenfalls kontrollieren, was ein ungehindertes Ausbreiten der Roten Sumpfkrebse verhindern soll. Selbst das Aussetzen von Raubfischen wie Hecht und Aal vermögen oft die unerwünschten Krebsbestände nicht einzudämmen.
Foto: Hans Gonella

Die zurückgebliebenen, aufgeklappten Hüllen der Krebstiere zeigen auf welchem Wege die Tiere ihren alten Panzer verlassen haben. Diese Panzer lassen sich normalerweise gut trocknen und geben auch Aufschluß darüber, wieviel Größenzuwachs bei den einzelnen Krebsen zu verzeichnen ist.
Foto: Hans Gonella

Die kleinen und mittelgroßen Krebsarten, die im Aquarium gepflegt werden, eignen sich auch hervorragend zum Eingießen in Kunstharz. Hierfür werden die gestorbenen Tiere in eine natürliche Körperhaltung gebracht und getrocknet. Nach einigen Tagen sollte auch ein 20 cm großer Flußkrebs völlig getrocknet sein. Jetzt kann der Krebsleib in Kunstharz eingegossen werden. Nach folgender Anleitung sollte das Eingießen keine großen Probleme bereiten. Dennoch lohnt es sich eine entsprechende Bastelanleitung zu studieren. Als ein Beispiel sei hier das Buch „Einbetten in Gießharz" von Katharina ZECHLIN erwähnt. Das Kunstharz, auch Gießharz genannt, besteht aus ungesättigtem Polyesterharz. Das Harz ist eine dickflüssige, gelbliche Flüssigkeit. Durch das Beigeben eines sauerstoffhaltigen Härters wird eine chemische Reaktion eingeleitet. Die Masse erwärmt sich dabei und geht in geleeartigen Zustand über, bis sie gänzlich aushärtet.

Zum Gießen wird die benötigte Menge an Gießharz und Härter miteinander verrührt. Die Mengenangaben sind den Packungen zu entnehmen. Das Harz wird sorgfältig aber zügig in Schichten von nicht mehr als 1 bis 2 cm eingegossen, um Risse oder übermäßige Blasenbildung zu vermeiden. Beim Aushärten entsteht große Hitze – also Vorsicht. Zudem darf das Gießharz nur im Freien verarbeitet werden, da gesundheitsschädliche Dämpfe freigesetzt werden. So wird das Objekt Schicht für Schicht eingegossen. Dazwischen ist jeweils zehn bis 15 Minuten abzuwarten, bis die eingebrachte Schicht erhärtet. Dann wird die Form mit dem eingebrachten Gießharz über Nacht stehen gelassen, bis das Harz vollständig ausgehärtet ist. Als Gießformen eignen sich Gefäße aus unlackiertem Blech, Porzellan, Glas, Plexiglas, Polyethylen, Polypropylen und PVC. Vor dem Gießen müssen die Gefäße aber mit einem Trennmittel eingestrichen werden. Auch Vaseline kann hierfür verwendet werden.

Der erhärtete Harzkörper läßt sich ohne große Mühe aus der Form entnehmen. Falls störende Unebenheiten das Werk verunstalten, können diese abgeschliffen werden. Kratzer und feine Unebenheiten lassen sich leicht auspolieren. Dazu dient feines Schleifpapier und Wasser oder eine sogenannte Schwabbelscheibe zum polieren von Gegenständen.

Achtung: Damit die „Kunstwerke" lange Freude bereiten ist es wichtig, daß die organischen Objekte, wie die Krebse, Krabben und Garnelen völlig getrocknet sind, ansonsten beginnen sie zu schimmeln. Beim Verarbeiten ist es auch unerläßlich, Augen- oder Hautkontakt mit den zu verarbeitenden Materialien zu vermeiden. Noch flüssige Harzflecken auf der Arbeitsunterlage lassen sich mit Aceton entfernen. Später wird dies schwieriger.

Neben dem Eingießen bestehen noch weitere Möglichkeiten Präparate von Krebstieren herzustellen.

Im Quellennachweis zum Schluß des Buchs wird auf ein geeignetes Werk hingewiesen, welches für ein vertieftes Einarbeiten in die Präparationstechnik geeignet ist. Allerdings ist darauf hinzuweisen, daß für den Ungeübten das Hantieren mit den zum Teil giftigen „Chemikalien" auch große Gefahren beinhalten kann. So empfiehlt es sich, der eigenen Gesundheit zuliebe, auf jeden Fall für gelegentliche Präparate auf die soeben aufgeführten, unbedenklicheren Methoden zur Haltbarmachung zurückzugreifen.

Viele Garnelen und andere Krebse aus dem Zoohandel sind kaum zu identifizieren. Bei der Bestimmung können gute Präparate der Exuvien gute Dienste leisten. Glücklicherweise ist es durch diesen Umstand nicht notwendig, die Tiere zur Artbestimmung zu töten.
Foto: Jürgen Schmidt

Süsswasser-Krebstiere

Was sind Süsswasserkrebstiere?

Wie der Name schon besagt, handelt es sich bei Süßwasserkrebstieren um richtige Süßwasserbewohner. Mitunter ist es aber nicht immer einfach, die im Handel angebotenen Krebse, Krabben oder Garnelen ihrem angestammten Biotop zuzuordnen. Manche Arten kommen in Süßwasser wie auch in Brackwasser vor. Gerade beim Salzgehalt des Brackwassers entscheidet das Mischungsverhältnis des Süß- und Meerwassers über eine dauerhafte Pflege. Zudem wandern manche Arten aus dem Süßwasser zur Fortpflanzung ins Meer zurück. Fehlen verläßliche Angaben zur Art und deren Herkunft ist es oft ratsam auf den Kauf solcher Tiere zu verzichten. Mit der Zeit können nämlich die im falschen Milieu gepflegten Krebse Schaden nehmen und bereiten oft Probleme, da ihr Gesundheitszustand zusehends schlechter wird.

Verbreitungsgebiete und Biotope

Die für die dauerhafte Pflege im Aquarium, beziehungsweise Aquaterrarium infrage kommenden Krebsarten stammen vorwiegend aus den tropischen und subtropischen Regionen der Erde. So sind von Süd- und Mittelamerika, Afrika sowie Asien kleinere und mittelgroße Krebsarten aus dem Süßwasser bekannt. Einige Arten finden sich auch in Australien. Und wenn bisher in den allgemeinen Ausführungen von Krebstieren die Rede war, so hat dies auch Geltung für Krabben oder Garnelen. Nachfolgend sollen jedoch auch die zu den Krebsen zählenden Krabben und Garnelen deutlich von den Langschwanzkrebsen unterschieden werden, um mögliche Mißverständnisse bei der Pflege zu vermeiden.

Flußkrebse besiedeln fließende ebenso wie stehende Gewässer. Sie kommen in Flußsystemen genauso vor wie in Seen und Weihern. Kleinere „Flußkrebsarten" sind auch in Bächen zu finden. Die „Flußkrebse" bevorzugen eine versteckte Lebensweise. Einen Großteil des Tages halten sie sich in selbstgegrabenen Höhlen oder unter anderen geeigneten Versteckmöglichkeiten auf.

Die verschiedenen Krabbenarten finden sich an den Ufern von Fließgewässern ebenso wie an den Randzonen von stehenden Gewässern. Die Malawikrabben haben sich beispielsweise bestens an die Bedingungen des großen gleichnamigen Süßwassersees angepaßt. Viele Krabbenarten unternehmen auch ausgedehnte Landwanderungen, um über große Distanzen von mehreren Kilometern andere Gewässer aufzusuchen. So ist es besonders in Küstennähe nicht immer ohne weiteres ersichtlich, ob die jeweilige Krabbenart, die im Süßwasser angetroffen wird, nicht doch zur Fortpflanzung aufs Meer angewiesen ist. Viele Krabbenarten besiedeln die Brackwasserzonen und dringen bis ins Süßwasser vor. Man kann sich gut vorstellen, daß gerade diese Arten den Pfleger vor hohe Anforderungen stellen können, wenn sie dauerhaft gepflegt werden möchten. Wieder andere Krabbenarten haben sich im Laufe ihrer Entwicklungsgeschichte stark verändert, um ein Leben an Land führen zu können. Ähnlich wie dies auch bei den Landeinsiedlerkrebsen der Fall ist, können sie hervorragend im Terrarium gepflegt werden.

Garnelen bevorzugen langsam fließende Gewässerabschnitte. Einige Arten haben sich an die Bedingungen der strömungsreichen Gewässerabschnitte angepaßt. Unter den Garnelen

Die Art *Caridina zeylanica* aus Sri Lanka ist in Fließgewässern anzutreffen. Auch dieses Garnelenbiotop weist eine leichte Strömung auf. Foto: Alfred Waser

finden sich eine Reihe von Süßwasserarten, die zur Fortpflanzung das Meer aufsuchen beziehungsweise deren Larven als Plankton ins Meer gespült werden. Später nehmen die Junggarnelen den Rückweg ins Süßwasser auf. Es sind jene Arten, die häufig in ihrem Fortbestand stark gefährdet sind. Meist stammen sie aus den noch intakten Oberläufen von Gewässersystemen, geraten jedoch auf ihren Wanderwegen durch die Unterläufe mit Umweltgiften aus Siedlungsgebieten und Industriezonen in Kontakt. Dies dezimiert die Garnelen so stark, daß manche Arten zumindest regional vom Aussterben bedroht sind. Solche Fälle sind beispielsweise aus Asien bekannt. Hinzu kommt, daß die Garnelen ein wichtiges Glied in der Nahrungskette darstellen. So ernähren sich eine Vielzahl anderer im Wasser lebenden Tiere von den Larven und Junggarnelen. Selbst die größeren Artgenossen sehen im Nachwuchs eine willkommene Beute, was eine gestörte Populationsdichte zusätzlich schrumpfen läßt.

SÜSSWASSER-KREBSTIERE

Anhand dieser fotografischen Kopfstudie einer Fächergarnele, vermutlich *Ataya* sp., sind die zusammengeklappten Fächer und die Beschaffenheit der feinen Antennen gut erkennbar. Nicht nur bei den Süßwassergarnelen können die fantastischen Körperfarben mit den im Meer lebenden Krebstierarten konkurrieren.
Foto: Yvette Tavernier

Bis auf wenige Ausnahmen benötigen die Flußkrebse, aber auch Krabben und Garnelen, aufgrund ihrer natürlichen Vorkommensgebiete, saubere und sauerstoffreiche Wasserverhältnisse. In diesem Zusammenhang ist auf die Wasserqualität der Heimatgewässer zu achten. Viele, wenn nicht sogar die meisten der im Aquarium gepflegten südamerikanischen und asiatischen Arten bevorzugen eher weiches bis mittelhartes Wasser. Entsprechend der Vorkommensgebiete muß das Aquarium beziehungsweise Aquaterrarium oder Terrarium eingerichtet sein. Die Krebstiere sind bei weitem nicht so pflegeleicht, wie sie im ersten Moment erscheinen mögen. Um so wichtiger ist es die Verhältnisse im Aquarium denjenigen in der Natur nachzuempfinden.

Anpassung an die Lebensräume

Im vorangegangenen Abschnitt wurden bereits einige Aspekte zu den „Krebstierbiotopen" erwähnt. Es ist aber beinahe unmöglich einen zusammenfassenden Eindruck zu vermitteln, der die so verschiedenartigen Biotope, aus denen die unzähligen Krebstierarten entstammen, umfassend zu behandeln. Doch sollen zumindest die Anforderungen aufgezeigt werden, welche die im Süßwasser lebenden Krebse, Krabben und Garnelen an einen künstlichen Lebensraum stellen können. Diese sollen die Überlegungen des Pflegers, ein artgerechtes Aquarium einzurichten unterstützen.

Die Frage nach der Größe des natürlichen Territoriums, welches eine Tierart beansprucht, kann auch die Pflegevoraussetzungen im häuslichen Umfeld beeinflussen. Da eingehende Naturbeobachtungen bei den „Höheren Krebsen" aus tropischen Regionen weitgehend fehlen, läßt sich der Raum, der von ihnen beansprucht wird, nur schwer bemessen. Je nach Art kann der effektiv benötigte Lebensraum recht unterschiedliche Ausmaße haben. Wie vorangegangen bereits kurz erwähnt, kann bei Flußkrebsen, wie beispielsweise beim Roten Sumpfkrebs, *Procambarus clarkii*, die Population sehr stark anwachsen, ohne dabei die Krebse in ihrem Bewegungsdrang allzu stark zu beeinträchtigen. Nimmt die Population überhand, so wandern die „überzähligen" Krebse ab. Wahrscheinlich nimmt auch die zur Verfügung stehende Nahrung einen gewissen Einfluß auf die Populationsdichte. Sicher aber bestimmen die Beschaffenheit und die Größe eines Biotops, wie gut sich eine Art entfalten kann.

Flußkrebse halten sich mit Vorliebe in selbstgegrabenen Höhlen auf oder verstecken sich unter Astwerk. Auch Steinformationen bilden Unterschlupfmöglichkeiten, die von Flußkrebsen genutzt werden. Ihrer relativ großen Anpassungsfähigkeit verdanken es die Flußkrebse dann auch, daß sie in den unterschiedlichsten Biotopen zu finden sind. Große Flußsysteme, Bäche, Seen und Weiher sind allesamt typische „Flußkrebsbiotope". So legen sich zum Beispiel manche Flußkrebsarten

Süsswasser-Krebstiere

gerne Wohnhöhlen im Uferbereich an. Die Ein- und Ausgänge der Höhlen liegen dabei unterhalb der Wasseroberfläche. Die Höhlen selbst können jedoch bis über den Wasserspiegel reichen, so daß die Krebse sich auch in trockneren Höhlenbereichen aufhalten können.

Wie die Flußkrebse halten sich auch die Krabben tagsüber meist in ihren bevorzugten Verstecken auf. Durch ihre abgeplattete Körperform begünstigt, können sie die kleinsten Ritzen zwischen Hölzern, Steinen- oder Felsformationen als Versteck nutzen. Sehr viele Krabbenarten graben sich auch mit Vorliebe im Sand ein oder legen sich ebenfalls Wohnhöhlen im Uferbereich an. Im Gegensatz zu den Flußkrebsen, die gerne einen gewissen Abstand zueinander einhalten, akzeptieren Krabben, zumindest auf der Futtersuche in der Uferzone, die Nähe ihrer Artgenossen. Krabben sind viel eher als die Flußkrebse an den Uferbereich von Gewässern gebunden, obwohl sie sich natürlich bis in tieferliegende Bodenregionen zurückziehen können.

Ganz anders als die beiden vorangegangenen Krebsgruppen sind viele Garnelenarten vom Pflanzenbewuchs der Gewässer abhängig. Sie leben in kleineren oder größeren Gruppen im Pflanzendickicht ohne daß eine feste Gruppenbindung ersichtlich ist. Wieder andere Süßwasser-Garnelenarten leben in Schwärmen und streifen ruhelos nahe des Bodengrunds umher, stets auf der Futtersuche. Dabei handelt es sich vorwiegend um jene Arten, die im Handel als Glasgarnelen angeboten werden. Sie sind schon alleine durch ihren transparent scheinenden Körperbau gut getarnt. Währenddessen sind die größeren Garnelenarten durch eine Körperfärbung in den unterschiedlichsten Braunschattierungen, die beinahe bis in den Schwarzbereich reichen können, bestens zwischen dem Pflanzen- oder Astgewirr vor Freßfeinden geschützt. Es ist daher kein Zufall, daß Garnelen aber auch manche Flußkrebsarten zusammen mit kleinwüchsigeren Buntbarscharten oder gewissen Killifischarten gefangen werden können, beanspruchen sie doch den gleichen Lebensraum wie viele der bekannten tropischen Aquarienfische.

Süsswasser-Krebstiere

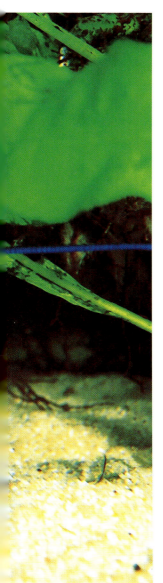

Unter den Flußkrebsen finden sich immer wieder Exemplare, die durch ihre tiefblaue Körperfarbe den Pfleger in ihren Bann ziehen. Hierbei handelt es sich vermutlich um eine *Procambarus*-Art. Niemals sollte jedoch die Farbenpracht der Krebstiere einen unüberlegten Kauf beeinflussen.
Foto: Yvette Tavernier

In der Natur haben die „Höheren Krebse", also die Krebse, Krabben und Garnelen eine Menge Freßfeinde. Die kleinen Flußkrebse in unseren Breitengraden werden von Aalen, Quappen und Grundeln erbeutet. Die frisch gehäuteten, auch Butterkrebse genannten, größeren Exemplare sind nicht einmal vor den gefräßigen Raubfischen sicher und werden zum Beispiel von Aalen selbst in ihren Höhlen überwältigt. Dagegen können sich große Flußkrebse mit ausgehärtetem Panzer sehr wohl gegen die Fische zur Wehr setzen. Hingegen haben sie gegenüber Fischreihern keine Chance, wenn diese in der Nacht auf Krebsfang gehen. Auch Ratten, Enten oder Iltisse erbeuten Krebse im flachen Wasser. Der Krebsbrut stellen auch Vögel wie Eisvögel, Bachamseln und die Bachstelzen nach.

Süßwasserkrebse, -krabben und -garnelen im Aquarium

Obschon über die tatsächliche Lebensweise vieler „Höherer Krebse" noch relativ wenig bekannt ist, lassen sich doch gültige Aussagen über eine artgemäße Krebspflege machen. Die auffälligen Verhaltensweisen der Krebse, Krabben und Garnelen geben dem aufmerksamen Beobachter schnell Aufschluß über die Anforderungen, welche die Krebstiere an ihren Lebensraum im Aquarium stellen. Eine artgerechte Haltung von Krebstieren ist also auch im häuslichen Umfeld ohne Probleme durchzuführen. Dabei sind verschiedenste Aspekte zu berücksichtigen, die sich aber in vielerlei Hinsicht nicht von den Voraussetzungen, wie sie von der Aquariumfischpflege her bekannt sind, unterscheiden. Für die artgerechte Pflege von Krebsen, Krabben und Garnelen ist die Größe des Behälters, die Wasserqualität im Aquarium und die Strukturierung des Lebensraums, sprich Einrichtung, von ausschlaggebender Bedeutung.

Vielmehr als man annehmen könnte, nimmt die Aquariumgröße auf eine erfolgreiche Pflege von Krebstieren Einfluß. Einmal von den schwarmbildenden, kleinen Garnelenarten abgesehen, beanspruchen viele „Höhere Krebstiere" ein mehr oder weniger großes Territorium, das aus einem größeren Kiesel oder einer Wurzel und deren Umgebung oder einer Höhle bestehen kann. Die schwarmbildenden Garnelenarten ihrerseits verlangen je nach Gruppengröße ebenfalls nach einem geräumigen Aquarium. Je nach Körpergröße und Anzahl gepflegter Individuen sollte das Aquarium 60 bis 100 l Wasser fassen können. Diese und nachfolgende Literaturangaben beziehen sich auf sogenannte Normaquarien.

Großwüchsige Krebsarten wie zum Beispiel der Rote Sumpfkrebs lassen sich dagegen nur in Aquarien mit 200 l Wasserinhalt und mehr zufriedenstellend pflegen. Warum sie soviel Raum beanspruchen, liegt auf der Hand. In gewisser Weise richtet sich nämlich die Aquariumgröße auch nach der Verträglichkeit zwischen den Artgenossen. Diese ist schließlich ausschlaggebend dafür, wieviele Individuen einer Art gemeinsam im Aquarium gehalten werden können. Neben dem Wasserinhalt in Litern, der sich günstig auf eine stabile Wassergüte auswirkt, ist vor allem auf eine große Grundfläche zu achten, da die Krebse bodengebunden leben.

Neben der Aquariumgröße spielt gerade die Einrichtung für eine artgemäße Pflege eine große Rolle. Je mehr Strukturen ein künstlicher Lebensraum aufweist, um so mehr Individuen, auch von eher unverträglichen Arten, finden nebeneinander Platz. Und dies auch, wenn nur „wenig" Raum zur Verfügung steht. So sind es gerade wieder die Flußkrebse, die untereinander heftige Auseinandersetzungen austragen können, wenn nicht genügend geeignete Höhlen für die einzelnen Tiere angeboten werden.

Für alle Krebse, Krabben und Garnelen, die sich nicht an Pflanzen vergreifen, können beispielsweise mit Wasserpflanzen geeignete Versteckmöglichkeiten angeboten werden. Auch Steine oder Aquariumwurzeln sind bestens geeignet, um den Krebstieren Schutz zu bieten. Viele Arten graben sich auch eigene Höhlen, die sie bevorzugt unter großen Steinen oder Aquarienwurzeln anlegen. Über all den Einrichtungsgegenständen, die zum Einsatz gelangen können, sollten aber auch der freie Schwimmraum oder „offene" Bodenflächen nicht vergessen werden. Gerade gewisse Garnelenarten schwimmen gerne durchs freie Wasser. In ähnlicher Weise durchstreifen die Flußkrebse während der Nacht sehr gerne den Bodengrund des Aquariums. So ist dem Bewegungsdrang der Krebstiere ebenfalls Rechnung zu tragen, was wiederum nur bei angemessen großen Grundflächen in den Aquarien gewährleistet ist.

Für eine artgerechte Pflege von Krebstieren ist eine entsprechende Technik zum Erhalt einer gleichbleibenden Wasserqualität ebenfalls unerläßlich. Neben der bereits angesprochenen Wassermenge ist natürlich die Filterung für die Wassergüte maßgeblich. Die Temperatur des Wassers wird durch eine Heizung reguliert, und eine Beleuchtung des Aquariums oder Aquaterrariums sorgt für ein prächtiges und gesundes Pflanzenwachstum. Dieses nimmt seinerseits wieder Einfluß auf das gesamte Aquariummilieu, beziehungsweise auf die Wasserqualität. Die Technik, die für die Pflege von tropischen Krebstieren gebraucht wird, unterscheidet sich in nichts von der Aquariumtechnik, wie sie für die Pflege von tropischen Aquariumfischen verwendet wird. Die Art der technischen Geräte und ihre Leistungsfähigkeit richtet sich in erster Linie nach der Größe des Aquariums und der darin gepflegten Krebsarten. Das Wasser großer Aquarien wird vorzugsweise mit leistungs-

Süsswasser-Krebstiere

Die kleinwüchsigen, nur wenige Zentimeter großen Süßwassergarnelen können anhand äußerer Farb- und Körpermerkmale nicht ohne weiteres einer bestimmten Art zugeordnet werden. Die Aufnahme zeigt eine *Caridina*-Art, wobei es sich aufgrund der sichtbaren Eier um ein Weibchen handelt.
Foto: Yvette Tavernier

fähigen Filtern, wie Innen- oder Außenfiltern sauber gehalten. Wie die Namen dieser beiden Filtertypen schon besagen, werden Innenfilter im Aquarium betrieben, während Außenfilter außerhalb des Aquariums aufgestellt werden. So eignen sich beispielsweise für die Pflege von großen Krebsarten die sogenannten Topffilter, welche neben oder unterhalb des Aquariums Platz finden. Für mittelgroße Aquarien eignen sich besonders Innenfilter. Kleinere Aquarien können dagegen auch ausreichend mit luftbetriebenen Filtersystemen sauber gehalten werden. Das Beheizen des Wassers erfolgt mit einem sogenannten Regelheizer. An solchen Heizstäben lassen sich die gewünschten Wassertemperaturen problemlos einstellen. Bei den Krebsarten aus den gemäßigten Zonen kann bei normalen Zimmertemperaturen auf eine Heizung verzichtet werden. Als Beleuchtung seien an dieser Stelle lediglich die Leuchtstoffröhren erwähnt. Unter den vielen anderen Beleuchtungstypen, die infrage kommen können, bieten sie eines der besten „Kosten-Nutzen-Verhältnisse". Bei relativ geringem Stromverbrauch liefern die Leuchtstoffröhren eine gute Lichtintensität und dies mit einer geringen Wärmefreigabe. Für alle Pflegerinnen und Pfleger, die mit ihren Krebsen zum ersten Mal ein Lebewesen im Aquarium pflegen, lohnt es sich, zu diesem Buch eines oder mehrere Bücher hinzu zu erwerben, um sich vertiefende Kenntnisse über die Pflege und Einrichtung von Aquarien anzueignen. Dies vor allem aus dem Grund, daß unter der Fülle der angebotenen Möglichkeiten, wie ein Aquarium betrieben werden kann, bestimmt noch weitere Varianten als die hier erwähnten Einrichtungsvorschläge in Betracht kommen können. Am Schluß des Buchs sind im Quellennachweis einige geeignete Bücher zu solchen Themenkreisen aufgeführt.
Ähnlich wie bei der Technik verhält es sich mit der Wasserqualität. Nachfolgend werden die wichtigsten Aspekte, die mit der Wasserqualität und Wassergüte im Zusammenhang stehen, kurz aufgezeigt. Für eine gewissenhafte Einarbeitung sind ebenfalls eine Reihe von Fachbüchern über „Aquarienwasser" im Handel erhältlich. Auf einen empfehlenswerten Titel wird ebenfalls im Quellenverzeichnis hingewiesen.

Das Wasser fürs Aquarium

Die Krebse, Krabben und Garnelen stehen im direkten Kontakt zum Wasser. Das heißt die Beschaffenheit des Wassers nimmt einen direkten Einfluß auf das Wohlbefinden und den Gesundheitszustand der Krebstiere. Die weitverbreitete Meinung, beim Pflegen von Krebsen sei das Einhalten von artgemäßen Wasserwerten zweitrangig, erwuchs vielleicht aus dem wehrhaften Aussehen der Tiere. Trotzdem oder gerade wegen ihrer Panzerung verlangen die Krebstiere aber nach einem Aquariumwasser, welches in seiner Zusammensetzung den Bedingungen der natürlichen Vorkommensgebiete der Krebstiere sehr nahe kommt. Dabei gilt es vor allem auf die Wasserhärte und den pH-Wert zu achten. Hinzu kommt die Wassertemperatur.

SÜSSWASSER-KREBSTIERE

Im Landesinnern tropischer Länder, aber auch in den gemäßigten Breitengraden können verschiedentlich Krabbenpopulationen beobachtet werden. Manche Arten sind zur Fortpflanzung aufs Meer-, andere Arten aufs Süßwasser angewiesen. Vielfach kann der Reisende kaum feststellen, welche Ansprüche die jeweilige Krabbenart hat.
Hierbei handelt es sich um eine Krabbenart aus dem Senegal. Sie kann im Feuchtterrarium gepflegt werden.
Foto: Hans Gonella

Sie hat einen ebenfalls nicht zu vernachlässigenden Einfluß auf die Gesunderhaltung der Krebstiere.
Um sich den Stellenwert des Aquariumwassers vor Augen zu führen, können einige Hinweise dazu sehr hilfreich sein: Wasser ist eine klare wie auch geschmack- und geruchlose Flüssigkeit. Wasser besteht aus zwei Teilen Wasserstoff und einem Teil Sauerstoff und ist auch unter dem Begriff H_2O bekannt. Solch eine Flüssigkeit in Form von destilliertem Wasser ist aber ein lebensfeindliches Umfeld. So gesehen würde „reines Wasser" dem Organismus wichtige Lebensstoffe entziehen, was schließlich nicht nur für die Krebse den Tod bedeuten würde. Dies, weil Wasser ein hervorragendes Lösungsmittel ist und die unterschiedlichsten Stoffe an sich bindet. Alle Lebensformen sind deshalb auch auf die Wasserinhaltsstoffe in einer für die Art ausgewogenen Menge angewiesen. Die im Wasser gelösten Stoffe lassen sich in drei Gruppen aufteilen.

Die erste Gruppe bilden die anorganischen Stoffe, auch als Salze oder Mineralien bekannt. Sie bestehen aus zwei Bestandteilen, nämlich den Kationen und den Anionen. Dies beruht auf einem speziellen Vorgang. Sobald sich ein Salz im Wasser löst, drängen sich viele Wassermoleküle dazwischen und teilen es in ein positiv geladenes Ion (Kation) und in ein negativ geladenes Ion (Anion). Die Kationen und Anionen lassen sich dann auch im Wasser nachweisen und messen. Aus welchen Salzen sie aber entstanden sind, läßt sich im Nachhinein nicht mehr erkennen. Für die, bei der Aquaristik nötige Bestimmung der Wasserhärte hat dies aber ohnehin keine Bedeutung. Auskunft über die Menge an gelösten Salzen gibt die elektrische Leitfähigkeitsmessung. Die zweite Gruppe bilden die Gase. Für die Pflege von Krebstieren haben lediglich der Sauerstoff, der Stickstoff und das Kohlendioxid eine Bedeutung. Letzteres steht auch im Zusammenhang mit dem pH-Wert. Zwischen den Gasen der Atmosphäre und des Wassers besteht ein dauernder Austauschprozeß. Der „Gasgehalt" der Luft und derjenige im Wasser steht sozusagen im dynamischen Gleichgewichtszustand, der jedoch von der Wassertemperatur und auch vom Gasdruck in der Atmosphäre abhängig ist. Letzt-

Garnelen, aber auch insbesondere gewisse Krabbenarten und manche Flußkrebse, können hervorragend in Aquaterrarien, beziehungsweise Paludarien zusammen mit Fischen gepflegt werden. Dieses Beispiel zeigt eine Fächergarnele, *Atyopsis moluccensis*, wie sie sich gegen die Strömung gerichtet auf einem Pflanzenblatt festhält. In dieser Stellung widmet sie sich der Futteraufnahme, indem sie mit ihren fächerartigen Gliedmaßen feinste Futterteilchen auffängt und zum Mund führt. Foto: Hans Gonella

Glasgarnele aus Französisch Guayana. Diese Garnelenart ist in kleineren Zuläufen des Rio Maroni beheimatet.
Foto: Alfred Waser

res hat für die Pflege von Krebstieren im Aquarium kaum nennenswerte Einflüsse. Dafür ist aber der Sauerstoffgehalt des Wassers, je nach Wassertemperaturen, großen Schwankungen unterworfen und kann somit die Pflegebedingungen stark beeinflussen. Je höher die Wassertemperaturen, um so mehr sinkt der Sauerstoffgehalt. Im beheizten Aquarium kann die durch den Filterauslauf erzeugte Wasserbewegung an der Oberfläche oder eine zusätzliche Belüftung ausreichend Sauerstoff ins Wasser eintragen.

SÜSSWASSER-KREBSTIERE

Die dritte und letzte Gruppe bilden die organischen Verbindungen. Sie werden im Aquarium in großen Mengen freigesetzt. Futterreste, die Ausscheidungsprodukte der Krebse oder abgestorbene Pflanzenteile reichern sich schnell einmal in gefährlich wirkenden Mengen an. Durch regelmäßige Wasserwechsel werden die überschüssigen organischen Stoffe aus dem Aquarium entfernt, da der Filter nur in der Lage ist, einen kleinen Teil der organischen Verbindungen abzubauen.

Im Wasser können sich noch eine Menge anderer Substanzen befinden. So sind zum Beispiel die Problemstoffe, wie Pestizide bei der Trinkwasseraufbereitung von Bedeutung. Hierzu ist jedoch deutlich festzuhalten, daß im Leitungswasser keine nennenswerten Problemstoffmengen (vorsicht Kupfer, s. u.!) enthalten sind, die bei der Pflege von Krebstieren zu Schwierigkeiten führen könnten. Das Leitungswasser wird von den Wasserwerken kontinuierlich auf seine Inhaltsstoffe hin überprüft. Bei der Förderung oder Aufbereitung von Trinkwasser müssen strenge Qualitätsrichtlinien eingehalten werden, da es sich bei Leitungswasser um ein Nahrungsmittel handelt.

Die Beschaffenheit des Leitungswassers ist regional sehr unterschiedlich. Je nach Herkunft kann das Leitungswasser eher weich oder eher hart sein. Die Wasserbeschaffenheit wird von den Bodenschichten geprägt, mit welchen die genutzten Wasserressourcen in Kontakt gekommen sind. Bei kalkhaltigen Böden nimmt das Wasser eine entsprechende Menge an Kalk auf, was sich beim Messen in entsprechend höheren Wasserhärten niederschlägt. Über die Zusammensetzung des örtlichen Leitungswassers können die Zoofachgeschäfte in der Regel Auskunft geben. Detailliertere Analysen sind bei den Wasserwerken der jeweiligen Ortschaften zu erhalten. Dort ist auch zu erfahren, ob dem Leitungswasser für Desinfektionszwecke kleinere Mengen an Chlor oder Chlordioxid oder womöglich andere Desinfektionsmittel beigegeben werden. Für die Pflege von Krebstieren haben geringe Mengen an Desinfektionsmitteln keinen negativen Einfluß. Im warmen Aquariumwasser baut sich der möglicherweise enthaltene Chlorgehalt des Trinkwassers schnell ab. Im Winter bei sehr kalten Wasser wird dafür unter Umständen mehrere Tagen benötigt, was jedoch nur bei der Pflege von Edelkrebsen in Teichanlagen Bedeutung hat. Chlordioxid entweicht dagegen sehr schnell aus dem Wasser. Sobald es aus dem Wasserhahn tritt, verflüchtigt es sich. Bei der Zucht von Krebsen könnten allenfalls größere Desinfektionsmittelmengen im Leitungswasser ein Problem darstellen. Um dem entgegenzuwirken wird das chlorhaltige Wasser über einen Aktivkohlefilter geleitet, welcher das Chlor aus dem Wasser entfernt.

Bei einem Chlorgehalt über 0,1 mg/l Wasser empfiehlt es sich, um die winzigen Krebschen nicht zu schädigen, eine Entchlorung vorzunehmen. Bei Verwendung von Chlordioxid als Desinfektionsmittel reicht es schon, wenn das Leitungswasser aus der Brause entnommen wird. Dabei entweicht das Gas in Sekundenbruchteilen vollständig aus dem Wasser.

Ein an dieser Stelle nicht zu vernachlässigendes Problem stellen die Kupferleitungen der Hausinstallationen in vielen Haushalten dar. Bei neuen Leitungen oder abgestandenem Leitungswasser steigt der Kupferionengehalt in den kritischen Bereich. Dies führt oftmals zu großen Schwierigkeiten, da Krebse keine höheren Kupferionenkonzentrationen vertragen. Siehe hierzu auch den Abschnitt Pilzkrankeiten.

Wichtiges zum Thema Wasserhärte

Krebse, Krabben und Garnelen zeigen gegenüber der Wasserhärte eine erstaunlich hohe Toleranz, was zumindest Schwankungen in gewissen Bereichen betrifft. Dies beruht wahrscheinlich darauf, daß viele Krebstiere auch in der Natur verschiedenste Biotope mit unterschiedlichster Wasserbeschaffenheit besiedeln und auch Wanderungen unternehmen. Zumindest gilt dies für die Pflege von erwachsenen Krebstieren. Für die Fortpflanzung werden jedoch bei fast allen Arten ganz bestimmte Wasserwerte benötigt.

Im „biologischen Sinne" ist die Gewässerqualität ein umfassender Begriff, der zur Beurteilung beziehungsweise Bewertung eines Lebensraums hinzugezogen wird. Dazu zählen auch die Komponenten der Wasserqualität, also der Wasserbeschaffenheit. Im Lauf ihrer Entwicklungsgeschichte haben sich die verschiedenen Krebstierarten an bestimmte Lebensräume angepaßt. Viele der tropischen Vorkommensgebiete der Krebstiere weisen mehr oder weniger ähnliche Gewässerqualitäten auf. Zumindest gilt dies innerhalb der einzelnen südamerikanischen und asiatischen wie auch manchen afrikanischen Süßwasserkrebsgruppen aus dem Weichwasser, die relativ häufig in Aquarien gepflegt werden. Krebstiere sind jedoch in Gewässern unterschiedlicher Qualitäten zu beobachten, so daß die hier gemachten Aussagen nicht vorbehaltlos als die Regel angenommen werden können. Zum Beispiel bevorzugen die bekannten tropischen Garnelenarten, die dauerhaft im Süßwasser leben, das heißt keine Wanderungen ins Meer vollziehen, eher weiches Wasser. Gerade für diese Arten ist für eine dauerhafte Pflege die Höhe der Wasserhärte ein wichtiger Pflegefaktor. Die Idealwerte liegen bei etwa 10 bis 12 °dGH. Zu niedrige pH-Werte scheinen solchen Arten aber auch nicht sonderlich gut zu bekommen. Sie schreiten oft nicht mehr zur Vermehrung oder können unter Umständen an Pilzinfektionen erkranken.

Die Wasserhärte bemißt sich anhand der im Wasser vorhandenen Erdalkali-Ionen. Sie bestehen in erster Linie aus Magnesium- und Calciumionen, sowie aus geringen Mengen Barium- und Strontiumionen. Die Wasserhärte wird in zwei „Gruppen" unterteilt. Zum ersten ist dies die Karbonathärte. Sie steht in gewisser Weise in Verbindung mit dem im Wasser vorhandenen Kohlendioxid. Letzteres reguliert sozusagen zusammen mit der Karbonathärte den pH-Wert. Zum zweiten kennt man die Calcium- und Magnesiumhärte. Beide „Gruppen" zusammen, also die Karbonathärte sowie die Calcium- und Magnesiumhärte bilden die Gesamthärte. Die Höhe der Gesamthärte wird in °dGH, sprich Grad deutsche Gesamthärte angegeben. Diese Bezeichnung wird bis heute noch in der Aquaristik verwendet. In der Wasserchemie richten sich die neueren Bezeichnungen aber nach der DIN-Norm. Heute gilt als Definition: Die Härte besteht aus der Summe der Calcium- und Magnesiumkonzentration, wobei die Hydrogencarbonatkonzentration des Wassers mit der Säurekapazität (bis 4,3 pH-Wert) identisch ist. Das heißt anstatt die Wasserhärte in °dGH anzugeben, wird nun die Meßeinheit Millimol pro Liter verwendet. Die früher gültige Härteeinheit kann aber umgerechnet werden. So gilt: 1 °dH = 0,179 mmol/l.

Da für die Pflege von Tieren und Pflanzen im Aquarium die alten Bezeichnungen immer noch gebräuchlich sind und auch in der

Hin und wieder sind bei den Flußkrebsen, in diesem Falle ein Galizierkrebs, auch weiße Formen zu beobachten.
Foto: Andreas Wieland

Glasgarnelenart aus Malaysia. Diese Süßwassergarnele wurde in einer Restwasserpfütze während der Trockenzeit gefangen. Gleich in der Nähe befand sich ein Fließgewässer, woraus die eingeschlossenen Individuen entstammten. Die Männchen erreichen eine Körperlänge von etwa 3,5 cm. Die Weibchen dagegen werden gut doppelt so groß. Die durchsichtigen, kaum sichtbaren Junggarnelen dieser Art halten sich in den oberen Wasserschichten des Aquariums auf, wobei sie unermüdlich auf und ab schwimmen. Sie lassen sich mit Pantoffel- und Rädertierchen aufziehen.
Foto: Alfred Waser

gängigen Fachliteratur Verwendung finden, werden sie auch in diesem Buch verwendet. Zudem verfügen die einzelnen Länder über unterschiedliche Maßeinheiten für die Härtegrade. So entspricht ein deutsches Grad in etwa 1,25° englischer Härte oder 1,78° französischer Härte oder 17,8° amerikanischer Härte. Die Wasserhärte nimmt einen nicht zu unterschätzenden Einfluß auf den gesamten Organismus der Krebstiere. Deshalb sollten bei den einzelnen Arten die Empfehlungen bezüglich der Härtegrade so gut wie möglich beachtet werden. Gegebenenfalls ist das Leitungswasser mit entsprechenden Gerätschaften zu enthärten oder mit flüssigen Zusatzstoffen aufzuhärten. Letzteres wird jedoch kaum nötig sein, das die Wasserhärte beim Leitungswasser meist schon eine gewisse Höhe aufweist. Zum Enthärten des Leitungswassers können sogenannte Ionenaustauscher verwendet werden. Für die Aufbereitung größerer Wassermengen bieten sich auch Osmoseanlagen an. Auf die Verwendung von Torf für die Wasserenthärtung ist aber soweit wie möglich zu verzichten, weil der pH-Wert zu stark gesenkt wird. Erstens läßt sich mit Torf keine gleichmäßige Wasserhärte beibehalten; zweitens sollte zum Schutz der Moore wenn immer möglich auf die Verwendung von Torf verzichtet werden. Zugegebenermaßen ist aber die Verwendung von Torf in manchen Bereichen der Aquaristik unverzichtbar, so daß er nicht ohne weiteres ersetzt werden kann.

Wichtiges zum Thema pH-Wert

Der pH-Wert als solcher hat nicht die uneingeschränkte Bedeutung für die Wasserlebewesen, wie oft angenommen wird. Viel wichtiger ist es, wie er zustande gekommen ist, was nicht heißen will die Höhe des pH-Werts sei zu vernachlässigen. So ist die Messung des pH-Werts eine gute Möglichkeit, um die Wasserqualität für die Pflege von Krebstieren zu beurteilen.
Der pH-Wert ist das Maß für die Stärke einer Säure beziehungsweise Lauge. Dabei wird der negative, dekadische Logarithmus (p) der Wasserstoffionenkonzentration (H) gemessen. Letztendlich bedeutet dies eine zehnfache Veränderung des Säurezustands pro Skaleneinheit. Ein pH-Wert von Null entspricht einer starken Säure. Ein pH-Wert von 14 entspricht dagegen einer stark alkalischen Flüssigkeit. Der pH-Wert von 7 ist chemisch neutral und ist bei einem Säure-Basen-Gleichgewicht messbar. Wie schon erwähnt ist der pH-Wert auch von der Karbonathärte und des vorhandenen CO_2 im Wasser abhängig. Mit einer CO_2-Düngung, also der Beigabe von Kohlendio-

Die Flußkrebse stellen auch beliebte Zootiere dar. Die Aufnahme zeigt einen Galizierkrebs im Vivarium des Zoologischen Gartens Basel. Foto: Hans Gonella

xid, im Volksmund auch Kohlensäure genannt, läßt sich der pH-Wert bis zu einem gewissen Grad senken. Obschon die CO_2-Düngung auch positive Auswirkungen auf das Pflanzenwachstum hat, ist sie für die Pflege von Krebstieren nicht uneingeschränkt zu empfehlen. Dies weniger wegen der technischen Anforderungen, sondern eher des Betriebs und Unterhalts wegen. Dieser kann den Tieren des noch unerfahrenen Pflegers schnell einmal zum Verhängnis werden.
Auf dauernde Schwankungen bezüglich der Wasserhärte und des pH-Wertes reagieren, einmal von den natürlichen Tagesschwankungen beim pH-Wert abgesehen, die meisten im Wasser lebenden Tiere mehr oder weniger empfindlich. Auch bei der Pflege von Krebsen, Krabben und Garnelen sollten einmal verwendete Wasserwerte beibehalten werden. Es ist weit günstiger, die Krebstiere in etwas zu hartem Wasser zu pflegen, als sie stets schwankenden Wasserwerten auszusetzen. Gerade deshalb ist es auch nützlich, die Wasserwerte regelmäßig

Süsswasser-Krebstiere

zu kontrollieren. Dafür stehen sogenannte Mehrfachmeßstreifen zur Verfügung. Mit dieser leicht zu handhabenden Meßmethode lassen sich pH-Wert und Gesamthärte wie Karbonathärte leicht messen. Hierfür wird ein Meßstreifen kurz ins Wasser gehalten. Anhand einer Farbskala können die aufgrund einer chemischen Reaktion entstandenen Farbveränderungen am Streifen recht genau über die Wasserwerte Auskunft geben.

Der Yabby, *Cherax destructor*, benötigt geräumige Aquarien mit vielen Versteckmöglichkeiten. Mit ihren starken Mundwerkzeugen vermag diese Art selbst die harten Schalen kleiner Muscheln zu knacken, um sich dann an dem Muschelfleisch zu laben.
Foto: Hans Gonella

Wichtiges zum Thema Wassertemperatur

Die im Aquarium gepflegten Krebstierarten stammen vorwiegend aus tropischen- oder subtropischen Regionen der Erde. Deshalb stellt die Wassertemperatur einen wichtigen Pflegefaktor dar. Die Wassertemperatur nimmt einen nicht zu unterschätzenden Einfluß auf das Wohlbefinden und das Wachstum der Krebstiere. Auch bei der Wassertemperatur ist darauf zu achten, daß sie nicht großen Schwankungen unterliegt. Ansonsten könnte der Stoffwechsel der Krebstiere gestört werden und sie in ihrer körperlichen Konstitution schwächen. Letztlich würden die Krebstiere dadurch krankheitsanfälliger und für Parasiten empfänglicher. Gerade bei der Pflege von Krabben ist zu beachten, daß beispielsweise von außen einfallendes Sonnenlicht in den Sommermonaten die Temperatur im Aquaterrarium nicht übermäßig erhöht. Auf plötzliche Temperaturschwankungen, besonders auf eine Überhitzung, reagieren die Krabben sehr empfindlich. Im schlimmsten Falle könnten Krabben aufgrund zu heißer Aquaterrariumverhältnisse sogar Schaden nehmen und sterben. So sollte auch im „Krabbenaquarium" der Wasserkörper ein möglichst großes Volumen aufweisen, um Temperaturschwankungen besser ausgleichen zu können.

Zusammenfassend läßt sich sagen, daß die Anforderungen zur Krebstierpflege in vielerlei Hinsicht jenen von tropischen Aquarienfischen entspricht. So verhält es sich auch mit Fragen im Zusammenhang mit der Aquariumwasserqualität. Dem noch unerfahrenen Pfleger empfiehlt es sich daher, seine ersten Erfahrungen mit einfachen zu pflegenden Arten zu sammeln oder zumindest jene Arten zu pflegen, über deren Ansprüche genügend bekannt ist, damit keine unangenehmen Überraschungen die Freude an der neuen Freizeitbeschäftigung trüben können.

Zebragarnele, *Caridina serrata*. Foto: Yvette Tavernier

KREBSE

Das Aquarium für Süsswasserkrebse

Diese Aufnahme entstand während einer Wanderausstellung, die der Walterzoo in Gossau zusammen mit dem WWF Schweiz organisierte. Sie zeigt eine mögliche Einrichtungsidee, die dem Pfleger zugleich einen Hinweis über die Pflegevoraussetzungen in Heimaquarien liefert.
Foto: Hans Gonella

Grundsätzlich unterscheiden sich die Aquarien, beziehungsweise Aquaterrarien für die Pflege von Krebsen, Krabben und Garnelen. Deshalb werden die drei „Aquarientypen" auch getrennt behandelt. Somit soll möglichst übersichtlich auf die Pflegeanforderungen aufmerksam gemacht werden. Natürlich können einzelne Komponenten der Pflegevoraussetzungen auch durch andere geeignete Maßnahmen ergänzt oder ausgetauscht werden. Letztendlich ist der Pfleger nicht von seiner Verantwortung gegenüber dem Tier entbunden, wenn er sich peinlichst genau an die Pflegeanweisungen hält. Stets können unerwartete Reaktionen auf bestimmte Situationen eintreffen, die vom Pfleger ein maßvolles Handeln erfordern. Insbesondere deshalb muß der Pfleger seine Tiere stets gut im Auge behalten, um bei Bedarf eingreifen zu können. Dies gilt gerade für die ersten Pflegemonate, wenn noch keine ausreichenden Erfahrungen mit den Krebstieren gesammelt wurden.

Aquariumgröße

Für die Pflege von Süßwasserkrebsen werden verhältnismäßig großflächige Aquarien benötigt. Einerseits erreichen viele Flußkrebsarten beachtliche Körperlängen. Andererseits ist den Flußkrebsen in der Regel ein recht unverträgliches Verhalten gegenüber ihren Artgenossen zu eigen, was besonders auf die Männchen zutrifft. Je nach Süßwasserkrebsart sollte das Aquarium 100 bis 200 l Wasserinhalt aufweisen.

Technik

Zur Pflege von Süßwasserkrebsen wird ein leistungsfähiger Filter benötigt. Vor allem die größeren Arten vertilgen Unmengen an Futter, was die Wasserqualität stark beeinträchtigt. Allerdings können auch die kleinwüchsigen Arten als gute „Fresser" bezeichnet werden. Zum Filtern des Wassers bieten sich Innen- oder Außenfilter an. Für Zuchtzwecke könnten auch luftbetriebene Filtersysteme zum Einsatz gelangen. Dies macht vor allem dann Sinn, wenn die Jungkrebse den schützenden Unterleib der Mutter verlassen und die Eltern dann aus dem Aquarium entfernt werden müssen. Durch ein luftbetriebenes Filtern des Wassers, beispielsweise über einen Schaumstoffkörper besteht keine Gefahr, daß die Jungkrebse vom Filter angezogen werden.
Je nach zu pflegender Krebsart darf auch eine Heizung nicht fehlen. Während bei den Roten Sumpfkrebsen auf eine Beheizung des Wassers verzichtet werden darf, kommen den tropischen Krebsarten konstant warme Wasserverhältnisse sehr entgegen. Letztendlich wirkt sich dies günstig auf die Fortpflanzung aus. Zum Beheizen des Wassers kommen Regelheizer oder sogenannte Thermofilter infrage. Bei den Thermofiltern befindet sich der Heizstab nicht im Aquarium, sondern ist im Filter untergebracht.
Viele Flußkrebse kappen mit ihren mächtigen Scheren oft die Stengel der Wasserpflanzen. Deshalb wird bei solchen Krebs-

KREBSE

arten meist auf eine üppige Bepflanzung des Aquariums verzichtet. So ist auch eine Aquariumbeleuchtung nur bedingt sinnvoll. Trotzdem sollte nicht vollends auf eine Beleuchtung verzichtet werden. Für die Flußkrebse empfiehlt es sich ein Beleuchtungssystem auszuwählen, welches das Aquarium gut abdeckt. Dies, weil die Flußkrebse mit Vorliebe auf Wanderschaft gehen und schon die schmalste Öffnung im Aquarium als Ausstieg benutzen. Gewisse Hersteller bieten Beleuchtungskörper für Leuchtstoffröhren in Kunststoffausführung an, die, aufs Aquarium aufgebracht, dieses dicht verschließen. Zum Füttern sind dann auch die oben am Beleuchtungskörper angebrachten Klappen gedacht.

Einrichtung

Die Wahl der Einrichtungsgegenstände nehmen für die Pflege von Süßwasserkrebsen eine zentrale Rolle ein. Die Krebse benötigen einen reichlich strukturierten Lebensraum, um sich bei Bedarf aus dem Weg zu gehen. Zudem führen die Flußkrebsarten eine versteckte Lebensweise, der beim Einrichten des Aquariums Rechnung zu tragen ist. Ansonsten ist das Aquarium, außer von einer entsprechenden Bepflanzung, ähnlich einzurichten, wie es bei tropischen Aquarienfischen üblich ist.

Hier ist ein besonders intensiv rot gefärbtes Exemplar des Roten Sumpfkrebses, *Procambarus clarkii*, abgebildet. Meistens sind diese Sumpfkrebse eher bescheidener gefärbt.
Foto: Hans Gonella

Als Bodengrund wird vorzugsweise ein nicht zu feines, aber auch nicht zu grobes Kiesmaterial verwendet. Der Handel bietet sogenannten Aquariumkies an, der mit 3 bis 4 mm genau die richtige Korngröße hat. Bei gröberem Kies würde das Futter zwischen die einzelnen Kiesel fallen, wo es für die Krebse nur noch schwer zu erreichen wäre. Besitzt das Material eine feinere Korngröße oder es wird sogar Sand verwendet, so stört das die Krebse nicht. Bei einem sandigen Bodengrund ist sogar zu beobachten, wie die Krebse mit ihren Scheren nach allerlei Freßbarem im Bodengrund suchen. Allerdings läßt sich ein feinkörniges Bodengrundmaterial nur schwer reinigen, da es nur unzureichend mit einer Mulmglocke vom Schmutz befreit werden kann. Zu leicht würde beim Absaugen ein Großteil des Bodengrunds ebenfalls aus dem Aquarium entfernt. Als Bodengrund kommen alle Kiessorten infrage, die nicht allzu große Mengen Kalk freisetzen können. Auch sollten nur solche Kiessorten verwendet werden, die über keine scharfen Kanten verfügen. Wohl sind die Krebse gut gepanzert, dennoch könnte sich ein erschrecktes Tier nach dem Häuten am Splitt verletzen. Der Handel bietet ein breites Sortiment von verschieden farbigem Bodengrund an, welches sicher für jeden Geschmack das Passende bereit hält. Nur auf weißen Kies sollte verzichtet werden, weil sich die Krebse in heller Umgebung nicht sehr wohl fühlen. Und weißer Kies reflektiert ja bekanntlich das Licht der Beleuchtung, was schließlich die Krebse veranlaßt, ihre Verstecke noch weniger zu verlassen, als sie dies ohnehin schon tun. Darüberhinaus kann aber jede „Kiessorte" Verwendung finden. Selbst das rundgeformte Kiesmaterial, wie es zum Beispiel für Gartenwege gebraucht wird, könnte eine kostengünstige Variante für einen Bodengrund darstellen. Es ist lediglich darauf zu achten, daß die Gesteinsart das Wasser nicht allzustark aufhärten kann und dieses Material, wie auch das im Handel erhältliche „Aquariumkies", vor dem Einbringen ins Aquarium gut gewaschen wird.

Wichtigste Gestaltungselemente für die Einrichtung sind Gegenstände, mit denen sich Verstecke für die Krebse errichten lassen. Hierfür kommen Aquariumwurzeln, sogenannte Moorkienwurzeln infrage. Sie sind vor dem Gebrauch für einige Tage im Wasser einzulegen und mit einer Bürste zu reinigen. In dieser Zeit des Wässerns verlieren die Wurzeln einen Großteil ihrer Inhaltsstoffe, wie an der bräunlichen Verfärbung des Wassers gut zu erkennen ist. Gleichzeitig saugen sie sich mit Wasser voll, was ihren Auftrieb maßgeblich verringert. Selbst gut gereinigte und gewässerte Wurzeln können aber noch für einige Zeit das Aquariumwasser verfärben, was jedoch für die Krebse keine Nachteile birgt. Mit der Zeit werden durch die Teilwasserwechsel auch diese leicht bräunlichen „Trübungen" des Wassers zusehends abnehmen. Als Verstecke können auch große Steine aufeinandergeschichtet werden. Für sie gilt wie beim Bodengrund auch, daß sie keine großen Mengen an Kalk freisetzen können. Dies weniger, weil ein Aufhärten des Wassers, beispielsweise für die einheimischen Flußkrebse, schädlich wäre, sondern dadurch unstabile Aquariumwasserverhält-

Diese Glasgarnelenart stammt aus dem Einzugsgebiet des Rio Maroni in Französisch Guayana.   Foto: Alfred Waser

nisse entstehen könnten. Die Steine wie auch die Wurzeln müssen direkt auf dem Aquariumboden aufgebaut werden. Und auf jeden Fall müssen die Einrichtungsgegenstände gut ineinander verankert werden, damit sie nicht abrutschen können. Viele Krebsarten graben mit Vorliebe im Kies, besonders unter Steinen oder Wurzeln ihre Höhlen, was die Einsturzgefahr der Einrichtungsgegenstände erhöht. Gegebenenfalls lohnt es sich die Einrichtungsgegenstände mit Silikon gegenseitig zu fixieren. Dann muß jedoch das Silikon gut abbinden können, was das Einfüllen des Wassers ins Aquarium um gut eine Woche verzögern kann. Das geeignete Silikon für diese Arbeiten ist im Zoofachhandel erhältlich. Wurzeln oder Steinaufbauten können je nach Formgebung nicht immer geeignete Höhlen entstehen lassen. Es besteht aber die Möglichkeit, sich im Eigenbau die verschiedenartigsten Krebshöhlen aus Ton selbst herzustellen. Nach dem Brennen können Tonhäuschen in beliebiger Formgebung und Anzahl im Aquarium aufgestellt werden, gute Behausungen für die Krebse darstellen. Sie werden von den Krebsen auch bereitwillig angenommen und verhindern vielfach auch das unliebsame Graben der Krebse im Bodengrund, um sich unter den Wurzeln selbst Höhlen anzulegen. Es lohnt sich auch Tonhöhlen in verschiedenen Größen und mit verschieden großen Eingängen anzubieten. Mitunter sind die Krebse nämlich sehr wählerisch, wie ihre Höhlen auszusehen haben. Im Zweifelsfalle ist es immer besser mehrere Höhlen anzubieten, als Krebse im Aquarium vorhanden sind. Dies vermeidet Streitigkeiten unter den Tieren um die von ihnen bevorzugten Höhlen. Natürlich können auch vorgefertigte Höhlen aus Kunststoff oder anderen Materialien, wie sie der Handel anbietet, aufgestellt werden. Als Höhlenersatz sind zudem auch halbierte Kokosnußschalen und Bambusrohre sehr geeignet. Obschon viele Krebsarten sich gerne an den Pflanzen vergreifen, sollte nicht völlig auf eine Bepflanzung verzichtet werden. Es lohnt sich versuchsweise einige robuste Pflanzenarten mit zähen Stengeln ins Aquarium einzubringen. Geeignet sind zum Beispiel das Zwergspeerblatt, *Anubias barteri* var. *nana*, oder das Javafarn, *Microsorum pteropus*. Auch Javamoos, *Vesicularia dubyana*, ist eine Pflanzenart, die das Krebsaquarium auf ansprechende Weise begrünen kann. Wenn die Krebse gut gefüttert werden, sollten auch jene Arten, die gelegentlich pflanzliche Nahrung aufnehmen, sich nicht übermäßig am Javamoos gütlich tun.

Krebsarten fürs Süßwasseraquarium

Für die Pflege im Aquarium kommen etliche Krebsarten in Betracht, wobei viele Arten so gut wie nie im Handel angeboten werden. Die hier erwähnten Krebsarten wurden schon mehr oder weniger häufig im Aquarium gepflegt. Sicher werden in Zukunft noch weitere Arten die Aquarien bereichern, meist sind es dann Tiere, die von privater Seite selbst eingeführt wurden. Aber auch bei solchen Arten aus vergleichbaren Vorkommensgebieten dürften sich die Ansprüche und Bedürfnisse nicht so sehr von den hier erwähnten Tieren unterscheiden, so daß wohl ihre Pflegeanforderungen durchaus von den bereits bekannten Arten abgeleitet werden können. Allerdings gilt es zu beachten, daß die Pflegeanforderungen bei den einzelnen Flußkrebsarten erhebliche Unterschiede aufweisen. Demzufolge

Ein Flußkrebs sucht zwischen den Kieseln nach allerlei Freßbarem. Foto: Hans Gonella

hat der Pfleger bei einer „unbekannten" Neuerwerbung mit einigen Überraschungen zu rechnen. Letztendlich sollten sich aber die Pflegeansprüche und die unterschiedlichen Verhaltensweisen in etwa jenem Rahmen bewegen, die sich aus nachfolgenden Beispielen ableiten lassen. Womöglich erscheinen die nachfolgenden Angaben bezüglich der zu erwartenden Pflegeanleitungen etwas dürftig beziehungsweise nicht detailliert genug, doch ist zu bedenken, daß über 500 Flußkrebsarten aus den bekannten Fangregionen in die Aquarien gelangen können. Rechnet man die Unterarten hinzu, so erhöht sich ihre Anzahl sogar auf weit über 800. Die Fülle an Arten kann also überhaupt nicht in einem Buch im „Normalformat" wiedergegeben werden. So beschränken sich die hier aufgeführten Arten auf jene Flußkrebse, die mehr oder weniger häufig im Handel erhältlich sind. Wobei meist mehr als die Hälfte aller bekannten Arten aus Mittel- und Nordamerika stammen. In Zentraleuropa sind gerade nur drei Arten heimisch. Der Rest stammt aus Asien. In Afrika dagegen kommen die Flußkrebse nicht vor. Doch der Einschränkungen noch nicht genug, leider ist eine zweifelsfreie Bestimmung der selten angebotenen Arten oft gar nicht möglich. Viele der Flußkrebsarten sehen sich sehr ähnlich und können mit bloßem Auge kaum voneinander unterschieden werden. Gerade die asiatischen und australischen Arten verfügen über einen hohen in der Natur vorkommenden Anteil an blau gefärbten Exemplaren. Deshalb gelangen sie auch mehr oder weniger häufig in den Handel. Bedauerlicherweise läßt sich jedoch oft nicht zweifelsfrei klären, woher die Tiere stammen. Vielfach ist weder eine genaue Herkunft bekannt, noch ist man sicher, ob die Flußkrebse vielleicht doch nicht aus einer Zucht für Speisezwecke entstammen. Bei fehlenden Angaben zu Flußkrebsen, die nicht aus einer der bekannten Fangregionen importiert wurden, sollte man davon ausgehen, daß es sich dabei um Speisekrebse handelt. Und dies vor allem dann, wenn es sich um sehr schön gefärbte Farbvarianten handelt, welche in größeren Mengen angeboten werden. Natürlich macht dies die Flußkrebse und ihre Pflege nicht weniger interessant. Im Gegenteil, in der Regel lassen sich Zuchtkrebse weit besser im Aquarium pflegen. Als besonders geeignet erscheinen die amerikanischen und australischen Arten, die aus Zuchtbetrieben stammen. Sie haben eine robuste Konstitution und vertragen, je nach

KREBSE

Ein Galizierkrebs, *Astacus leptodactylus*, aus dem Vivarium im Zoologischen Garten Basel. Der Betrachter beachte die Ausmaße der Scheren, die bei dieser Art in dieser Größe sowohl im Aquarium wie auch in der Natur auftreten können.
Foto: Hans Gonella

Art, auch höhere Temperaturen von rund 24 bis 27 °C, die während der Sommermonate auch in unbeheizten Aquarien auftreten können.

Übrigens lassen sich auch manche einheimische beziehungsweise europäischer Flußkrebse ausgezeichnet im Kaltwasseraquarium pflegen. Davon ausgenommen ist aber sicher der Steinkrebs, *Potamobius torrentium*, der durch seine spezifischen Ansprüche an einen Lebensraum nicht dauerhaft im Aquarium gepflegt werden kann. Zu anspruchsvoll sind die Bedürfnisse dieser Art an die Wassergüte, tiefe Temperaturen und Sauerstoffgehalt. Desgleichen können die Schutzbestimmungen in den jeweiligen Ländern eine Pflege von gewissen einheimischen Arten verbieten.

Immer häufiger, wie bereits schon erwähnt, werden wunderschön blau gefärbte Flußkrebse angeboten. Hierzu gilt es noch einiges zu bemerken. Mit solchen fantastisch wirkenden Farbvarianten hat es, wie oft gegenteilig angenommen wird, nichts Geheimnisvolles auf sich. Farbvarianten treten bei einzelnen Flußkrebsarten in „regelmäßigen" Abständen auf. Sie beruhen auf einer Pigmentverschiebung. Bekannte Beispiele sind Zuchtkrebse, die aus Nordamerika und Australien stammen. Interessant ist allerdings, daß es sich bei den angebotenen Exemplaren ausschließlich um Männchen handelt. Dahinter ist wohl eher ein anderer Grund als eine verkaufsstrategische Maßnahme zu vermuten, damit sich die Krebse nicht nachzüchten lassen. Die Männchen wachsen nämlich um ein Vielfaches schneller und sind deshalb im Zuchtmanagement wahrscheinlich bevorzugt. Aber auch bei wildlebenden Arten sind Farbvarianten zu finden. So kennt man den gelben, vier Zentimeter großen Flußkrebs, *Cambarellus montezumae*, aus Mexico. Selbst beim Edelkrebs, *Astacus astacus*, können rote, bronzefarbene sowie hellblaue und kobaltblaue Farbvarianten auftreten. Ja selbst weiße, also „Albinoformen" können in Erscheinung treten. Gelegentlich besitzen auch vereinzelte Exemplare des Roten Sumpfkrebses, *Procambarus clarkii*, eine hellblaue Farbgebung. Mit dem Heranwachsen verändert sich jedoch die blaue Farbe solcher Tiere und sie färben sich in die normale Farbgebung um. Neben dem bereits bekannten „Farbenspiel" der asiatischen und amerikanischen Arten wird sicher der natürliche Reichtum an Flußkrebsarten und ihren Farbvarianten in der Zukunft noch die eine oder andere Überraschung bereithalten. Man denke nur einmal daran, daß in Australien sogar eine landbewohnende „Flußkrebsart" vorkommt, die sich mit ihrem verkürzten Hinterleib hervorragend ans Landleben angepaßt hat.

Im Zusammenhang mit der Faunaverfälschung durch die amerikanischen Flußkrebsarten ist auch zu sagen, daß es wenig Sinn macht, nun auch noch Krebsarten aus den GUS-Staaten unüberlegt nach Mitteleuropa einzuführen. So sind aus der Aquaristikliteratur der Amurkrebs, *Cambaroides schrenckii*, und die Art *Cambaroides dauricus*, beide aus dem Amurbecken, bekannt. Sie wurden bisher noch nicht nach Mitteleuropa eingeführt, was jedoch sicher nur eine Frage der Zeit ist. Auch bei diesen und anderen Arten wäre es höchst fahrlässig, sie in unseren Gewässern auszusetzen. Es ist kaum vorauszusehen, welchen Einfluß die Fremdlinge auf die vorhandenen Krebsbestände haben könnten. So wäre es vielleicht denkbar, daß aggressive Arten zu einer weiteren nachteiligen Faunaverfälschung beitragen könnten, nur um eine der möglichen Folgen aufzuzeigen.

Bei guter Pflege können Flußkrebse ein beachtliches Alter erreichen. Selbst Arten, wie der Rote Sumpfkrebs, *P. clarkii*, die in der Natur weniger als zwei Jahre alt werden, erreichen im Aquarium eine Altersspanne von vier bis sechs Jahren. Der Grund dafür ist vielleicht in einem veränderten Stoffwechsel und den „günstigeren" Lebensbedingungen zu suchen. Die einheimischen Arten erreichen dagegen in der Natur ein Alter von sechs bis acht Jahren, wobei die Geschlechtsreife erst nach drei bis vier Jahren eintritt. Alles in allem können Flußkrebse lange viel Freude bereiten, vorausgesetzt es werden ihnen im Aquarium optimale Lebensbedingungen geboten.

Auf jeden Fall muß man sich bei der Flußkrebspflege darauf einstellen, daß die Flußkrebse wahre Meister im Umstrukturieren ihrer künstlichen Lebensräume sind. Bei manchen Arten bleibt kein Stein auf dem anderen, bis die Einrichtung des Aquariums endlich den Vorstellungen der Krebse entspricht. Dieser Umstand ist auch auf der Lebensweise der Krebse begründet. Viele *Procambarus*-Arten sind wahre Überlebenskünstler. In der Trockenzeit legen sie durch eifriges Graben tiefe Tunnel an, bis sie das Grundwasser erreichen und in der untergetauchten Wohnhöhle auf die nächste Regenperiode warten. Solche unterirdischen Anlagen sind an den bis 10 cm hohen Kratern auf dem ausgetrockneten Gewässergrund zu erkennen.

Galizierkrebs (Sumpfkrebs)
Astacus leptodactylus
Vorkommen: Südliches und östliches Europa (Türkei), in stehenden und fließenden Gewässern.

Wasserwerte: Härte: 10-20 °dGH; pH-Wert 7-8, Temperatur: 10-24 °C.
Die Galizierkrebse waren früher beliebte Speisekrebse. Heute sind sie selten geworden, weil die Krebspest die Bestände dieser Sumpfkrebse drastisch dezimierte. Die Galizierkrebse können gut im Aquarium gepflegt werden. Ihre Anforderungen an den Sauerstoffgehalt und niedrige Temperaturen verlaufen nicht in einem so eingeschränkten Bereich, wie dies bei den Steinkrebsen der Fall ist.
Nach dem dritten bis vierten Lebensjahr häuten sich die Krebse nur noch einmal im Jahr. In punkto Alter und Körperlänge erreichen die Galizierkrebse Werte wie die Edelkrebse. Auffallend sind bei den Galizierkrebsen ihre langen Scheren, die im Aquarium beachtliche Ausmaße erlangen können.

Dohlenkrebs
Austropotamobius pallipes
Vorkommen: West-Europa.
Wasserwerte: Härte 10-25 °dGH; pH-Wert 7-8; Temperatur: 10-24 °C.
Der Dohlenkrebs erreicht eine Körperlänge von 12 cm. In seiner Körperform ähnelt er dem Edelkrebs. Die Farbgebung ist ein erdiges Braun, welches als „mittelbraun" bezeichnet werden könnte. Diese Art verträgt unterschiedliche Temperaturbereiche, reagiert jedoch empfindlich auf hohe organische Belastungen, die im Aquarium auftreten können. Eine gute Wasserfilterung und regelmäßige Wasserwechsel sind daher nicht zu vernachlässigen.

Edelkrebs
Astacus astacus (geschützte Art)
Vorkommen: Europa, Edelkrebse sind in stehenden Gewässern ebenso wie in Fließgewässern anzutreffen.
Wasserwerte: Härte: 10-30 °dGH; pH-Wert 7-8; Temperatur: 18-22 °C.
Bei den Edelkrebsen handelt es sich um eine geschützte Tierart. Auch ihre Bestände waren und sind heute noch von den Auswirkungen der Krebspest betroffen. Sie dürfen daher nicht aus der Natur entnommen werden. Die Edelkrebse werden jedoch in einigen europäischen Ländern gezüchtet und werden gelegentlich im Fischhandel lebend angeboten. Falls sie frisch eingetroffen sind und ein lebhaftes Verhalten zeigen, können sie im Aquarium ein neues zu Hause finden. Vom Kauf schwacher Exemplare ist abzuraten. Sie erholen sich meist nicht mehr und sterben schnell.
Edelkrebse können in größeren Gartenteichen mit einer Wassertiefe von mehr als 1 m gepflegt werden. Allerdings sollte es sich um „naturbelassene" Teiche handeln, die über einen schlammigen Bodengrund verfügen. Darin können die Edelkrebse auch überwintern. Zur Fortpflanzung werden winterliche Temperaturen benötigt. Nur so findet eine Reifung der Gonaden statt. Im Aquarium, dauerhaft bei Zimmertemperaturen gepflegt, ist daher kein Nachwuchs zu erwarten. Als Räuber stellen sie kleineren Fischen oder Molchen nach, so daß außer den Krebsen keine weiteren Tierarten im Teich zufriedenstellend gepflegt werden können.
Die über 15 cm großen Edelkrebse erreichen ein beachtliches Alter. So können sie zehn bis 20 Jahre lang viel Freude bereiten. Vorausgesetzt der Gartenteich ist groß genug und unterliegt nicht erheblichen Temperaturschwankungen im Sommer. Im Aquarium dagegen sind natürlich auch für saubere und sauerstoffreiche Wasserverhältnisse zu sorgen.

Jungtier des Edelkrebses, *Astacus astacus*, mit rund 6 cm Körperlänge, der gerade aus seinem Versteck unter einem großen Stein hervorkriecht. Foto: Hans Gonella

Die Edelkrebse paaren sich einmal im Jahr während des Herbsts. Ein Weibchen kann etwa 200 Eier hervorbringen. Die Eier werden über die Wintermonate sorgsam gepflegt und selbst die geschlüpften Jungkrebse werden noch einige Zeit behütet. Außerhalb der Fortpflanzungszeit leben die Krebse als Einzelgänger und können deshalb im Aquarium nur bedingt in Gruppen gepflegt werden.

Amerikanischer Flußkrebs
Orconectes limosus
Vorkommen: Amerika und Europa, in stehenden Gewässern, wie auch Fließgewässern.
Wasserwerte: 10-25 °dGH; pH-Wert 7-8; Temperatur: 10-20 °C.
Der Kamberkrebs, wie der Amerikanische Flußkrebs auch genannt wird, ist eine Krebsart, die gut in Aquarien gepflegt werden kann. Er erreicht eine Körperlänge von rund 10 bis 12 cm. Auffallend ist die ruhige Wesensart der Tiere. Zudem stellen sie keine besonderen Ansprüche an die Wasserqualität. Im Aquarium sollte ihnen eine Höhle angeboten werden, obwohl sie in der Natur oft an freien Bodengrundflächen anzutreffen sind. Vermutlich benötigen die Kamberkrebse während der Wintermonate etwas kühlere Wassertemperaturen, um sich im Frühjahr erfolgreich fortpflanzen zu können. Mit bis zu 600 Eiern pro Fortpflanzungsphase gehören sie zu den produktiveren Krebsarten. Im ersten Lebensjahr häuten sich diese Krebse bis zu acht Mal.
In den Sommermonaten können die Kamberkrebse im Gartenteich gepflegt werden. Aber wie andere Krebsarten auch wird man sie selten zu Gesicht bekommen, da sie sich mit Vorliebe im Schlamm vergraben. Den Winter sollten sie im unbeheizten Aquarium verbringen, wenn der Gartenteich nicht ausreichend tief ist. Allerdings ist die Pflege dieser Art in Gartenteichen sehr fragwürdig. Der Kamberkrebs besiedelt schon seit rund 100 Jahren die europäischen Gewässer und hat somit maßgeblich zur Faunaverfälschung beigetragen. Er wurde ausgesetzt, als die einheimischen Bestände durch die Krebspest dezimiert wurden. Wahrscheinlich hat auch er dazu beigetragen, die Krebspest zu verbreiten. Obschon diese Art heute überall zu finden ist und so gut wie zu den einheimischen Tieren gezählt werden kann, sollte eine Pflege im Gartenteich

KREBSE

Kamberkrebs, *Orconectes limosus*.
Foto: Friedrich Müller

gut überlegt sein. Gerade in der Nähe intakter Gewässersysteme, wo noch Edelkrebse leben, ist unbedingt auf die Pflege von Kamberkrebsen zu verzichten. Im Zweifelsfalle können die jeweiligen „Fischereiämter" Auskunft erteilen, ob eine Pflege der Krebse im Freien zu verantworten ist. Zum Thema der Faunaverfälschung ist zu ergänzen, daß der Pfleger von Krebsen ohnehin auf eine Freilandhaltung verzichten wird, weil er ja schließlich seine Pfleglinge beobachten möchte und nicht noch mehr zum entstandenen Schaden in der Natur beitragen möchte.

Roter Sumpfkrebs
Procambarus clarkii

Vorkommen: Mexiko, USA, in Florida bis nach Illinois. Heute kommt die Arten in Europa wie auch in Asien vor.
Wasserwerte: Härte: 10-25 °dGH; pH-Wert 7-8; Temperatur: 10-20 °C (die aus Nordamerika stammenden Arten vertragen vielfach niedrige Temperaturen bis 4 °C).
Beim Roten Sumpfkrebs handelt es sich um eine verhältnismäßig aggressive Krebsart. Zwei Männchen können auf die Dauer nicht gemeinsam in einem Aquarium gepflegt werden. Gegenüber größeren Fischarten zeigen sie aber in der Regel keine gezielten Feindseligkeiten. Dagegen vergreifen sie sich oft an kleineren Fischen. Selbst die eigenen Jungen werden gefressen. Überhaupt stellt der Kannibalismus ein Pflegebeziehungsweise Aufzuchtproblem dar. Wird ein Aussortieren der Geschlechter vernachlässigt, so dezimieren sich die Jungkrebse gegenseitig. Die männlichen Sumpfkrebse müssen sogar einzeln großgezogen werden. So sehen sie ebenfalls in kleinwüchsigeren Artgenossen eine Beute, so daß nur etwa gleichgroße Weibchen miteinander – ohne große Ausfälle – heranwachsen können.

Obwohl die Roten Sumpfkrebse tierische Nahrung nicht verschmähen, sind sie doch Pflanzenfresser. Schon in kurzer Zeit hätten sie den gesamten Pflanzenbestand in einem Aquarium vernichtet, würde man ihnen einen solchen bereitstellen. Mit ihren kräftigen Scheren durchtrennen sie anscheinend wahllos, selbst die dicksten Pflanzenstengel, so daß bald schon alle Pflanzen an der Wasseroberfläche treiben. Nebst zartblättrigem Grünzeug wie Salaten nehmen die Roten Sumpfkrebse auch Fischfutter sehr gerne an. Die Art des Futters nimmt auch Einfluß auf die Farbgebung beziehungsweise Farbintensität. Bestände, die vorwiegend mit tierischer Nahrung gefüttert werden, zeigen blassere Farben, dagegen färben sich die Krebse bei Pflanzennahrung kräftig rot. Gleichzeitig nimmt sicher auch die Wasserhärte auf die Farbgebung einen gewissen Einfluß. Erst im harten Wasser gepflegt, erhalten die Farben ihre ganze Leuchtkraft.

Trotz ihrer sehr „eigenwilligen" Lebensweise stellen die Roten Sumpfkrebse sehr ansprechende Pfleglinge dar. Ihre Körperfärbung in den verschiedensten Rotnuancen macht sie zu richtigen Schönheiten. Darüberhinaus verfügen sie über sehr interessante Verhaltensweisen, die sich relativ gut beobachten lassen – auch wenn die Tiere einen Großteil ihres Lebens in ihren Wohnhöhlen verbringen. Aufgrund ihrer Vorliebe in einer Höhle Schutz zu suchen, sollten den Roten Sumpfkrebsen ausreichende Versteckmöglichkeiten angeboten werden. So bevorzugen sie Höhlen mit nur einem Ein- und Ausgang, was sich auf die dauerhafte Pflege günstig auswirkt. Bei röhrenartigen Höhlen kann es nämlich zu unliebsamen Zwischenfällen kommen, wenn ein Artgenosse eine bereits besetzte Höhle beansprucht. In der Folge beißt der Eindringling dem Höhlenbesitzer empfindlich ins Schwanzende, sofern sich dieser nicht in kürzester Zeit umdreht, um sich zu wehren. Als Wohnhöhlen haben sich Tonhäuschen oder aus Kunststoff gefertigte Höhlen, wie sie im Handel angeboten werden, bewährt. Stellt man den Sumpfkrebsen keine geeigneten Höhlen zur Verfügung, graben sie sich unter Moorkienwurzeln oder großen Steinen ihre Höhlen selbst, dabei gerät oft die Aquariumeinrichtung durcheinander.

Die Roten Sumpfkrebse dürfen nicht im Freiland gepflegt werden. Sie bedrohen die in den natürlichen Gewässern lebenden Krebsarten. Und dies schon seit mehr als hundert Jahren. Zum einen übertragen sie die Krebspest, gegenüber der sie immun sind. Zum anderen können sie die Ufer von natürlichen Gewässern schädigen. Als Beispiel seien hier die nachteiligen Folgen anhand von Reisanbaugebieten aufgeführt. In Asien, aber auch in Spanien wurden die Roten Sumpfkrebse als Eiweißlieferanten ausgesetzt. Sie vermehrten sich zur anfänglichen Freude der

Gerade aus einem natürlichen Gewässer ergriffen, nimmt dieser Rote Sumpfkrebs, *P. clarkii*, die typische Abwehrstellung ein. Zugleich hat er die charakteristische Körperfärbung seiner Art. Foto: Hans Gonella

Reisbauern prächtig, wurden aber schnell zur Plage. Die Sumpfkrebse gruben lange Höhlen in die Dämme der Reisfelder, worauf die Anbaugebiete trocken liefen und die Dämme fortlaufend ausgebessert werden mußten. Hinzu kommt, daß sich die Roten Sumpfkrebse unter Umständen nicht sehr lange in einem Gartenteich aufhalten. Behagt ihnen ihr zu Hause nicht, wandern sie umgehend ab. Anscheinend haben sie auch eine heute noch unerklärbare Abneigung gegenüber Seerosengewächsen, deren Nähe sie meiden und in Gartenteichen werden ja bekanntlich häufig Seerosen kultiviert. Wer glaubt, daß sich in seinem Gartenteich die Sumpfkrebse wohlfühlen werden und nicht abwandern, der irrt. Gerade dann geht von den Tieren eine Gefahr aus. Sobald sie ein für sie günstiges Gewässer besiedeln, vermehren sie sich in Unmengen. Dadurch entsteht eine „Überpopulation" und die überzähligen Sumpfkrebse beginnen abzuwandern. Sie können kilometerlange Wanderungen über Land unternehmen, um andere Gewässer zu erreichen, in denen sie dann großen Schaden anrichten. Im übrigen macht sich die „Wanderlust" der Sumpfkrebse auch im Aquarium bemerkbar. Sobald in der Aquariumabdeckung Öffnungen vorhanden sind, durch die sie sich hindurchzwängen können, nehmen sie Reißaus. Deswegen ist das Aquarium stets gut verschlossen zu halten.
Im Handel werden meist „halbwüchsige" Exemplare angeboten. Solche Tiere mit 4 bis 5 cm Körperlänge sind aber noch lange nicht völlig ausgewachsen. Sie werden gut doppelt bis dreimal so groß. Die Männchen sind in der Regel etwas größer als die Weibchen und können eine Körperlänge von rund 15 cm erreichen. Daraus wird ersichtlich, daß die Roten Sumpfkrebse verhältnismäßig geräumige Aquarien benötigen. So sollten einem Männchen und zwei Weibchen 150 bis 200 l Wasser zur Verfügung stehen.

Signalkrebs
Pacifastacus leniusculus
Vorkommen: Ursprünglich Nordamerika, wurde in Europa ausgesetzt.
Wasserwerte: Härte 10-25 °dGH; pH-Wert 7-8; Temperatur: 10-22 °C.
Die Signalkrebse verfügen über eine „Teilresistenz" gegenüber der Krebspest. Deshalb war man zu Beginn der Aussetzaktionen in Europa davon überzeugt, mit ihnen die Krebspest nicht auf einheimische Arten zu übertragen, was sich als ein Irrtum erwies. Signalkrebse haben eine Körperlänge von 10 bis 12 cm und erreichen ein Alter von sieben bis zehn Jahren. Sie sehen den Edelkrebsen zum Verwechseln ähnlich, allerdings haben sie eine hellere Braunfärbung des Körpers, auf dem die Dornen fehlen. Ihren Namen erhielten die Signalkrebse aufgrund der weiß-blauen Scherengelenke, die eine blinkende Wirkung erzielen. Die Pflegeansprüche kommen den Edelkrebsen und anderen europäischen Arten gleich. In der Natur finden sich die Signalkrebse jedoch auch in verschlammten Gewässerabschnitten.

Yabby (Freshwater-Yabbie)
Cherax destructor
Vorkommen: Australien (in USA eingeführt).
Wasserwerte: Härte 10-20 °dGH; pH-Wert 7-8; Temperatur 18-26 °C.

Der Yabby, *C. destructor*, ist ein Speisekrebs aus Australien und kann sehr gut zusammen mit mittelgroßen, friedlichen Fischen im Heimaquarium gepflegt werden.
Foto: Hans Gonella

Beim Yabby handelt es sich um eine australische Flußkrebsart, die in Farmen für Speisezwecke gezüchtet wird. Auffallend bei dieser Art sind die großen Scheren und die blaue Farbgebung der in den Zoofachhandel gelangenden Exemplare. Sie besitzen oft auch ansprechend rot gefärbte Scherengelenke. Die großen Scheren, die den Flußkrebsen als wissenschaftliche Bezeichnung den Namen „der Zerstörer" einbrachten, sind tatsächlich „gefährliche" Verteidigungswaffen, die sicher während der Fortpflanzungszeit unter den Männchen eingesetzt werden. Sie haben dann auch die größeren Scheren als die Weibchen. Ansonsten ist das Verhalten der Yabbys als eher friedlich einzustufen. Zumindest gilt dies für das innerartliche Sozialverhalten. Außerhalb der Brutpflege teilen sich die Partner zeitweise sogar dieselbe Höhle. Ebenso bleiben größere Fische von ihnen unbehelligt, sofern ausreichend Raum vorhanden ist.
Die Yabbys werden im Vergleich zu manchen anderen Flußkrebsarten nicht sehr alt. Anscheinend haben sie mit drei Jahren ihre Lebensspanne erreicht. Bei guter Pflege können einzelne Exemplare auch etwas älter werden. Dafür ist die Art aber sehr produktiv. Sie kann sich dreimal pro Jahr fortpflanzen und pro Gelege jeweils 350 Jungtiere hervorbringen. Um die Krebse zur Fortpflanzung zu bewegen ist die Wassertemperatur auf 20 bis 24 °C zu erhöhen. Zugleich scheint die Dauer der Beleuchtung einen gewissen Einfluß auf die Fortpflanzungswilligkeit zu nehmen. Jedoch sollte die Beleuchtungsdauer über einen längeren Zeitraum nicht mehr als 14 Stunden betragen, ansonsten entstehen Algenprobleme. Den Yabbys wird nachgesagt, daß sie mehrere Jahre im Schlamm vergraben Trockenperioden überdauern können. Interessant ist auch, daß sich bei weitem nicht alle Individuen gleichermaßen an den Pflanzen vergreifen. Manche Yabbys können sogar in Aquarien gepflegt werden, die mit robusten Pflanzen wie *Anubias barteri* eingerichtet sind.
Australien beherbergt noch viele andere Flußkrebsarten. Es sind rund 110 Arten vom „fünften" Kontinent bekannt. Leider kommen wegen den erschwerten Einfuhrbedingungen nur selten wildlebende Flußkrebsarten nach Europa. Aus der Literatur ist beispielsweise der „Marron", *Cherax tenuimatus*, bekannt, der ebenfalls blaue Farbvarianten hervorbringen kann. Beim „Marron" handelt es sich um den drittgrößten Vertreter der Flußkrebse, der trotz relativ friedlichen Charakters sehr geräumige Aquarien benötigt. Über das innerartliche Verhalten ist nur wenig bekannt. Gegenüber Artgenossen wurde

KREBSE

schon ein aggressives Verhalten beobachtet, indem das Männchen das hinzugesetzte Weibchen angriff und tötete. Allerdings handelte es sich bei dem Weibchen um ein Exemplar, welches bezüglich ihrer weit geringeren Körpergröße dem Männchen unterlegen war. Bei gleichgroßen Geschlechtspartnern dürfte es gewöhnlich nicht zum Kannibalismus kommen. Die Geschlechtsreife soll bei dieser Art nach rund drei Jahren einsetzen.

Die Art *Cherax tenuimatus*, „Marron" genannt, wird häufig mit der nachfolgend aufgeführten Art *Cherax quadricarinatus* verwechselt. Bei *C. tenuimatus* besitzen die Krebse durchgefärbte rote Scheren.

Eine australische Flußkrebsart aus dem Vivarium des Zoologischen Gartens Basel. Die halbierten Kokosnußschalen dienen den Krebsen als Unterschlupfmöglichkeiten, in denen sie sich einen Großteil des Tages aufhalten.
Foto: Hans Gonella

Red Claw Hummer
Cherax quadricarinatus
Vorkommen: Australien.
Wasserwerte: Härte: 10-20 °dGH; pH-Wert: 7-8; Temperatur: 20-26 °C.

Beim „Red Claw Hummer" handelt es sich ebenfalls um eine Speisekrebsart, die in Australien gezüchtet wird. Über Singapur gelangen die Tiere in den Zoofachhandel. Die Pflege dieser Art entspricht den Anforderungen des Yabby. Wie die Yabbys erreichen die „Red Claw Hummer" beachtliche Körperlängen. Mit 20 cm Körperlänge sind diese Krebse noch nicht ganz ausgewachsen, deswegen benötigen sie geräumige Aquarien. Sie können bis 35 cm lang werden. Ihre englische Namensbezeichnung erhielten diese Flußkrebse durch die roten Zeichnungen an den Scheren der Männchen. Die Art wird ebenfalls zu Speisezwecken gezüchtet und kann sich bis zu fünfmal im Jahr fortpflanzen. Dabei können die Weibchen bis 1400 Eier hervorbringen.

„Florida-Lobster"
Procambarus paeninsulanus
Vorkommen: Nordamerika.
Wasserwerte: Härte: 10-25 °dGH; pH-Wert: 7-8; Temperatur: 18-22 °C.

Aus der Reihe der blauen Flußkrebse stammt auch diese Flußkrebsart. Unter der Bezeichnung „Florida-Lobster" und anderen Fantasienamen gelangen die unterschiedlichsten Arten, beziehungsweise Unterarten in den Handel. Der „Florida-Lobster", *P. paeninsulanus*, wird in Nordamerika zu Speisezwekken gezüchtet. Die metallischblauen Farbvarianten sind beliebte Aquariumpfleglinge, die ihre schöne Farbgebung das ganze Leben lang beibehalten. Anscheinend sollen die blauen Tiere einen etwas zierlicheren Körperbau aufweisen, als ihre normalgefärbten Verwandten. Vielleicht steht dies auch mit dem Stoffwechsel im Zusammenhang und ist nicht nur auf eine veränderte Farbgebung zurückzuführen.

Werden diese „Florida-Lobster" ausreichend gefüttert, dann zeigen sie gegenüber artfremden Tieren und ihren eigenen Artgenossen ein eher friedfertiges Verhalten.

Kuba-Flußkrebs
Procambarus cubensis
Vorkommen: Kuba.
Wasserwerte: Härte: 10-20 °dGH; pH-Wert: 7-8; Temperatur: 22-26 °C.

Der hier vorgestellte Kuba-Flußkrebs ist für die Pflege im Warmwasseraquarium überaus geeignet. Durch seine verhältnismäßig geringe Körpergröße, von 6 bis 8 cm, selten größer, kann die Art auch in kleineren Aquarien gepflegt werden. Allerdings ist die Artzugehörigkeit der hier vorgestellten Krebsart nicht gesichert. Es könnte sich bei den abgebildeten Tieren auch um eine andere aus Kuba stammende Art handeln. Zumal die Körperfärbung während des Wachstums auffallenden Veränderungen unterliegt, was eine Artbestimmung erschwert.

Im Gegensatz zu vielen anderen Flußkrebsarten fügen die Kuba-Flußkrebse den Pflanzen keinen größeren Schaden zu. Sie bevorzugen tierische Nahrung aller Art. Besonders Fischfleisch wird gerne gefressen. Aber auch Flockenfutter für Zierfische verschmähen sie nicht. Weiterhin können tiefgefrorene Insektenlarven oder Kleinkrebsarten gereicht werden. Was die mäßigen Schäden an den Pflanzen anbelangt, so sind allerdings auch gegenteilige Schilderungen bekannt geworden. Das liegt vielleicht daran, daß auf Kuba drei Krebsarten bekannt sind, so daß möglicherweise Verwechslungen vorliegen oder die Pflegebedingungen voneinander abwichen.

Durch ihre Körperfärbung fallen die Kuba-Flußkrebse nicht auf. Jungkrebse verfügen oft über ein gesprenkeltes Äußeres auf hellem Grund. Ein Grau bis Braun kennzeichnet die erwachsenen Exemplare. Gelegentlich weisen sie aber doch einen grünlichen oder bläulichen Schimmer auf, der hübsch anzusehen ist. Dafür haben sie aber überaus interessante Verhaltensweisen, die durch die aktiven Lebensweisen gut zu beobachten sind. Untereinander sind sie ebenso wenig aggressiv wie gegenüber Fischen. In sehr großen Aquarien kann sogar der Versuch unternommen werden, mehrere Männchen miteinander zu pflegen. Vorausgesetzt es sind ausreichend Höhlen vorhanden.

Noch aus einem weiteren Grund sind die Kuba-Flußkrebse für Heimaquarien zu empfehlen: Sie zeigen eine verhältnismäßig große Anpassungsfähigkeit gegenüber den unterschiedlichsten Wasserqualitäten und besitzen eine robuste Konstitution. Als tropische Tiere benötigen sie eher warmes Wasser. Eine

KREBSE

Bei diesem Tier handelt es sich um einen Kuba-Flußkrebs, der höchstwahrscheinlich der Art *Procambarus cubensis* angehört.
Foto: Hans Gonella

Zucht gelingt im „weicheren" Wasser, um 10 bis 12 °dGH, viel eher als im harten Wasser. Die Art schreitet während des ganzen Jahres zur Fortpflanzung, wobei die Eianzahl zwischen 20 und 50 Stück variiert.
Wie viele andere Flußkrebsarten auch, unternehmen die Kuba-Flußkrebse in der Dämmerung und der Nacht ausgedehnte Spaziergänge, die an der Wasseroberfläche nicht zu Ende sind. Deshalb ist das Aquarium gut abzudecken, so daß keine Öffnungen mehr vorhanden sind.

Zwergflußkrebs
Cambarellus shuffeldtii
Vorkommen: USA, Bundesstaat Mississippi.
Wasserwerte: Härte: 10-20 °dGH; pH-Wert: 7-8; Temperatur: 15-25 °C.
Der aus der aquaristischen Fachliteratur bekannte Zwergflußkrebs steht hier stellvertretend für alle kleinwüchsigen Flußkrebse aus der Gattung *Cambarellus*. Mit einer Körperlänge von bis zu 3 cm können Zwergflußkrebse ausgezeichnet in bepflanzten Gesellschaftsaquarien zusammen mit kleinen Fischen gepflegt werden. Ihre Ansprüche an die Pflege und ihr überaus friedliches Verhalten ähnelt sehr dem Kuba-Flußkrebs. Die zu erwartenden Jungkrebse können sogar zusammen mit den Erwachsenen gepflegt werden. Das Hauptverbreitungsgebiet der Gattung *Cambarellus* reicht von Mexiko bis Florida. Dort leben sie in seichten, stehenden oder langsam fließenden Gewässerabschnitten. Ihrer Körpergröße entsprechend führen sie eine versteckte Lebensweise zwischen den Pflanzen. Obschon die Tiere ein „Territorium" und eine Höhle beanspruchen, können sie in größeren Gruppen im Aquarium gepflegt werden. Als Futter dient ihnen tierische wie auch pflanzliche Nahrung, dennoch vergreifen sie sich kaum an den Aquariumpflanzen. Besonders gefrostete *Artemia* werden sehr gerne gefressen und können regelmäßig auf dem Futterplan stehen.
Die braunen, gesprenkelten Zwergflußkrebse können mitunter dunkle Längsstreifen aufweisen. Die mehr oder weniger intensive Körperfärbung dient der Tarnung vor Freßfeinden, wie beispielsweise den Sonnenbarschen. Ähnlich wie bei den Kuba-Flußkrebsen ist die Fortpflanzungsrate relativ gering. Die Eizahl beträgt zwischen fünf und 50 Stück. Dafür können sich die Zwergflußkrebse mehrmals pro Jahr fortpflanzen.
Etwas größer als die Zwergflußkrebse wird *Cambarellus montezuma* aus dem mexikanischen Tiefland. WISCHNATH führte die Art aus dem Mündungsgebiet des Rio Nautla nach Deutschland ein. Die 5 bis 7 cm langen Krebse weisen eine hübsche, gelblich-rosarote Körperfärbung auf. Sie haben eine besondere Vorliebe dafür, sich ihre Behausungen selbst anzulegen, indem sie Wohnhöhlen unter Einrichtungsgegenständen errichten.

KRABBEN

Das Aquaterrarium für Krabben

Die Pflegeanforderungen für Krabben unterscheiden sich erheblich von jenen der Krebse. Wie offensichtlich ist, sind die Krabben weit eher an die ufernahen Lebensräume angepaßt. Sie leben nahe der geheimnisvollen Trennlinie, nämlich der Wasseroberfläche, welche die beiden so grundverschiedenen Elemente Luft und Wasser voneinander trennt. Dies wirkt sich natürlich im besonderen Maße auf ihre Lebensweise aus. Es sind dann auch die Krabben, die den Pfleger vor hohe Anforderungen stellen können. So gesehen dürfen die Krabben als anspruchsvolle Pfleglinge bezeichnet werden, was jedoch nicht heißen soll, daß sie sich nicht artgemäß halten lassen und sich bei guter Pflege nicht fortpflanzen.

Größe des Aquaterrariums

Selbstverständlich können Krabben in einem entsprechend eingerichteten Aquarium gepflegt werden. Sie benötigen lediglich ausreichend Platz, um sich an Land aufhalten zu können. Um dem zu entsprechen können Steinaufbauten oder Aquarienwurzeln über die Wasseroberfläche hinausragen. Der Wasserstand im Aquarium darf nicht zu hoch sein und die „Liegeplätze" an Land dürfen nicht direkt unterhalb der Leuchtstoffröhren aufgebaut werden. Weiterhin ist mindestens ein Abstand von 30 cm zwischen der höchsten Stelle der Landzone und der Leuchtstoffröhrenbeleuchtung einzuhalten. In einem Normaquarium von 80 cm Seitenlänge finden dann ein Männchen und zwei Weibchen ausreichend Platz.

Sehr gut eingerichtetes Krabbenaquarium mit einer Gruppe Roter Mangrovenkrabben.
Foto: Hans Gonella

Für die Pflege von Krabben bieten sich natürlich vor allem Aquaterrarien an. Sie haben den Vorteil, daß sie rundum geschlossen sind und die Schiebetüren an der Vorderseite die Pflege erleichtern. Um eine größere Gruppe von sechs bis zehn Krabben zu pflegen, sollte aber das Aquaterrarium, je nach Arten, 1 m Seitenlänge und mehr aufweisen. Zudem ist darauf zu achten, daß den Krabben in einem Aquaterrarium mindestens ein Wasserstand von zehn bis 15 cm zur Verfügung steht.

Eine ideale Variante, Krabben zu pflegen, stellt ein Paludarium dar. Ein Paludarium ist ein Sumpfaquarium, welches vor allem auf die Bedürfnisse und Anforderungen von tropischen Aquarienfischen ausgerichtet ist. In einem Paludarium kann ein Wasserstand von 30 bis 40 cm Tiefe vorgesehen werden. Außerdem besteht die Möglichkeit, einen flach auslaufenden Landteil anzulegen. Zusätzlich kann der Landteil mit Epiphyten, wie Orchideen, Farnen und Bromelien attraktiv bepflanzt werden. Wichtig ist jedoch, daß das Paludarium ausbruchsicher mit Schiebetüren verschlossen werden kann. Krabben sind wahre Kletterkünstler und würden äußerst schnell das Weite suchen, sobald ihnen die Möglichkeit dazu geboten würde. Auch ein Paludarium sollte eine Seitenlänge von rund einem Meter aufweisen. Ist der Wasserteil groß genug, so können einige mittelgroße, friedliche Fische zusammen mit den Krabben gepflegt werden. Im Quellenverzeichnis am Schluß des Buchs sind einige Fachbücher

Krabben üben unter den Krebstieren eine ganz spezielle Faszination aus. Gleichzeitig gehören sie zwar zu den regelmäßig eingeführten Krebstieren und dennoch finden sie nur wenige Liebhaber. Häufig werden die Roten Mangrovenkrabben importiert. Seltener gelangen die Vertreter aus der Familie Potamonidae in den Handel, weil sie als Einzelgänger eine versteckte Lebensweise führen und daher schwieriger in größeren Mengen zu fangen sind. Vielleicht liegt es am außergewöhnlichen, fast spinnenähnlichen Erscheinungsbild und dem wehrhaften Verhalten der Krabben, daß es sich manche Aquarianer zweimal überlegen, bevor sie sich der Pflege dieser bemerkenswerten Tiere annehmen. Vielleicht können nachfolgende Ausführungen dazu beitragen, die vielfältig vorhandenen Vorurteile gegenüber den Krabben abzubauen.

erwähnt, in denen genügend Informationen enthalten sind, um sich mit den Besonderheiten eines Paludariums vertraut zu machen.

Technik

Selbstverständlich muß ein Aquaterrarium für Krabben über eine Wasserfilterung, Heizung und eine nicht zu intensive Beleuchtung verfügen. Zum Filtern des Wassers eignen sich kleinere motorbetriebene Innenfilter oder aber luftbetriebene Schaumstoffilter. Beide Filtertypen sorgen für eine ausreichende Wasserbewegung und filtern den gröbsten Schmutz aus dem Wasser. Durch eine leichte Bewegung der Wasseroberfläche durch den Filter wird zusätzlich Sauerstoff in den Wasserkörper eingetragen. Dies verbessert die Lebensbedingungen der Krabben und unterstützt sozusagen, wenn auch in sehr bescheidenem Maße, den „Selbstreinigungsprozeß" im Wasserteil. Das heißt auch, daß im Wasserteil eine „Fäulnisbildung" verhindert wird.

Zumindest während der Sommermonate könnten manche Krabbenarten bei Zimmertemperaturen gepflegt werden. Wenn jedoch im Winter die Temperaturen unter 20 °C absinken, so muß eine Temperierung des Wasserteils erfolgen. Somit lohnt es sich, schon bei der ersten Einrichtung eine Heizung für den Wasserteil vorzusehen; hierfür eignen sich kleinere Regelheizermodelle.

Als Beleuchtung dient eine Aquariumbeleuchtung, die mit einer oder zwei Leuchtstoffröhren ausgerüstet ist. Der Beleuchtungskörper wird aufs Aquaterrarium aufgelegt. Dies verhindert, daß sich die Lufttemperatur im Aquaterrarium nicht allzusehr aufheizen kann, was vor allem bei Aquaterrarien mit geringer Höhe der Fall sein könnte. Mit dem gelieferten Licht der Leuchtstoffröhren können auch Wasserpflanzen wie das Hornkraut, *Ceratophyllum demersum*, gedeihen und zusätzlich das Wassermilieu verbessern. Zugegebenermaßen wäre es auch möglich, das Aquaterrarium nahe des Fensters zu plazieren. Dann aber darf kein direktes Sonnenlicht durchs Zimmerfenster auf das Aquaterrarium einwirken. Zu schnell würde sich die Luft- und auch die Wassertemperatur auf ein für die Krabben unerträgliches Maß erwärmen. Weiterhin begünstigt ein Standort nahe des Fensters das Algenwachstum im Wasserteil.

Bau eines Aquaterrariums

Der Handel bietet kostengünstige Terrarienvarianten an, die auch als Aquaterrarium genutzt werden können. Vor dem Kauf ist jedoch die Dichtigkeit des Terrariums zu überprüfen. Im übrigen sollte das Aquaterrarium nicht direkt auf eine feste Unterlage – wie eine Tischplatte – aufgelegt werden. Zwischen dem Aquaterrarium und dem Unterbau wird eine dünne Styroporplatte oder Kunststoffmatte ausgelegt. Letzteres gibt es im Fachhandel zu kaufen. Dies verhindert, daß im Glas bei unebenem Untergrund Spannungen auftreten können und der Glasbehälter bricht. Die Vorsichtsmaßnahme muß generell bei allen Aquarien getroffen werden.

Aquaterrarien können in beliebigen Ausführungen im Fachhandel bestellt werden. Sie sind etwas teurer, doch lohnt sich

Styropor und Fugenmörtel aus dem Heimwerkerbedarf ermöglichen es, sehr schöne Landschaften für Krabbenterrarien zu gestalten. Foto: Hans Gonella

Eine Rote Mangrovenkrabbe im selbst gestalteten Krabbenterrarium. Bei manchen Arten dieser Krabbengruppe treten häufiger auch hell gefärbte Individuen auf.
Foto: Hans Gonella

der Aufpreis, wenn dafür den Krabben ein etwas höherer Wasserstand zur Verfügung steht. Bei Sonderanfertigungen kann der Hersteller gleich die passenden Öffnungen für die Kabel der benötigten technischen Geräte vorsehen. Die Öffnungen an der Rück- oder Oberseite des Aquaterrariums sollten so groß sein, um noch einen Stecker durchführen zu können, wenn schon bereits eines oder mehrere Kabel Platz beanspruchen. Die Reste der Öffnungen um die durchgeführten Kabel sind aber mittels eines Gitternetzes oder eines anderen geeigneten Materials zu verschließen, damit die Krabben nicht aus dem Aquaterrarium entweichen können.

Zum Einrichten eines Aquaterrariums bieten sich verschiedene Möglichkeiten an. Auf den Bodengrund, der aus einer dünnen Schicht Sand oder feinem Kies bestehen kann, wird mit Steinen ein Landteil aufgeschichtet. In den Ritzen der Steinformation verstecken sich dann die Krabben sehr gerne. Mit Wasserpflanzen, aber auch Schwimmpflanzen wie Wasserlinsen, *Lemna minor*, oder Muschelblumen, *Pistia stratiotes*, kann der Wasserteil begrünt werden.

Eine weitere Variante wäre es, eine künstliche Landschaft im Aquaterrarium einzubauen. Dafür wird eine grobe Formgebung mit Styroporplatten, die beliebige Ausmaße haben können, vorbereitet. Die Styroporplatten werden anschließend mit Silikon zusammengeklebt und ebenfalls an der Bodenplatte und der Rückseite mit Silikon fixiert. Die Formgebung der selbstgeba-

Krabben

stelten Landschaft sollte so ausgelegt sein, daß ausreichend Ritzen unter- und oberhalb des Wasserspiegels entstehen. Diese werden von den Krabben gerne als Verstecke angenommen. Nach einigen Tagen ist das Silikon soweit getrocknet, daß mit dem nächsten Arbeitsschritt begonnen werden kann. Nun wird die Styroporlandschaft mit Fugenmörtel ausgekleidet. Der Fugenmörtel wird mit einem Spachtel in einer etwa 0,5 bis 1 cm dicken Schichtstärke zügig aufgetragen. Dabei entsteht eine felsenähnliche Struktur, die mit ihrer rauhen Oberfläche beinahe einem steinigen Material gleichkommt. Darauf können sich die Krabben gut festhalten und selbst die senkrechten „Felswände" im Aquaterrarium mühelos emporklettern. Fugenmörtel gibt es in verschiedenen Farbtönen im Heimwerkerbedarf zu kaufen. Bunter Fugenmörtel mit dem Farbton bahamabeige ergibt zum Beispiel den Eindruck einer sandigen Uferzone. Der Fugenmörtel dient zum Ausfugen von Fliesenbelägen und ist deshalb auch wasserbeständig. Allerdings muß er zwei bis drei Wochen trocknen, bis Wasser ins Aquaterrarium eingelassen werden kann. Weiterhin ist die Gebrauchsanweisung genauestens zu befolgen, damit beim Erhärten keine Risse entstehen. Der Fugenmörtel verändert die Wasserqualität kaum und es sind keine nachteiligen Folgen für die Krabbenpflege zu befürchten. Nach einigen Wasserwechseln ist sicher auch keine nennenswerte Aufhärtung des Wassers mehr nachzuweisen. Der Wasserteil, ebenso der Landteil sind nun beliebig zu bepflanzen. Hierfür können zum Beispiel im Landteil Pflanzennischen vorgesehen werden, die den Wurzeln der Landpflanzen Halt bieten, beziehungsweise mit Erde aufgefüllt werden können. Mit einer Stricknadel lassen sich die Pflanzennischen gleich nach dem Verarbeiten des Fugenmörtels noch mit einem Abflußloch für das überschüssige Gießwasser versehen. In dieser Weise ausgeführt, erhält man eine besonders attraktive Einrichtung für ein Aquaterrarium, in welchem die Krabben einen Lebensraum erhalten, der zumindest optisch demjenigen der Natur täuschend ähnlich ist.

Krabbenarten fürs Süßwasseraquarium

Krabben werden relativ selten im Handel angeboten. Obschon einige Arten durchaus gut im Aquarium gepflegt werden können, haben sie bisher nicht die Popularität erreicht, wie dies beispielsweise bei den Süßwassergarnelen der Fall ist. Meist sind es die kleinwüchsigeren Arten, die einen gewissen Bekanntheitsgrad erreicht haben und mit einem Körperdurchmesser von rund 5 cm ausgewachsen sind. Deshalb wurden die vorangegangenen Pflegeempfehlungen auf diese Arten ausgelegt. Für die Pflege von größeren Krabbenarten sind die Aquaterrariengrößen natürlich nach oben zu korrigieren. In diesem Buch werden die Pflegevoraussetzungen von Landkrabben nicht ausführlich berücksichtigt, obwohl eine Art aufgeführt ist, die als Süßwasserkrabbe angesehen wird, aber dennoch an Land lebt. Sie findet nur deshalb kurz Erwähnung, um diese Tiergruppe nicht völlig zu vernachlässigen.

Die „Echten Krabben" werden als die am höchsten entwickelten Krebstiere angesehen. Die überwiegende Zahl der Arten leben im Meer oder in den Küstenregionen. Wieder andere Arten haben sich ans Leben im Brackwasser angepaßt und kommen zeitweise im Süßwasser vor. Schließlich haben sich

Am Flußgrund wurde diese Süßwasserkrabbenart aus Florida aufgenommen.   Foto: Andreas Wieland

verschiedene Arten im und am Süßwasser ausgebreitet und wurden so zu dauerhaften Süßwasserbewohnern. Bekanntestes Beispiel sind die Arten aus der Familie Potamidae. Wie bei den Flußkrebsen findet auch bei ihnen aus züchterischer Sicht keine „schwierige" Larvenentwicklung außerhalb der schützenden Eihülle statt, sondern es schlüpfen kleine Ebenbilder der Eltern aus den Eiern. Außer in Afrika und Asien findet man Süßwasserkrabben auch in den östlichen Mittelmeerländern und in „Kleinasien". Die Arten aus dem Mittelmeerraum und den angrenzenden Regionen werden in der Krebsgruppe der Gattung *Potamon* zusammengefaßt. Sie leben in Teichen und Flüssen und sind bis auf rund 2000 Meter Höhe anzutreffen. In den Aquarien werden meist Süßwasser-Krabbenarten aus Thailand gepflegt. Ihnen wird in diesem Buch am meisten Aufmerksamkeit geschenkt. Darüber hinaus beschränken sich die Ausführungen auf die jeweiligen Arten, welche mehr oder weniger regelmäßig nach Europa gelangen. Die tatsächliche Liste der bereits wissenschaftlich beschriebenen Arten ist selbstverständlich noch viel länger. Zudem werden auch in Zukunft bestimmt noch weitere, neue Süßwasser-Krabbenarten entdeckt.

Wollhandkrabbe
Eriocheir sinensis

Vorkommen: China in den Flüssen Jang-tse, Ho-ang-ho, Pei-ho.
Wasserwerte: Härte: 10-20 °dGH; pH-Wert: 7,5-8; Temperatur: 18-20 °C.

Bei den Wollhandkrabben handelt es sich um 7 cm breite Krabben, die aus dem chinesischen Tiefland stammen. Um das Jahr 1912 wurden sie nach Europa eingeschleppt. Erstmals in der Aller (D) nachgewiesen, vermutet man, daß Jungtiere mit dem Ballastwasser chinesischer Frachtschiffe mitgeführt wurden. Neben der Aller sind Ems, Elbe und Weser bekannte Fundorte, wobei die Wollhandkrabben schon beinahe in ganz Europa zu finden sind. Die Wollhandkrabben stellten eine echte Gefahr für die Fischwirtschaft und den Deichbau dar. Heute nehmen die Bestände wieder ab.

Wie der Name schon rückschließen läßt, besitzen die Männchen dicht behaarte Scheren, die an Boxhandschuhe erinnern. Bei den Wollhandkrabben handelt es sich um sehr flinke Tiere,

KRABBEN

die ein geräumiges Aquaterrarium mit einer Abdeckung benötigen. Untereinander demonstrieren die Krabben ein eher unverträgliches Verhalten, wenn die Platzverhältnisse nicht ausreichen. Die Krabben benötigen ausreichend Verstecke unter oder zwischen Steinaufbauten. Sie vergraben sich zudem gerne im Bodengrund. Dies vor allem dann, wenn sie überrascht werden und keine andere Fluchtmöglichkeit mehr haben.
Als Futter bevorzugen Wollhandkrabben Fischfleisch, ebenso wie Insektenlarven kleine Krebstierchen und Flockenfutter. Mit einem Teelöffel Meersalz auf 100 l Wasser kann man das Wohlbefinden der Krabben steigern. Die Fortpflanzung der Wollhandkrabben ist an das Meer gebunden; erst im Alter von zwei Jahren ziehen die Krabben langsam die Flüsse hinauf.
In ihrer Heimat sind die Wollhandkrabben eine begehrte Speise und werden in großen Mengen gefangen. In Europa dagegen sind sie in der Natur ähnlich unbeliebt wie der Rote Sumpfkrebs. Dennoch sollte ihnen nichts Schlechtes nachgesagt werden. Im Aquarium stellen sie nämlich höchst interessante Pfleglinge dar.

Viele der Roten Mangrovenkrabben haben prächtig gefärbte Scheren, was dieser Krabbengruppe ihren deutschen Namen verlieh. Foto: Daniel Meier

Rote Mangrovenkrabbe
Sesarma cf. *johorensis*
Vorkommen: Philippinen, Celebes, Andamanen, Nicobaren, Sri Lanka und Südthailand, Hongkong bis Japan.
Wasserwerte: Härte: um 20 °dGH; pH-Wert: 7-8; Temperatur: 20-25 °C.
Die südostasiatischen Roten Mangrovenkrabben werden häufig im Handel angeboten. Man kennt über 25 Arten, die sich sehr ähnlich sehen. Dementsprechend werden im Handel die Roten Mangrovenkrabben unter verschiedenen wissenschaftlichen Namen angeboten. Insgesamt gehören aber rund 140 Arten zur Gattung *Sesarma*. Bei den Roten Mangrovenkrabben handelt es sich nicht um eigentliche Süßwasserkrabben, sondern – zumindest bei der Fortpflanzung –, um ans Meer gebundene Arten. In der Natur wandern die Tiere bis ins Süßwasser und können so auch dauerhaft im Süßwasseraquarium gepflegt werden. Ebenfalls kommt ihnen eine Pflege im Brackwasser-Aquarium sehr entgegen. Zur Aufzucht der Larven wird Meerwasser bis zu einer Dichte von 1,016 benötigt. Sie können problemlos mit Fischen gepflegt werden, welche dieselben Ansprüche an die jeweiligen Wasserqualitäten stellen. Zum Beispiel lassen sich manche Guppy-Stämme ausgezeichnet ans Brackwasser gewöhnen, selbstverständlich stellen Brackwasserfische eine interessante Ergänzung zu den Krabben dar.
Die in Trupps zusammenlebenden Krabben benötigen trotz ihrer eher geringen Körpergröße ausreichend Platz. Vor allem der Wasserteil darf nicht zu klein ausfallen, da sich die Krabben überwiegend im Wasser aufhalten. In einem Aquarium von 80 cm Kantenlänge können sechs bis acht Tiere miteinander auskommen. Bei zu hoher Besatzdichte können unter den Männchen ernsthafte Auseinandersetzungen auftreten, die zum Nachteil der Schwächeren ein jähes Ende finden.
Da diese Krabbenarten oft an Land gehen, ist auf die Lufttemperatur und Luftfeuchtigkeit zu achten. Beide dürfen nicht zu niedrig sein. Allerdings sollten bei einem gut verschlossenen Aquaterrarium diesbezüglich keine Probleme entstehen. Den Aquariumpflanzen fügen diese Krabbenarten wenig Schaden zu. Vorausgesetzt sie werden abwechslungsreich und ausreichend gefüttert. Bei guter Pflege erreichen die Roten Mangrovenkrabben einen Körperdurchmesser von rund 2 bis 5 cm. Weitere bekannte Arten, die zum Formenkreis der Mangrovekrabben angehören, sind *S. bidens*, *S. chiromates* und *S. siamensis*. Manche Arten lassen sich sogar nachzüchten. Siehe hierzu den Abschnitt Zucht von Krabben.

Sägezahnkrabbe
Poppiana dentata
Vorkommen: Südamerika, Venezuela, Trinidad, Surinam, Guyana.
Wasserwerte: Härte 10-30 °dGH; pH-Wert um 7-8; Temperatur: 20-27 °C.
Nicht nur aus den Gewässersystemen des Orinoco und Amazonas sind unzählige Krabbenarten bekannt. Beobachtet man als Reisender die Krabben in südamerikanischen Gewässern, ist kaum feststellbar inwieweit das Leben der im Süßwasser anzutreffenden Krabben an das Meer gebunden ist. Es ist jedoch anzunehmen, daß sehr viele Arten zur Fortpflanzung in irgendeiner Form auf das Meer angewiesen sind.
Bei den rund 12 cm großen Sägezahnkrabben handelt es sich um interessant gefärbte Tiere. Ihre Färbung ist heller als bei vielen anderen Krabbenarten. Der gelblich-braune Panzer verfügt über rötliche Farbanteile und dunkle Körperstellen, welche den Krabben ein leicht gesprenkeltes Aussehen verleihen. Die Männchen verfügen über größere Scheren. Das Verhalten dieser Krabben erscheint verhältnismäßig friedlich, vergleicht man es mit anderen Arten ähnlicher Körpergröße.
Zur artgerechten Pflege werden geräumige Aquarien benötigt. Ein feiner Bodengrund wird bevorzugt und ausreichend Verstekke sollten der verborgenen Lebensweise der Tiere Rechnung tragen. Den Sägezahnkrabben wird nachgesagt, daß sie sich gelegentlich an den Aquariumpflanzen vergreifen, indem sie die Pflanzenstiele mit ihren Scheren abkneifen. Ihre Nahrung besteht aus Fischfleisch oder Insektenlarven. Darüberhinaus werden Futtertabletten gerne angenommen. Leider ist über die Pflege und die Zucht von südamerikanischen Krabbenarten sehr wenig bekannt, weil sie nur selten nach Europa eingeführt werden.

KRABBEN

Malawiseekrabbe am Fundort.
Foto: Andreas Wieland

Malawiseekrabbe
Potamonautes orbitospinus
Vorkommen: Malawisee.
Wasserwerte: Härte: 10-18 °dGH; pH-Wert: um 7,5; Temperatur: 24-26 °C.
Die Vertreter der Krabbengruppe *Potamonautes* umfassen rund 50 Arten. Sie kommen nur in Afrika, südlich der Sahara vor. Bei den aus der Aquariumpflege bekannten Tieren, die am Malawisee zu finden sind, handelt es sich vermutlich um *P. orbitospinus*. Es sind sehr ansprechend gefärbte Tiere. Ihre Körperfärbung variiert von Hellbraun über Dunkelbraun bis zu einem dunklen Lila. An den Enden der Beine und an den Gelenken wird die Körperfärbung durch leuchtend rote oder gelbe Farbwechsel charakterisiert. Mit den langen Schreitbeinen erreichen die Malawikrabben eine beachtliche Größe von rund 15 cm. Die Männchen sollen eine etwas geringere Körpergröße aufweisen. Die Geschlechter können jedoch an der Körperunterseite festgestellt werden. Beim Weibchen ist der an der Bauchseite liegende „Brutraum" wesentlich breiter als die entsprechende Stelle beim Männchen.
Diese Art benötigt große Aquaterrarien mit einem ausgewogenen Land-Wasser-Anteil.
Ebenso sollten genügend Verstecke vorhanden sein, damit sich die wehrhaften Krabben nicht gegenseitig in die Quere kommen und sich dabei unschöne Verletzungen beibringen. Dennoch verfügen sie über interessante innerartliche Verhaltensweisen. Einer Beobachtung zufolge soll sogar ein Männchen ein frisch gehäutetes Weibchen vor den Angriffen der Artgenossen beschützt haben. Als Futter dient Fischfutter aller Art. So können Futtertabletten ebenso wie tiefgekühlte Futtertiere gereicht werden. Hin und wieder wird pflanzliche Kost benötigt, was bei Mißachtung dazu führt, daß sich die Malawiseekrabben an Wasserpflanzen gütlich tun. Sozusagen als Leckerbissen werden auch Schnecken gerne gefressen, die Schneckenhäuschen werden mit den kräftigen Scheren geknackt, um an die Nahrung heranzukommen.
Über die afrikanischen „Höheren Krebse" ist noch sehr wenig bekannt. Nicht zuletzt deshalb, weil sie nur selten im Handel angeboten werden. Sicher ist für die fehlenden Pflegeerfahrungen auch ein weiterer Grund, daß diese und andere Krabbenarten geräumige Aquaterrarien von mehreren Quadratmetern benötigen, um dauerhaft in Gruppen gepflegt werden zu können.

Tanganjikaseekrabbe
Potamonautes armata
Vorkommen: Afrika, Tanganjikasee.
Wasserwerte: Härte: 10-20 °dGH, pH-Wert: um 8; Temperatur: 20-26 °C.
Die Tanganjikaseekrabben sind nicht ganz so ansprechend gefärbt wie ihre Verwandten aus dem Malawisee. Trotzdem sind die endemisch im Tanganjikasee vorkommenden Krabben eindrucksvolle Tiere. Mit ihrem rötlich-braunen Panzer, der auf der Unterseite hell gefärbt ist und einem Körperdurchmesser von rund 15 cm aufweist, ist es erstaunlich, daß sie kaum nach Europa eingeführt werden. Besonders die Männchen besitzen eine kräftige, rote Farbgebung und sind an ihren größeren Scheren zu erkennen. Die wehrhaften Krabben benötigen geräumige Aquaterrarien und zeigen gegenüber Artgenossen ein eher unverträgliches Verhalten, wenn nicht ausreichend Raum zur Verfügung steht. Die Pflegeansprüche gleichen denjenigen der Malawiseekrabben. Genauso verhält es sich mit der benötigten Nahrung. Fischfleisch und Schnecken werden bevorzugt.

Tanganjikaseekrabbe, die sich unter den Landpflanzen im Terrarium versteckt hält. Foto: Hans Gonella

Thailändische Regenbogenlandkrabbe
Terrapotamon abbotti
Vorkommen: Südthailand.
Wasserwerte: Keine Angaben, da es eine Landkrabbenart ist.
Die thailändische Regenbogenlandkrabbe als einzige Art der Gattung steht hier stellvertretend für alle Süßwasserarten, die sich an ein Leben an Land angepaßt haben. Diese Arten sind nicht mit jenen Landkrabben zu verwechseln, die zur Fortpflanzung das Meer aufsuchen. Die ans Süßwasser gebundenen Landbewohner aus der Familie Potamonidae unternehmen keine Wanderungen, sondern pflanzen sich in ihren angestammten Biotopen fort. Dies gilt insbesondere für die hier erwähnten Landkrabben.
Die dauerhafte Pflege der zu den Süßwasserarten zählenden Landkrabben unterscheidet sich erheblich zu den stärker ans Meer gebundenen Arten. Deshalb wird lediglich diese Art hier erwähnt. Die Ausführungen richten sich nach einem von Claus SCHAEFER übersetzten Artikel von NG & TAN (1996).

KRABBEN

Landkrabben müssen neben trockenen Stellen, zusätzlich feuchte Zonen im Terrarium vorfinden. Ein Wassergefäß darf deshalb nicht fehlen. Diese Landkrabbe stammt aus Westafrika. Foto: Hans Gonella

Wie ihr Name schon besagt, handelt es sich bei den mittelgroßen Regenbogenlandkrabben um außerordentlich schöne und innerartlich sehr unterschiedlich gefärbte Tiere. Neben einer dunkelbraunen Form mit orange-roten Beinen sowie einer roten Form ist auch noch eine gelbe Farbvariante bekannt. Trotz ihres ansprechenden Äußeren und der guten Haltbarkeit sollte die Art nicht unüberlegt in Pflege genommen werden. Die Regenbogenlandkrabben benötigen sehr geräumige, beheizte Terrarien. Zudem können nur gleichgroße Exemplare miteinander vergesellschaftet werden. Kleinere Tiere werden attackiert und getötet. Darüberhinaus handelt es sich um nachtaktive Tiere, die tagsüber in ihren selbstgegrabenen Verstecken im Bodengrund liegen. Die Regenbogenlandkrabben sollten also nur von denjenigen in Pflege genommen werden, die bereit sind, die gestellten Pflegeanforderungen zu erfüllen und sich auch damit abfinden können, die Tiere nur gelegentlich zu Gesicht zu bekommen.

Die Regenbogenlandkrabben benötigen leicht feuchte Terrariumverhältnisse. Im Wasser können sie nicht überleben. Es genügt die Bereitstellung einer Schale mit Wasser. Darin lassen sich die Krabben regelmäßig nieder, um ihre Kiemen durch die Mundöffnung mit Wasser zu versorgen. Dies verhindert das Austrocknen der Kiemen, was ansonsten den Tod für die Krabben bedeuten würde. Zusätzlich müssen die Regenbogenlandkrabben regelmäßig durch kurze Brausebäder vom Schmutz auf ihren Körpern befreit werden. Damit verringert sich das Risiko eines Pilzbefalls oder bakterieller Infektionen. Die hygienischen Maßnahmen sind auch dann nötig, wenn – wie üblicherweise zu beobachten ist – sich die Krabben selbst einer Körperreinigung unterziehen.

Das Terrarium wird mit einem Bodengrund, dessen Material keine scharfkantige Beschaffenheit aufweisen darf, und mit Höhlen eingerichtet. Trotz der Höhlen vergraben sich die Krabben aber mit Vorliebe im Bodengrund. Das Terrarium sollte reichlich Verstecke aufweisen, damit sich die zeitweilig aggressiven Tiere gegenseitig aus dem Weg gehen können.

Die Regenbogenlandkrabben pflanzen sich im Terrarium nur selten fort. Ihre Vermehrung ähnelt jener der Flußkrebse. Nach einer mehrwöchigen Entwicklungszeit der Eier schlüpfen die kleinen Krabben, die nur noch einige Tage vom Muttertier behütet werden. Anschließend müssen die Jungen aus dem Terrarium entfernt werden, um heranwachsen zu können. In der Natur ernähren sich die Regenbogenlandkrabben hauptsächlich von Pflanzenbestandteilen. Im Terrarium sollte ihnen zusätzlich tierische Nahrung, wie Fischfleisch und Insekten gereicht werden. Dies gewährleistet eine ausreichende Versorgung mit Eiweißstoffen und Calcium für ein gesundes Wachstum.

Neben einer ausgewogenen Ernährung ist auch auf Sauberkeit im Terrarium zu achten. Das Trinkwasser ist täglich und der Bodengrund regelmäßig alle paar Monate zu erneuern, damit sich keine Fäulnisherde bilden. Natürlich ist bei den Landkrabben das Terrarium stets gut verschlossen zu halten, damit die überaus agilen Tiere nicht entwischen können.

Renn- und Winkerkrabben
Wasserwerte: Härte: um 20 °dGH; pH-Wert: 7-8; Luft- und Wassertemperatur: 20-25 °C.

Als Bewohner von tropischen Sandstränden zählen die Renn- und Winkerkrabben nicht zu den Süßwasserkrabben. Auch können sie nicht als typische Meereskrabben angesehen werden. Ein Großteil ihres Lebens verbringen sie auf den Sandstränden, wo sie auch ihre Wohnhöhlen anlegen. Am häufigsten gelangen verschiedene Arten der Gattung *Uca* in den Handel, dabei handelt es sich oft um westafrikanische Arten, deren Körpergröße rund 4 cm mißt. Da diese Arten aus den Mangrovensümpfen stammen, können sie hervorragend im Brackwasserpaludarium mit einem großen Landteil gepflegt werden. Zudem ist es notwendig, daß beispielsweise die Winkerkrabben die Möglichkeit haben, über der Wasseroberfläche ihre Wohnhöhlen anzulegen. Im Aquaterrarium beziehungsweise Paludarium lassen sich ein Männchen mit mehreren Weibchen vergesellschaften. Bei ausreichend Raum kann der Versuch unternommen werden, mehrere Männchen zusammen mit den Weibchen in einem Aquaterrarium zu pflegen. Dabei läßt sich das typische Verhalten der Winkerkrabben gut beobachten, wenn die Männchen mit ihren jeweils stark vergrößerten Scheren ihre Revieransprüche demonstrieren oder versuchen, die Weibchen anzulocken. Die Zucht in Heimpaludarien ist sehr schwierig, da diese Arten mehrere Larvenstadien im Salzwasser durchlaufen.

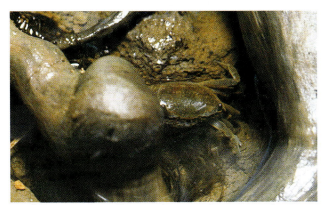

Die Öffnungen der selbstgegrabenen Behausungen der Winkerkrabben liegen gleich über der Wasseroberfläche.
Foto: Hans Gonella

47

KRABBEN

Landeinsiedlerkrebs, *Coenobita perlatus*, aus Mittelamerika. Die Krebsart lebt in feuchten Gebieten, in Laub oder unter Wurzeln versteckt. Diese Art benötigt trockene Stellen und eine Wasserschale im Terrarium.
Foto: Hans Gonella

Zum Thema Landeinsiedlerkrebse

Die Erläuterungen zur Pflege von Landeinsiedlerkrebsen wurde im vorliegenden Buch weitgehend vernachlässigt, weil sie im engeren Sinne nicht zu den direkt ans Süßwasser gebundenen Krebsarten zählen. Dennoch seien einige wichtige Aspekte zu ihrer Pflege erwähnt, zumal auch die Landkrabben und ihre Ansprüche kurz vorgestellt wurden. Dies soll mithelfen, den Landeinsiedlerkrebsen zumindest gute Haltungsbedingungen bereitzustellen, denn eine Zucht im Heimterrarium ist so gut wie auszuschließen.

Die Landeinsiedlerkrebse werden in eine gesonderte Krebsgruppe eingeteilt. Sie haben mit den Krebsen, Krabben und Garnelen, die hier behandelt werden keine direkten Gemeinsamkeiten, zumindest in systematischer Hinsicht. Als Landeinsiedlerkrebse bezeichnet man die Arten aus den in den Tropen lebenden Tieren der Gattungen *Coenobita* und *Birgus* (Palmendieb). Im Zoofachhandel erhältlich sind meist Importe aus Singapur. Hierbei handelt es sich um die Arten *Coenobita cavipes*, *C. perlatus*, *C. rugosus* und *C. brevimanus*. Den weichen Hinterleib verbergen diese Arten in Schneckenschalen von Wasser- und Landschnecken.

Die gefäßreiche Haut des Hinterleibs deckt zum größten Teil den Sauerstoffbedarf der Krebse. Demzufolge würden sie im Wasser ertrinken, weil die Kiemen stark rückgebildet sind. Lediglich zum Absetzen der Larven suchen sie noch die Gewässer auf. Ihren Wasserhaushalt regulieren die Landeinsiedlerkrebse, indem sie aus seichten Gewässern oder Pfützen trinken, beziehungsweise ihre Kiemen befeuchten.

Die Terrariumeinrichtung für Landeinsiedlerkrebse besteht aus einem kiesigen Bodengrund. Darin vergraben sich die Einsiedlerkrebse sehr gerne. Zusätzlich müssen Versteckmöglichkeiten unter Steinen oder Wurzeln angeboten werden. Da es sich um tropische Tiere handelt, ist unter dem Bodengrund eine wasserdichte Heizmatte vorzusehen, um einen Teil des Terrariums zu beheizen. Zur Regulierung der Luftfeuchtigkeit wird das Terrarium regelmäßig mit Wasser besprüht. Zusätzlich können einige Topfpflanzen in Form von Arten, deren Blätter keine giftigen Substanzen enthalten, zur Verbesserung des Terrarienmilieus aufgestellt werden. Wichtig ist es, den Landeinsiedlerkrebsen zwei Schälchen mit Wasser anzubieten. Das eine enthält Salzwasser und das andere Süßwasser. Dies ist nötig weil die Herkunft der Tiere oft unbekannt ist und ihre Bedürfnisse sehr unterschiedlich sein können. Das Wasser in den Schälchen ist täglich zu erneuern und darf nie austrocknen. Schon ein kurzer Feuchtigkeitsmangel kann die Landeinsiedlerkrebse schädigen. Ebenso sollte eine *Sepia*-Schale als Kalklieferant zur Einrichtung gehören. Der Kalkbedarf bei Landeinsiedlerkrebsen ist relativ hoch, nur so können sie die Häutung problemlos überstehen. Meist wird deshalb auch der alte Panzer nach der Häutung aufgefressen, weshalb dieser im Terrarium zu belassen ist. Als Futter ist hauptsächlich pflanzliche Nahrung anzubieten. Gefressen werden stets nur sehr kleine Mengen von Obst wie Äpfel, Bananen oder Salat und andere Pflanzenkost. Gelegentlich kann zudem Fischfleisch angeboten werden. Vor allem Süßwasserfisch wird gerne gefressen. Es kann auch der Versuch unternommen werden, Flockenfutter für Aquariumfische anzubieten. Dieses sollte jedoch nicht als Hauptfutter Verwendung finden.

Die Landeinsiedlerkrebse sind verhältnismäßig friedliche Tiere. Sie können in ausreichend geräumigen Terrarien gut in Gruppen gepflegt werden. Während des Tages sind sie allerdings kaum zu Gesicht zu bekommen. Ihre Aktivitäten beschränken sich auf die Abendstunden oder die Nacht. Aber auch dann liegen sie oft lange regungslos in ihren Schneckenschalen. Dies darf aber nicht darüber hinwegtäuschen, daß es sich bei ihnen um durchaus bewegliche Tiere handelt, die schnell vorwärts kommen können und auch ein erstaunliches Klettervermögen verfügen.

Da die Landeinsiedlerkrebse mit ihrem Wachstum stets größere Schneckenschalen benötigen, sind solche Behausungen in ausreichender Menge und in verschiedenen Größen im Terrarium anzulegen. Überhaupt scheinen sie eine Vorliebe dafür zu haben, ihr Schutz bietendes Gehäuse des Öfteren zu wechseln. Damit keine Auseinandersetzungen um die Schneckenschalen entstehen, sind verschiedenartige Schneckenschalen anzubieten. Niemals sollte der Versuch unternommen werden, die Tiere mit Gewalt aus ihren Gehäusen zu entfernen. Dies wird nicht gelingen. Vorher wird man ihnen irgendwelche Körperteile abreißen. Hingegen sind sie äußerst flink, wenn es darum geht, ihr „Häuschen" von sich aus zu wechseln.

Für eine problemlose Pflege sind hohe Luftfeuchtigkeiten im geschlossenen Terrarium nötig, welche durch ein Besprühen erreicht werden. Der Bodengrund und die Einrichtungsgegenstände müssen regelmäßig durch ein Ausspülen unter dem Wasserhahn sauber gehalten werden. Ansonsten entstehen schnell Fäulnis- und Krankheitsherde.

GARNELEN

Das Aquarium für Garnelen

Garnelen werden in Europa schon seit Jahrzehnten regelmäßig in Aquarien gepflegt. Meist als attraktive Ergänzung zu einem Fischbesatz haben Garnelen schon so manchen Pfleger in ihren Bann gezogen. Entsprechend gepflegt, sind Garnelen sehr dankbare Pfleglinge, die wenig Probleme bereiten. Zumindest gilt dies für die sehr beliebten Fächergarnelen.

Als Süßwassergarnelen gelten auch jene Arten, die ihr Jugendstadium im Meer verbringen und später beispielsweise die Flüsse aufwärts wandern, um sich dort fortzupflanzen.

Obwohl gewisse Süßwassergarnelen gut mit bestimmten Fischarten vergesellschaftet werden können, lohnt es sich, diese Krebstiere im Artaquarium zu pflegen. Nur so lassen sich die interessanten Verhaltensweisen der Garnelen ohne Störungen beobachten. Zudem pflanzen sich manche Garnelen im Artaquarium sehr bereitwillig fort, so daß aus nur wenigen Tieren bald eine stattliche Gruppe heranwächst. Weiterhin haben einige kleinere Garnelenarten aus den Gattungen *Neocaridina* beziehungsweise *Caridina* einiges an Aufmerksamkeit auf sich gezogen. Ihnen wird nicht ganz zu unrecht nachgesagt, daß sie mit großem Eifer Algen von Steinen und Wasserpflanzen abweiden. Seit der Entdeckung ihrer Vorliebe für Algen läßt sich ihre Verbreitung in den europäischen Aquarien kaum mehr bremsen.

Aquariumgröße

Unter der Vielzahl an Süßwassergarnelen finden sich kleinwüchsige Arten von nur wenigen Zentimetern Körperlänge aber auch wahre Riesen die 15 cm und größer werden. Während die kleineren Arten bereits in Aquarien ab 20 l Wasserinhalt erfolgreich gepflegt werden, benötigen ihre größeren Verwandten Aquarien mit 100 l Wasserinhalt und mehr. Je größer ein Aquarium ist, um so günstiger wirkt sich dies aus. Die Aquariumgröße nimmt einen nicht zu unterschätzenden Einfluß auf die Stabilität der Wassergüte. Bei einem Aquarium ab 100 l Wasserinhalt unterliegen die Schwankungen in der Wassergüte weit geringeren Unterschieden als bei sehr kleinen Aquarien. Mit regelmäßigen Wasserwechseln, alle paar Wochen, sind hohe Wasserbelastungen weitgehend auszuschließen. Dies wirkt sich positiv auf die Gesundhaltung der Garnelen aus und unterstützt ihre Bereitschaft zur Fortpflanzung.

Technik

Bei der Pflege von Süßwassergarnelen sollte das Aquarium über eine Technik verfügen, die einem normalen Aquarium entspricht, wie es auch für tropische Zierfische zusammengestellt wird. Die Filterung des Wassers durch einen leistungsstarken Filter ist unerläßlich. Gerade die Fächergarnelen benötigen eine verhältnismäßig starke Strömung im Aquarium, damit sie sich wohl fühlen. Sie stehen oft stundenlang in der Strömungsrichtung und filtrieren mit ihren fächerartigen „Fangarmen" eifrig winzige Partikel aus dem Wasser, die sie umgehend zum Mund führen, um sie zu fressen. Bei den kleinwüchsigen Arten, die sich im Aquarium bereitwillig fortpflanzen, lohnt es sich wiederum, auf die altbewährten luftbetriebenen Filtersysteme zurückzugreifen. Zum einen können die Garnelen nicht vom Filter angesogen werden, wie es bei den motorbetriebenen Filtern der Fall sein könnte, zum anderen finden die Garnelen auf den offen im Wasser liegenden Schaumstoffpatronen allerlei Freßbares, was sie mit großer Ausdauer zu nutzen wissen.

Für eine dauerhafte Pflege von Garnelen sind saubere und sauerstoffreiche Verhältnisse Voraussetzung. Deshalb sollte auch dann nicht auf eine Filterung verzichtet werden, wenn es sich um pflegeleichtere Arten handelt, die theoretisch ohne großen technischen Aufwand gepflegt werden könnten. Schließlich hätte der Verzicht auf eine Filterung auch einen größeren Pflegeaufwand zur Folge, der sich in Form von häufigeren Wasserwechseln bemerkbar machen würde.

Je nach Vorkommensgebiet können Süßwassergarnelen nicht auf ein Beheizen des Aquariumwassers verzichten. Die Ausnahme bilden jene Arten, die in gemäßigteren Regionen vorkommen. Als ein solches Beispiel sei die Japanische Süßwassergarnele, *Caridina japonica*, erwähnt.

Ein Garnelenaquarium für *Macrobrachium*-Arten. Die vielen Versteckmöglichkeiten kommen den Lebensweisen vieler Großarmgarnelenarten sehr entgegen.
Foto: Hans Gonella

49

GARNELEN

Im Aquarium für Süßwassergarnelen wäre es schade, wenn man auf einen üppigen Pflanzenbewuchs verzichten würde. Besonders die kleinwüchsigen asiatischen Süßwassergarnelen vertreiben sich einen Großteil des Tages mit dem Putzen der Pflanzenblätter. Selbst im Gewirr des Javamooses reinigen sie eifrig jede einzelne Verästelung des Gewächses. Dies nicht ohne Eigennutz, denn sie finden auf den Pflanzen allerlei Freßbares, von heranwachsenden Algen bis zu Mikroorganismen, die sie unentwegt in sich hineinstopfen.

Gerade für ein gesundes Pflanzenwachstum ist eine gute Aquariumbeleuchtung unerläßlich. Neben den Leuchtstoffröhren als Lichtquelle können auch Hochdruckdampflampen (HQL) zur Beleuchtung des Aquariums Verwendung finden. Doch schon unter der Leuchtstoffröhren-Beleuchtung eines handelsüblichen Aquariums gedeihen die Pflanzen überaus prächtig, was den Garnelen sehr entgegenkommt.

Einrichtung

Als Bodengrund für das Aquarium für Süßwassergarnelen wird ein Kies mit mittlerer Korngröße verwendet. Dieser sollte die Wasserqualität nicht durch ein übermäßiges Freisetzen von Kalk beeinträchtigen. Neben großen Steinen, die als Dekoration ins Aquarium eingebracht werden, bilden vor allem Moorkienwurzeln ein unverzichtbares Einrichtungselement. Viele Garnelenarten sitzen mit Vorliebe auf den Wurzeln und „putzen" diese eifrig. Dies kann sich der Pfleger sogar zunutzen machen, wenn er verschmutzte Wurzelteile aus anderen Aquarien zur Reinigung ins Garnelenaquarium einbringt. Schon nach wenigen Tagen sind sie vom gröbsten Schmutzbelag befreit. Für die Bepflanzung des Garnelenaquariums eignen sich beinahe alle im Fachhandel angebotenen Wasser- und Sumpfpflanzen. Mit dichten, feingliedrigen Pflanzenbeständen, die in mehreren Gruppen angeordnet werden, entstehen viele Versteckmöglichkeiten für die Garnelen. Im Schutze des Pflanzendickichts hat auch der Nachwuchs der Garnelen eine bessere Überlebenschance. Zwischen den feinen Pflanzenblättern sammelt sich allerlei Freßbares, so daß die kleinen Garnelen stets mit Futter versorgt sind. Als empfehlenswerte Pflanzenarten kommen in erster Linie Javamoos, aber auch Amazonasschwertpflanzen, Vallisnerien, Cryptocorynen, Hornkraut und die Wasserpest infrage, nur um einige zu nennen.

Garnelenarten fürs Süßwasseraquarium

Der Artenreichtum unter den Süßwassergarnelen scheint beinahe unerschöpflich. Ebenso variiert ihre Körperlänge von wenigen Zentimetern bis zu 30 cm. Heute sind viele Arten aus Südamerika bekannt. Übertroffen werden sie zahlenmäßig noch von den asiatischen Süßwassergarnelen, deren Formen- und insbesondere Farbenreichtum den Betrachter zu faszinieren vermögen. Unter ihnen finden sich kleinwüchsigere Garnelenarten aus der Gattung *Neocaridina*, die mit ihrem äußeren Erscheinungsbild fast mit der Farbenpracht von Meeresgarnelen konkurrieren können. Man denke nur einmal an die Zebragarnelen, auch Bienengarnelen genannt, oder Tigergarnelen. Gerade aber die Garnelen werden unter allerlei Fantasienamen verkauft, was ihre Einteilung erschwert. Die Far-

Großarmgarnele, *Macrobrachium* sp., aus Sri Lanka. Diese Art mit den kräftigen Scheren wurde in einem Fließgewässer gefangen. Foto: Alfred Waser

benfülle und die unterschiedlichen Zeichnungen der einzelnen Arten macht es sehr schwierig, einzelne Individuen einer Art zuzuordnen. Manche Garnelenarten weisen in einer Population, beziehungsweise einem Zuchtstamm, so unterschiedliche Farbgebungen auf, daß man dazu geneigt ist, zu bezweifeln, daß es sich bei den Tieren um ein und dieselbe Art handelt. So verläuft die Farbpalette von einem sehr dunklen Braun bis Beige und Blau. Einzelne Arten verfügen innerhalb einer Population auch über sehr unterschiedlich ausgeprägte, variable Körperzeichnungen, welche die Zuordnung zu einer bestimmten Art noch zusätzlich erschweren. Dies bezieht sich vor allem auf die Streifenmuster oder Punktzeichnungen, die entweder gut ausgeprägt sind oder nur schemenhaft angedeutet sind. Diese Unterschiede innerhalb einzelner Arten sind vermutlich auch auf die notwendige Tarnung zurückzuführen, worauf besonders die kleinwüchsigen Garnelen mit ihrer versteckten Lebensweise in der Natur sicher nicht verzichten können.

Nachfolgend werden jene Arten vorgestellt, die häufig in Aquarien gepflegt werden. Um aber zumindest auf die Fülle an Arten, beziehungsweise Standortvarianten hinzuweisen, finden auch einige selten eingeführte Tiere Erwähnung. Sicher ist, daß nur ein Bruchteil vom Artenreichtum unter den Garnelen bis heute in unseren Breitengraden wahrgenommen wurde. Bestimmt wird die Zukunft noch viele Überraschungen bereithalten, was neu- oder wiederentdeckte Garnelenarten betrifft, denn gerade aus den Aquarien in Japan sind viele außergewöhnlich schöne Garnelen bekannt geworden, die im asiatischen Raum beheimatet sind.

GARNELEN

Macrobrachium sp.   Foto: Daniel Meier

Diese Aufnahme zeigt eine Rote Großarmgarnele, *Macrobrachium* sp., aus Südthailand.   Foto: Hans Gonella

GARNELEN

Fächer- oder Riesenbachgarnele
Atyopsis moluccensis
Synonym: *Atya spinipes* (Der Gattungsname *Atya* ist heute den amerikanischen Arten vorbehalten. Diese Aufteilung der asiatischen und amerikanischen Arten beruht auf der Arbeit von FENNER CHASE 1983.)
Vorkommen: Schnell fließende Gebirgsbäche in Südostasien.
Wasserwerte: Härte um 10° dGH; pH-Wert um 7,5; Temperatur: um 24 °C.
Die Fächergarnelen unterscheiden sich, wie ihr deutscher Name schon schließen läßt, erheblich von anderen Garnelenarten. Ihre ersten beiden Beinpaare sind zu reusenartigen Organen umgebildet. Das heißt, an den Scheren befinden sich lange dünne Härchen, mit denen sie Kleinstlebewesen, aber auch organische Nahrungsbestandteile aus dem Wasser filtrieren. Die in den Fächern aufgefangene Nahrung wird zum Mund geführt, der von steifen Haaren umgeben ist, die die Nahrung aus dem Fächer kämmen. Im Aquarium lassen sich die Fächergarnelen mit Flokkenfutter versorgen. Für eine dauerhafte Pflege ist jedoch auch Lebendfutter, wie *Artemia*-Nauplien und Wasserflöhe, anzubieten. Ebenfalls wird anderes Zooplankton gerne angenommen. Gelegentlich ist zu beobachten, wie Fächergarnelen ihr Futter vom Bodengrund und von Steinen oder Wurzeln abkratzen. Dies deutet aber höchstwahrscheinlich auf mangelhafte Ernährung hin. Darüber hinaus können Futtertabletten den Speiseplan ergänzen.
Die Fächergarnelen haben sich an schnellfließende Gewässer, ja sogar reißende Strömungsverhältnisse angepaßt. Mit Vorliebe sitzen sie deshalb oft gegen die Filterströmung gerichtet auf einem Stein oder einer Wurzel, um mit ihren Fächern Nahrung aufzunehmen. Im Aquarium sind neben einer erzeugten Strömung auch saubere und sauerstoffreiche Wasserverhältnisse für eine dauerhafte Pflege nötig.
Bei den Fächergarnelen handelt es sich um friedliche Tiere, die mit friedfertigen Fischarten vergesellschaftet werden können. Untereinander sind die Fächergarnelen ebenso verträglich und können gut in Gruppen gepflegt werden. Die Männchen sind an den dritten, kräftiger ausgebildeten Beinpaaren zu erkennen. Sie kämpfen allerdings gelegentlich um ein Weibchen. Bei ausreichend Platz und genügend Weibchen entstehen jedoch keinerlei Probleme.
An eine Fortpflanzung im Aquarium ist leider kaum zu denken. Aus den Eiern, welche die Weibchen mit sich herumtragen, schlüpfen kleine Larven. Diese werden als freischwimmendes Plankton bis ins Meer getragen, wo sie sich zu kleinen Garnelen entwickeln. Von dort aus treten sie die Rückreise zu ihrem „Geburtsort" an, um währenddessen zu 7,5 bis 8 cm großen Exemplaren heranzuwachsen. Einiger Berichte zu Folge sollen sich die Fächergarnelen auch im Süßwasser fortpflanzen können. Ob dies zutrifft, ist allerdings umstritten.

Die Fächergarnelen, hier handelt es sich vermutlich um *Atyopsis spinipes*, halten sich mit Vorliebe zwischen den Pflanzenstengeln auf.
Foto: Yvette Tavernier

Auffallend bei den Fächergarnelen ist ihre unterschiedliche Körperfärbung, die so verschiedenartig sein kann, daß man glauben könnte, es handle sich dabei um verschiedene Arten. Dies ist aber nicht der Fall. Neben braunen und grünen Exemplaren mit einer gesprenkelten Körperzeichnung finden sich auch dunkel oliv gefärbte, ja beinahe schwarze Tiere. So unterschiedlich wie die Farbe kann auch die Körperzeichnung strukturiert sein. Bei manchen Exemplaren fehlt sogar das hell gefärbte Längsband auf dem Rücken. Zudem kann sich die Farbintensität und der Farbton mit dem Wachstum verändern. Zudem können Fächergarnelen je nach Stimmungslage ihre Farbintensität variieren.

Fächergarnele
Atyopsis spinipes
Vorkommen: Philippinen und den Südseeinseln bis nach Sri Lanka, in Fließgewässern.
Wasserwerte: Härte: um 10 °dGH; pH-Wert: um 7,5; Temperatur: um 24 °C.
Diese Art läßt sich anhand der Rostrumform von *A. moluccensis* unterscheiden. *Atyopsis moluccensis* besitzt ein längeres, schlankeres Rostrum mit sieben bis 16 Sägezähnchen. Ein weiterer Unterschied beider Arten liegt in der noch unmittelbareren Abhängigkeit vom Meer, der die Art *A. spinipes* zur Fortpflanzung ausgesetzt ist. Ansonsten sind die Pflegeansprüche im Süßwasseraquarium identisch.

GARNELEN

Südamerikanische „Fächergarnele"
Ataya sp.
Vorkommen: Südamerika.
Wasserwerte: Härte: 6-10 °dGH; pH-Wert: um 6-7,5; Temperatur: um 25 °C.
Über die südamerikanischen Fächergarnelenarten ist in der Aquaristik wenig bekannt. Dasselbe gilt für jene Tiere die gelegentlich in Westafrika gefunden werden. Die Pflegeanforderungen dieser Garnelen dürften jenen der asiatischen Arten entsprechen. In der Natur leben sie häufig nahe der Gewässerufer in Asthaufen, die ihnen Schutz vor Freßfeinden bieten.

Links: Unter den Fächergarnelen, *A. moluccensis*, treten etliche Farbvarianten auf. Neben hellbraunen bis dunkelbraunen Exemplaren finden sich auch beinahe schwarze Tiere. Ebenso ist das Längsband unterschiedlich breit ausgeprägt; manchmal fehlt dies sogar ganz.
Foto: Yvette Tavernier

Unten: Hier ist eine weitere Farbvariante einer Fächergarnele abgebildet. Wahrscheinlich handelt es sich gleichfalls um die Art *Atyopsis moloccensis*.
Foto: Yvette Tavernier

GARNELEN

Riesensüßwassergarnele, Rosenberggarnele
Macrobrachium rosenbergii
Vorkommen: Südostasien.
Wasserwerte: Härte: um 10 °dGH; pH-Wert: um 7,5; Temperatur: um 24 °C.
Obwohl die Riesensüßwassergarnelen eher selten in Aquarien gepflegt werden, stehen sie hier stellvertretend für die Artenvielfalt der sogenannten Großarmsüßwassergarnelen. Die Riesensüßwassergarnelen stammen aus Südostasien und ihr Verbreitungsgebiet dehnt sich bis nach Vietnam, Kampuchea, Malaysia über Indien nach Sri Lanka und zu den Philippinen aus. Bekannt sind die Riesensüßwassergarnelen wegen ihres schmackhaften Fleisches. Durch eine Überfischung wurden die natürlichen Bestände drastisch dezimiert, bis es gelang, die Art in Farmen nachzuzüchten. Heute wird diese wirtschaftlich interessante Art in Japan, Taiwan und Israel nachgezüchtet. Außerdem gibt es in Afrika, Südamerika und der Karibik solche Zuchtfarmen, von denen aus die Garnelen aller Wahrscheinlichkeit nach in die natürlichen Gewässer gelangten.
Die Gruppe der *Macrobrachium*-Arten beinhaltet eine Vielzahl an wehrhaften Großarmsüßwassergarnelen, die wie ihr Name schon besagt, an den überdurchschnittlich langen, scherenbesetzten „Fangarmen" zu erkennen sind. Innerhalb dieser Garnelengruppe bestehen erhebliche Unterschiede in Größe und Farbgebung. So gibt es kleine, um 5 cm lange Arten, während die großen Vertreter bis 30 cm lang werden können. Die Farbgebung der einzelnen Arten variiert zwischen dunkelbraun bis beinahe durchsichtig. Weiter verfügen viele Arten über farblich interessante Körperzeichnungen.
Die meisten Großarmsüßwassergarnelen zeigen ein recht unverträgliches Verhalten gegenüber Artgenossen oder artfremden Garnelen. Die Männchen liefern sich zum Teil unerbittliche Revierkämpfe und es bilden sich regelrechte Hierarchien im Aquarium, indem das größte und stärkste Männchen seine Dominanz durchzusetzen weiß. Bei jüngeren Exemplaren sind die Scheren verhältnismäßig dünn. Mit zunehmendem Wachstum erhalten jedoch die Scheren vieler Arten beachtliche Ausmaße. Die Männchen können in der Regel an ihren kräftig entwickelten Scheren erkannt werden. Junge Rosenberggarnelen sehen den sogenannten Glasgarnelen sehr ähnlich. Ihre dunkle und gesprenkelte Farbgebung erhalten sie erst mit fortschreitendem Alter.
Im Aquarium lohnt es sich, nur ein Männchen mit mehreren Weibchen zu vergesellschaften. Die Pflege zusammen mit größeren und friedlicheren Fischarten ist nicht bedingt möglich. Bezüglich der Wasserwerte zeigen die heute aus der Aquariumpflege bekannt gewordenen Arten eine hohe Toleranz. So können diese und andere bekannte Großarmsüßwassergarnelen im weichen, wie auch harten Wasser zufriedenstellend gepflegt werden. Als Futter benötigen sie tierische, und pflanzliche Nahrung. Neben tiefgekühlten Insektenlarven werden Fischfleisch und tiefgefrorene *Mysis* gerne angenommen. Außerdem sollte überbrühter Salat oder Spinat im Futterangebot stehen. Natürlich fressen die Großarmsüßwassergarnelen gerne industriell gefertigte Fischfuttersorten. Mit der Zeit wird man herausfinden, welche Futtersorten von den jeweiligen *Macrobrachium*-Arten bevorzugt werden. Auf jeden Fall ist eine zu einseitige Ernährung zu vermeiden, um Krankheiten vorzubeugen. Im

Fächergarnele, *Ataya* sp., aus Südamerika, Piaui/Mauvi, Maranhao, einer Region zwischen dem Pantanal und dem Amazonas. Je nach Lichteinfall weisen diese rund 15 cm langen Garnelen eine hübsche, hellblaue Körperzeichnung auf.
Foto: Hans Gonella

Diese im Zoologischen Garten Basel aufgenommene Großarmgarnele wurde in Westafrika gefangen. Bei dem Exemplar könnte es sich um eine Rosenberggarnele handeln. Für die Verbreitung dieser Art könnten möglicherweise aus Farmen entwichene Tiere verantwortlich sein.
Foto: Hans Gonella

Zusammenhang mit Schäden oder Ausfällen bei der Rosenberggarnele wurde mehrfach beobachtet, daß besonders die Männchen ihre mächtigen Scheren bei der Häutung anscheinend nicht mehr aus dem alten Panzer befreien konnten oder danach viel kürzere Scheren besaßen. Ob dies eine normale wachstumsbedingte Entwicklung ist, scheint nicht bekannt zu sein. Allerdings hatte der Umstand oft keine nachteiligen Folgen, da die Scheren nach dem Häuten zu ihrer vorangegangenen Größe heranwachsen.
Die im Handel angebotenen kleineren „Glasgarnelen" von nur wenigen Zentimetern Körperlänge können der Garnelengruppe *Macrobrachium* zugeordnet werden. Aufgrund des fehlenden Vergleichsmaterials, das heißt aussagekräftigen Bildmaterials, läßt sich leider keine Artzugehörigkeit ermitteln, wenn die verschiedenen Arten mit ungenauen Fundorten importiert werden. Gelegentlich könnten auch in den Handel gelangende, marine Formen versehentlich als Süßwassergarnelen angesehen werden, diese sterben aber im Süßwasser sofort!.

Glasgarnele aus der Garnelengruppe, zu der auch *Macrobrachium lar* zählt. Foto: Yvette Tavernier

Glasgarnelen, Süßwassergarnelen
Macrobrachium sp.

Die Artbestimmung von Glasgarnelen aufgrund ihrer äußerlich sichtbaren Körpermerkmalen ist so gut wie undurchführbar. Manche im Handel regelmäßig angebotenen Glasgarnelen können vermutlich der Art *M. lar* zugeordnet werden. Dies auch, wenn kleinere Unterschiede in den Körperzeichnungen bei einzelnen Garnelen zu beobachten sind. Einschlägige Großhändler haben bis zu 25 Garnelenarten im Angebot, davon viele Glasgarnelenarten, die unter Fantasienamen oder unter der Bezeichnung *Macrobrachium* sp. in den deutschsprachigen Raum gelangen. Diese Glasgarnelen leben ausschließlich im Süßwasser und pflanzen sich darin auch fort. Interessant ist, daß die marine Garnelenart *Palaemon serratus* (früher: *Leander serratus*), zu deutsch Mittelmeer-Felsgarnele genannt, den süßwasserbewohnenden Glasgarnelen sehr ähnlich sieht, diese aber ausschließlich im Meer vorkommt. Die Glasgarnelen im Handel stammen meist aus den Fließgewässern Asiens oder gelegentlich Südamerikas, seltener aus Afrika. An die Wasserqualität stellen sie keine spezifischen Ansprüche. Sie können in weicherem wie auch härterem Wasser erfolgversprechend gepflegt werden. Die Wassertemperatur sollte zwischen 20 und 26 °C liegen. Saubere und sauerstoffreiche Aquarienwasserverhältnisse sind jedoch unabdingbar, ansonsten erkranken die Glasgarnelen an brandähnlichen Infektionen, die schnell zum Tode führen können. Die Wasserhärte soll etwa zwischen 10 bis 15 °dGH liegen und der pH-Wert 6 bis 8 betragen.

Die zierlich wirkenden Glasgarnelen mit einer Körperlänge von rund 3 bis 4 cm können gut mit kleinwüchsigeren Fischarten vergesellschaftet werden. Dagegen zeigen sie sich recht unverträglich gegenüber anderen kleinen Garnelenarten. Beobachtungen zufolge können sich manche Glasgarnelen selbst gegenüber Fischen aggressiv verhalten. Einmal auf den Fischgeschmack gekommen, werden nach und nach alle kleinwüchsigen Fische aufgefressen. In Trupps von zehn und mehr Exemplaren gepflegt, zeigen die Glasgarnelen ein lebhaftes Verhalten. Bei einer dichten Bepflanzung sind die Glasgarnelen vielfach über längere Zeit kaum zu erspähen. Sobald aber Futter ins Aquarium gelangt, schießen die Glasgarnelen regelrecht aus ihren Verstecken heraus und machen sich gierig über die Nahrung her. Dabei ist eine bodenorientierte Lebensweise zu beobachten. Mit ihren kleinen Scheren durchsuchen sie eifrig den Bodengrund nach allerlei Freßbarem. Hin und wieder kommen sich die Glasgarnelen beim Fressen in die Quere, ohne daß es dabei zu ernsthaften Auseinandersetzungen kommt. Allerdings hat dies nur für die Weibchen Geltung. Die Männchen, die an ihren um ein vielfaches längeren Scheren zu erkennen sind, bekämpfen sich hartnäckig. Auf die Dauer kann so lediglich ein Männchen mit mehreren Weibchen im Aquarium zusammen gehalten werden.

Als Futter nehmen die Glasgarnelen vorwiegend tierische Nahrung zu sich. Fischfleisch, Insektenlarven und Kleinkrebschen, wie Hüpferlinge und anderes werden gerne gefressen. Flockenfutter und sonstiges industriell gefertigtes Futtermittel verschmähen sie ebenfalls nicht. An pflanzlicher Nahrung scheinen sie kein Interesse zu haben, so daß sie auch feingliedrigen Aquariumpflanzen keinen Schaden zufügen.

Eine Zucht von Glasgarnelen ist möglich. Allerdings bereitet die Aufzucht der Larven einige Schwierigkeiten. Die Weibchen tragen die Eier in bekannter Weise an ihrer hinteren Körperunterseite mit sich herum, bis die winzigen Zoëa-Larven schlüpfen. Die Larven mancher Glasgarnelen sind mit Süßwasser-Rädertierchen, *Brachionus* sp., zwar relativ leicht aufzuziehen, jedoch müssen die Rädertierchen zuerst mit Aufgüssen in größeren Mengen herangezogen werden. Besteht keine Möglichkeit sich geeignete Zuchtansätze für die „Rädertierchen-Aufgüsse" zu besorgen, so kann der Versuch unternommen werden, die Garnelenlarven mit den im Handel angebotenen „Infusorien" großzuziehen.

GARNELEN

Wie bei vielen anderen „Höheren Krebsen" ist auch bei den Glasgarnelen auf ein regelmäßiges Füttern zu achten. Während längeren Hungerperioden kann es nämlich vorkommen, daß sich ein Trupp über das schwächste Mitglied der Gemeinschaft hermacht und diesen Artgenossen verspeist. Gleichzeitig nehmen regelmäßige, tägliche Futtergaben einen günstigen Einfluß auf das Wachstum und das Wohlbefinden der Glasgarnelen. Bei der Pflege von Glasgarnelen ist darauf zu achten, daß das Aquarium gut abgedeckt wird. Die lebhaften Garnelen verfügen über ein beachtliches Springvermögen. Nicht selten springen sie, falls sie erschrecken, über die Wasseroberfläche und landen so neben dem Aquarium auf dem Fußboden.

Im Aquarien Atlas, Band 1 (1997), werden M. nipponeuse, M. sp. aff. vollenhovenii, M. vollenhovenii, M. pilimanus und zwei nicht näher identifizierte Macrobrachium-Arten vorgestellt. Diese 6 bis 12 cm langen Arten werden allesamt gegenüber Fischen als friedfertige Garnelen bezeichnet. Sie werden leider nur gelegentlich eingeführt und schon gar nicht regelmäßig nachgezüchtet. Darüber hinaus gelangten schon viele andere Macrobrachium-Arten in die Aquarien.

Macrobrachium-Arten werden aus dem Brackwasser und dem Süßwasser eingeführt. Eine Vielzahl der Arten erreicht eine Körpergröße von 5 bis 10 cm. Manche werden auch 25 cm groß und länger. Besonders die als „Glasgarnelen" bezeichneten Arten haben so geringfügige Unterscheidungsmerkmale, daß nicht selten verschiedene Arten in Händleraquarien angeboten werden, ohne daß dies jemandem auffällt. Unter den Macrobrachium-Arten sind reine Süßwasserbewohner bekannt. Es gibt aber auch Arten, die zur Fortpflanzung ans Meer gebunden sind. Als Faustregel gilt: All jene Arten, die mehrere hundert bis tausende von Eiern hervorbringen, benötigen zur Fortpflanzung salzhaltiges Wasser. Die Larven dieser Arten durchlaufen zehn oder mehr freischwebende Larvenstadien. In rund 30 Tagen entwickeln sich dann aus den Larven junge Garnelen, die wieder ins Süßwasser vordringen. Im Gegensatz dazu haben die ans Süßwasser gebundenen Arten oft nur zehn bis 200 größere Eier. Sie verfügen über eine verkürzte Larvenentwicklung, die bei manchen Arten nur wenige Tage beanspruchen kann. Unter ihnen finden sich Arten, die über freischwimmende, wie auch an Substrat gebundene Larven verfügen. Leider ist über die Herkunft von Macrobrachium-Arten aus dem Zoofachhandel meist nichts genaueres zu erfahren. Im Zweifelsfalle, ob es sich bei den erworbenen Tieren um Süßwasserbewohner handelt, lohnt es sich, auf 10 l Wasser einen Eßlöffel Meersalz zuzugeben. Damit ist unter Umständen bei größeren Ausfällen ein Totalverlust zu vermeiden. Macrobrachium-Arten sind aus Asien wie aus Afrika und Amerika bekannt und besiedeln die unterschiedlichsten Gewässertypen. Macrobrachium gua stammt beispielsweise aus Ost-Malaysia und Borneo, M. assameuse aus Indien (Ganges), M. lanchesteri aus Südindien, M. niloticum aus Nordafrika, M. inpa aus Südamerika und M. ohione aus Mississippi (Jackson Country), USA. Selbst im Gardasee, Norditalien findet sich eine Süßwassergarnele, die den Tieren der Gattung Macrobrachium ähnlich sieht. Hierbei handelt es sich um die „Süßwasserart" Palaemonetes antennarius, die mit den an den Flußmündungen europäischer Küsten lebenden Garnelenartenarten nahe verwandt ist.

Macrobrachium vollenhovenii. Foto: Hans Gonella

Japanische „Süßwassergarnele", Yamatonuma-Garnele
Caridina japonica
Vorkommen: Japan.
Wasserwerte: Härte 8-15 °dGH; pH-Wert 5,5-8; Temperatur: (15-) 26 °C.

Die Japanische Süßwasser- oder Yamatonuma-Garnele ist schon seit geraumer Zeit aus der Aquarienpflege bekannt. Die Art ist im südlichen Teil Zentraljapans beheimatet. Dort lebt sie in Flüssen. Die Fortpflanzung ist jedoch ans Meer gebunden. Das heißt, die frischgeschlüpften Larven werden ins Meer gespült, wo sie zu etwa 1 cm langen Garnelen heranwachsen. Anschließend wandern sie wieder die Flüsse hinauf, um sich zu verpaaren. Die Art verfügt über neun Zoëa-Larvenstadien ohne Megalopastadium und benötigt rund einen Monat für die Larvenentwicklungen. Ein gutes Wachstum ist bei einer Salzdichte von 16.9 ppt gegeben. Im Handel werden ausschließlich Tiere aus den östlich liegenden Teilen von Taiwan angeboten. Zumindest sehen diese Exemplare der Art *C. japonica* sehr ähnlich, ob es sich bei diesen Tieren um *C. japonica* handelt, ist nicht eindeutig geklärt; zumal schon über Zuchterfolge im Süßwasseraquarium berichtet wurde.

Eine Garnele, die im Handel als *Caridina japonica* angeboten wurde. Foto: Hans Gonella

Die japanischen Süßwasserganelen sind an den linienförmig seitlich angeordneten Punkten, die sich gut vom leicht durchscheinenden Körper abheben, zu erkennen. Bei hohem Huminsäure- beziehungsweise Fulvosäureanteil des Wassers erhalten sie ein rötlichbraunes, transparentes Aussehen. Gleich-

GARNELEN

Dies ist dasselbe Exemplar, *Caridina japonica*, das auf Seite 56 (unten) abgebildet ist. Die Veränderungen der Körperzeichnung beziehungsweise Farbgebung sind auf einige Pflegewochen im „Schwarzwasser-Aquarium" zurückzuführen. Für die Farbveränderungen sind die Wasserinhaltsstoffe verantwortlich. Foto: Hans Gonella

Ceylon-Süßwassergarnele, *Caridina zeylanica*.
Foto: Alfred Waser

zeitig erhält die Rückenlinie eine kräftigere Ausfärbung. Sie eignen sich hervorragend zur Pflege im Pflanzenaquarium. Sie sind aber nur mit kleineren und friedlicheren Aquariumfischen zusammen zu pflegen, da sie nicht viel größer als 5 bis 6 cm werden. Zu anderen, gleichgroßen Garnelenarten können sie unter Umständen in Konkurrenz treten. Durch ihren verhältnismäßig friedlichen Charakter können die japanischen Süßwassergarnelen auch in Gruppen das Aquarium bevölkern und durch ihre Lebhaftigkeit viel Freude bereiten. Allerdings werden sie nicht viel älter als zwei bis drei Jahre.

Anstelle von Scheren haben die *Caridina*-Arten feine Borsten an den Beinen mit denen sie ihre Nahrung regelrecht „aufkehren" können. Sie benötigen ausreichend Nahrung. Am besten so viel, daß sie sich regelmäßig mit etwas Freßbarem versorgen können. Sie fressen Algen, sowie allerlei Frostfutter, darunter *Artemia* und Rote Mückenlarven. Trockenfutter wird ebenfalls nicht verschmäht. Aus Japan sind die Arten *C. brevirostris* und *C. denticulata* sowie *C. ishigakiensis* bekannt.

Ceylon-Süßwassergarnele
Caridina zeylanica
Vorkommen: Sri Lanka.
Wasserwerte: Härte: 5-20 °dGH; pH-Wert: 6-8; Temperatur: 20-27 °C.

Die Ceylon-Süßwassergarnele steht hier neben der nachfolgend aufgeführten Art *C. serrata*, stellvertretend für die unzähligen Arten aus den Garnelengruppen *Caridina*, *Neocaridina* sowie *Paratya*. Diese kleinwüchsigen Garnelenarten werden kaum größer als 3 cm, weisen dafür aber eine unüberschaubare Farbenfülle auf, die ihre zierlichen Körper zu kleinen „Juwelen" im Aquarium machen. Neben allen Braunnuancen, die bis ins Schwarze verlaufen, kennt man bläuliche, gelbliche, rötliche *Caridina*- und *Neocaridina*-Arten. Ebenso mannigfaltig ist die Körperzeichnung mancher Arten, ob mehrfarbig, gepunktet oder gestreift, sie läßt diese Tiere mit manchen Meerwassergarnelenarten konkurrieren.

Doch nun zurück zu den Ceylon-Süßwassergarnelen, deren Pflegeansprüche zugleich Richtwerte für vorangegangen erwähnte Gattungen bilden. Die Ceylon-Süßwassergarnelen können in kleineren Aquarien schon ab 20 l Wasserinhalt gepflegt werden. Das Aquariumwasser hat sauber und sauerstoffreich zu sein. Zur Fortpflanzung ist es wichtig, den Garnelen einen dichten Pflanzenbewuchs anzubieten. Im Pflanzengewirr finden die kleinen Garnelen Schutz und können heranwachsen. Als Futter nehmen die Garnelen Fischfutter aller Art an. Außerdem sollten auch regelmäßig kleine Fischstückchen und tiefgefrorenes Plankton angeboten werden. Zusätzlich ernähren sie sich vom Algenaufwuchs im Aquarium.

Interessant ist, daß sich innerhalb einer Zuchtgruppe sehr unterschiedlich gefärbte Exemplare befinden. Neben hell- bis dunkelbraunen Garnelen weisen einige Individuen eine beinahe schwarze oder sogar blaue Körperfärbung auf. Im Artaquarium gehalten, kann ein Zuchtstamm über Jahrzehnte hinaus am Leben erhalten werden; vorausgesetzt, die Garnelen werden gut gepflegt.

Zebra-Süßwassergarnele
Caridina serrata (*Neocaridina serrata*)
Vorkommen: Asien.
Wasserwerte: Härte: 10-15 °dGH; pH-Wert: 6,5-8; Temperatur: 24-27 °C.

Aus der Aquariumpflege ist die Art *C. serrata* oder weitere Arten mit nicht näher ausgewiesenen Fantasienamen, wie Tiger-, Bienen- oder Hummergarnelen bekannt. Darüber hinaus brachten gezielte Nachzuchten auch kräftig gefärbte, gelbe und rote Farbformen hervor. Selbst Albinoformen wurden schon herausgezüchtet. Die verschiedenen aus der Aquaristik bekannten *Caridina*- und *Neocaridina*-Arten stammen meist aus China (Hongkong) sowie Südostasien. Sie alle leben im Süßwasser, in dem sie sich auch fortpflanzen. Die überaus friedfertigen Kleingarnelen leben in größeren Gruppen in Fließgewässern mit starkem Pflanzenbewuchs und sollten deshalb ähnliche Voraussetzungen im Aquarium vorfinden.

Über die Gattungszugehörigkeit einzelner Arten bestehen unterschiedliche Ansichten. Aufgrund der Eigröße gehört *C. serrata* der Gattung *Neocaridina* an. Allerdings sind auch bei anderen *Caridina*-Arten große Eier zu beobachten, die Larven in weit fortgeschrittenen Stadium oder Minaturversionen der Alttiere hervorbringen. Die Schwierigkeiten beim Unterscheiden von *Caridina*- und *Neocaridina*-Arten liegen darin, daß die Tiere nur mittels morphologischer Merkmale auseinandergehalten werden können, die aber nicht deutlich sichtbar sind. Um eine Garnele, beispielsweise durch die Bezahnung des Rostrums, einer Art zuzuordnen, müßte man umfangreiche Untersuchungen vornehmen. Diese können aber von Normalaquarianern nicht geleistet werden.

GARNELEN

Im deutschsprachigen Raum und in Japan haben sich bereits unterschiedliche Populärnamen durchgesetzt, die jedoch – wie so oft – die Arten nicht eindeutig kennzeichnen. So lautet zum Beispiel die englische Übersetzung eines japanischen Populärnamens „Bee-Shrimp", was im Deutschen dann zu Bienengarnelen führte. Gemeint ist aber die Zebrasüßwassergarnele. Unter diesem Populärnamen sind bis dahin auch alle bekannten deutschen Veröffentlichungen erschienen. Verursacht wurde die Verwirrung durch einen einzelnen Artikel in einer Fachzeitschrift. Ähnliches Aufsehen entstand beim Betrachten der bisher veröffentlichten Bilder. Besieht man sich aber die tatsächlichen Farbvariationen bei *C. serrata* mit ihren unterschiedlichen Zeichnungsmustern, so könnte man meinen, man hätte Bienengarnelen und Tigergarnelen sowie zwei weitere Arten vor sich. Dieser Exkurs dient weniger der Klärung von Mißverständnissen, sondern soll lediglich aufzeigen, wie es – neben anderem – zu einem solchen Namenswirrwarr kommen konnte.

Links: Sehr ansprechend gezeichnete und ausgefärbte Garnele unbestimmter Art.

Unten: Zebragarnele, *Caridina serrata*.
Fotos: Yvette Tavernier

GARNELEN

Süßwassergarnele aus Sri Lanka, vermutlich handelt es sich hierbei um *C. zeylanica*. Foto: Alfred Waser

Folgende Doppelseite: Yamatonuma-Garnelen werden in Japan häufig als Algenfresser im Aquarium eingesetzt.
Foto: Takashi Amano

sehr auffällig. Gerade diese Umstände machen eine Bestimmung sehr schwierig. Mit Sicherheit lassen sich die *Caridina*-Arten nur aufgrund einzelner, von Auge kaum sichtbarer Körpermerkmale und ihrer Eientwicklung, beziehungsweise Larvenentwicklung eindeutig bestimmen. Gerade das Beobachten der einzelnen Larvenstadien bedarf jedoch Laborbedingungen, die den Aquarianern in den seltensten Fällen zur Verfügung stehen.

Als Bienengarnele bezeichnetes Exemplar von unbestimmter Art. Foto: Daniel Meier

Solange sich in der Wissenschaft keine eindeutige Namensgebung durchsetzt, sollte an der gebräuchlichen Bezeichnung nichts geändert werden, um nicht noch mehr Verwirrung zu stiften.
Die Zebrasüßwassergarnelen sind verhältnismäßig leicht zu vermehren. Allerdings darf das Aquariumwasser nicht zu weich sein. Für die Zucht ist eine Wasserhärte von 12 °dGH ideal. Bei den Nachkommen ist die unterschiedliche Körperfärbung der einzelnen Tiere sehr auffällig. Farbintensitäten und Stärke der Zeichnungsmuster können äußerst unterschiedlich ausfallen. Seltener treten intensiv rot gefärbte Exemplare auf. In größeren Aquarien können die unterschiedlichen Generationen gut miteinander vergesellschaftet werden. Mit fortlaufend heranwachsendem Nachwuchs steigt die Populationsdichte im Aquarium stetig an, bis die Vermehrung plötzlich eingestellt wird. Um dies zu verhindern, sind stets die „überzähligen" Garnelen in andere Aquarien umzusiedeln.
Bei den Zebra-Süßwassergarnelen handelt es sich um überaus friedliche Tiere, die in der Regel selbst Jungfischen nicht nachstellen. Als Futter können neben anderem, gefrostete *Artemia* und Flockenfutter angeboten werden.

Zur Bestimmung von *Caridina*-Arten

Das Bestimmen von *Caridina*-Arten anhand äußerer Merkmale ist leider, mit einigen Ausnahmen, so gut wie unmöglich. Es sind über 120 Arten bekannt, die sich zum Teil sehr ähnlich sehen; die Unterarten nicht miteinbezogen. Die kleinwüchsigen Garnelen mit einer Körperlänge von 3 bis 5 cm, finden sich in Afrika, Pakistan und China. Ebenso sind sie aus Indien, Sri Lanka, Malaysia, Neuguinea und aus Australien (Queensland) bekannt.
Anhand der Gegebenheiten aus Sri Lanka lassen sich die Schwierigkeiten beim Bestimmen gut verdeutlichen. Neben anderen Arten kennt man auf Sri Lanka die Arten *Caridina costei*, *C. pristis cruszi* und *C. popinqua*. Aufgrund der identischen Körpergröße und sonstigen Ähnlichkeiten wurden die Arten *Caridina fernandoi*, *C. gracilirostris*, *C. pristis*, *C. simoni*, *C. singhalensis* und *C. zeylanica* längere Zeit als Unterarten von *Caridina nilotica* betrachtet, bis sie als „eigene" Arten anerkannt wurden.
Auf Sri Lanka beanspruchen die *Caridina*-Arten sehr unterschiedliche Biotope mit verschiedengroßer Ausdehnung. Manche Arten sind zudem in denselben Gewässerabschnitten zu finden. Gleichzeitig ist die Variationsvielfalt einzelner Arten

Wie alle Garnelen aus der Familie Atyidae spielt auch die Art *C. simoni* eine wichtige Rolle im Ökosystem von Sri Lanka. Sie kommt verhältnismäßig häufig vor. Die Populationen unterliegen jedoch starken Schwankungen und weisen zusätzlich etliche Variationen auf. Diese sind wiederum auf das jeweilige Nahrungsangebot, auf die Jahreszeiten und den miteinhergehenden Temperaturschwankungen zurückzuführen. Die Art verfügt über sechs Zoëa-Larvenstadien.
Ebenso sind bei der auf Sri Lanka endemisch lebenden Art *C. pristis* saisonale Schwankungen bei der Populationsdichte und Variationen im äußeren Erscheinungsbild feststellbar. Diese Art weist einen schmalen Körperbau auf und lebt in kleineren, langsam fließenden Flüssen, in Höhenlagen von 300 bis 1000 m über dem Meeresspiegel. Es sind zudem zwei Unterarten, nämlich *C. pristis pristis* und *C. pristis cruszi*, bekannt.
Die sehr lebhafte Art, *C. singhalensis*, lebt ebenfalls endemisch auf Sri Lanka. Sie verträgt etwas kühlere Wassertemperaturen (nicht unter 15 °C). Dies ist darauf zurückzuführen, daß *C. singhalensis* in Höhenlagen von bis zu 2100 m ü. NN gefunden werden kann. Dennoch sind diese Garnelen eher selten anzutreffen. Beispielsweise besiedeln sie auf einer Strecke von etwa 10 km den Behihul Oya bei den Horton Plains.
Alleine schon das mangelhafte Wissen über die tatsächliche Verbreitung einzelner *Caridina*-Arten, in den „weitverzweigten" Gewässersystemen von Sri Lanka, läßt erahnen, wie schwierig eine Deutung der Artzugehörigkeit ohne wissenschaftliche Arbeitsmethoden durchzuführen ist.
So ließe sich die Liste der heute bekannten *Caridina*-Arten beinahe beliebig weiterführen, was jedoch den Rahmen des vor-

Garnelen

Garnelen

GARNELEN

Garnelenart aus China. Das Vorkommensgebiet ist leider unbekannt, so läßt sich die Art kaum bestimmen.
Foto: Hans Gonella

liegenden Buchs bei weitem überschreiten würde. Alleine schon in Bengalore in Südindien sind *Caridina nilotica* var. *bengalensis*, *C. rajadhari* und *C. weberi* var. *sumatrensis* beheimatet. Darüber hinaus hat *C. kempi*, als ans Meer gebundene Süßwasserart in Indien eine gewisse Bedeutung als Nahrungsquelle für den Menschen, da sie über 250 bis 600 Eier pro Weibchen hervorbringt. Als weiteres Beispiel, um den offensichtlichen regionalen Artenreichtum zu demonstrieren, finden sich alleine schon in der Provinz Guizhou (Volksrepublik China) rund sieben *Caridina*-Arten, wie beispielsweise *C. guizhouensis*, *C. liui* und *C. cornuta* sowie *C. brevispina*. Und aus Madagaskar sind sogar rund neun Arten bekannt, worunter sich zudem noch Grottenbewohner aus dem Ankarana-Massiv befinden.

Wegen der eben angedeuteten Artenfülle und dem dazu fehlenden Bildmaterial, wäre es deswegen dringend notwendig, daß der Handel die eingeführten Garnelenarten nicht nur mit dem vermeintlichen Artnamen kennzeichnen würde, sondern auch Fangort und Gewässername bekannt machen würde, damit von den interessierten Aquarianern eine Artbestimmung nachvollzogen werden könnte.

Glasgarnele, *Macrobrachium* sp.

Foto: Yvette Tavernier

PFLEGE UND ZUCHT

DIE PFLEGE UND ZUCHT

In der Regel haben die meisten Pfleger von Krebstieren schon längere Zeit tropische Süßwasserfische im Aquarium gehalten. Mit großem Enthusiasmus wurden anfängliche Schwierigkeiten überwunden und – wie könnte es anders sein – man sucht sich neue Herausforderungen. Da bieten sich die Krebstiere geradezu an. Auf die Schnelle werden einige Garnelen oder Krebse eingekauft und zu den Fischen ins Aquarium gesetzt. Und gerade für solche „pflegerischen Intermezzi" sind die Krebstiere nun überhaupt nicht geeignet. Mit ihren überaus interessanten Lebensweisen haben es die Krebstiere nicht verdient, so nebenbei ein Aquarium zu bereichern. Dies will aber auf keinen Fall heißen, daß Pfleger, die beispielsweise Garnelen zusammen mit Fischen pflegen, etwas falsch machen. Nein, ganz im Gegenteil, eher soll mit der Bemerkung der Anstoß gegeben werden, sich verstärkt der Pflege und der Zucht von Krebstieren anzunehmen. Schon zu Beginn der Ausführungen in diesem Buch wurde auf die artgerechte Pflege von Krebstieren hingewiesen und dies in dem Zusammenhang, die wirbellosen Tiere in einem Artaquarium zu pflegen. Es wäre also die Überlegung wert, statt das Hauptaugenmerk auf die Fische zu richten, den Krebsen, Krabben oder Garnelen den Vorrang zu geben. Viele Aquarianer halten dies heute schon so. Sie besitzen neben den mit Fischen besetzten Aquarien weitere Aquarien oder Aquaterrarien, um darin Krebstiere zu pflegen und zu züchten. Für all jene Pflegerinnen und Pfleger, die sich aber zum ersten Mal mit den ans Wasser gebundenen Lebewesen auseinandersetzen, sei empfohlen, sich zuerst einmal auf die Pflege der Krebstiere zu konzentrieren und erst später Fische ins Aquarium einzubringen, doch dazu später mehr.

Nach dem Einrichten des Aquariums und dem dazugehörenden Einpflanzen der Aquariumpflanzen wird erst einmal etwa zwei Wochen abgewartet, bis die Krebse, Krabben oder Garnelen Besitz von ihrem neuen Lebensraum nehmen können. Während dieser Zeit hat sich nämlich das „biologische Gleichgewicht" im Aquarium sozusagen eingestellt. Erste „wasserreinigende Bakterien" besiedeln das Filtermaterial und die Pflanzen beginnen ihre Wurzeln im Bodengrund auszubreiten, um genügend Halt zu finden. Jetzt können die Krebse, Krabben oder Garnelen eingebracht werden. Damit beginnt die eigentliche Pflege der Krebstiere. Sofern die Pflegemaßnahmen nicht vernachlässigt werden und regelmäßige Wasserwechsel saubere Aquarienverhältnisse gewährleisten, können die Krebstiere, je nach Art sehr lange Zeit Freude bereiten. Manche Krebstiere, wie beispielsweise die Fächergarnelen erreichen stattliche Lebensspannen, die zehn Jahre und mehr betragen können. In dieser Zeit erlangt der Pfleger beachtliche Kenntnisse über seine Pfleglinge, was schlußendlich auch die Faszination in der Pflege von Krebstieren ausmacht.

Kein Buch der Welt kann das Sammeln von eigenen Erfahrungen ersetzen. Je nach Pflegebedingungen und Aquariumbesatz können immer wieder neue Situationen entstehen, die den Pfleger herausfordern. Mit den Grundkenntnissen – die auch im vorliegenden Buch vermittelt werden – sollte der Pfleger in der Lage sein, seinen Tieren eine gute Pflege zukommen zu lassen und die nötigen Voraussetzungen zu bieten, auf seine eigenen Beobachtungen reagieren zu können.

Die kontinuierlichen Pflegemaßnahmen

Mit dem Einhalten der kontinuierlich durchzuführenden Pflegemaßnahmen steht oder fällt der Erfolg, die Krebse, Krabben oder Garnelen dauerhaft zu pflegen. In diesem Zusammenhang ist auch zu sagen, daß weniger Pflege in mancherlei Hinsicht zuweilen auch mehr ist – und umgekehrt! Mit der Zeit wird der Pfleger herausfinden, in welchen Zeitabständen das Aquarienwasser zu erneuern ist und der Filter gereinigt werden muß. Der hier erwähnte Pflegeaufwand, basierend auf den bereits bestehenden Erkenntnissen, soll daher gewissermaßen als Richtschnur für die Pflege von Krebstieren angesehen werden. Dem Neueinsteiger in diese wunderbare Freizeitbeschäftigung mögen die eben gemachten Aussagen etwas schwammig erscheinen, doch es ist nun mal so, daß es sich bei der Pflege von Tieren eben nicht immer um eine statische, im voraus berechenbare Sache handelt, sondern viel Aufmerksamkeit und persönliches Einfühlungsvermögen erfordert.

Bei der Garnelenart *Caridina zeylanica* können auch bläulich gefärbte Exemplare auftreten.
Foto: Alfred Waser

Mit den regelmäßig durchgeführten Pflegemaßnahmen werden die Lebensbedingungen für die Krebse, Krabben oder Garnelen möglichst konstant gehalten. In gewisser Weise liegt darin auch das Geheimnis der erfolgreichen Tierpflege. Die Wassergüte darf keinen großen Schwankungen unterliegen. Hierfür sorgen die alle zwei Wochen durchzuführenden Teilwasserwechsel. Dabei ist das Aquariumwasser etwa zu einem Drittel zu erneuern. Bei kleineren Aquarien darf auch mehr, etwa die Hälfte, des Wassers ersetzt werden. Mit dem Teilwasserwechsel ist zugleich der Bodengrund zu reinigen. Mit einer sogenannten Mulmglocke, die am Schlauch für den Wasserwechsel befestigt wird, kann während des Wasserablassens der Schmutz, der sich im Bodengrund angesammelt hat, entfernt werden. Die Mulmglocke wird langsam und vorsichtig in den Bodengrund gedreht, um die Wurzeln der Pflanzen nicht zu beschädigen, so wird auch der im Bodengrund liegende Schmutz weggeführt. Dies verhindert, daß sich im

PFLEGE UND ZUCHT

Bodengrund Fäulnisherde bilden, welche die Wassergüte beeinträchtigen. Gleichzeitig mit dem Wasserwechsel werden abgestorbene Pflanzenteile aus dem Aquarium entfernt oder verschmutzte Einrichtungsgegenstände gereinigt. Beim Reinigen des Aquariums sollte für die Tiere kein großer Streß entstehen. So sind zum Beispiel die Höhlen der Krebse oder die Pflanzenbestände, in denen sich die Garnelen aufhalten, möglichst von den Reinigungsaktionen auszuschließen. Die Krebse oder Garnelen, wie auch die Krabben sorgen schon alleine dafür, daß ihre Verstecke sauber bleiben. Ein immerwährendes, bei jedem Wasserwechsel, Ändern der Einrichtung, stört die Krebstiere und kann zu Streßerscheinungen führen. Letztendlich könnte der so herbeigeführte Streß zum frühzeitigen Ableben der Krebstiere führen. Mitunter können Krebstiere sogar auf einen Wasserwechsel empfindlich reagieren, wenn sie sich gerade in der Häutungsphase befinden. Vielleicht spielen die Veränderungen bei den osmotischen Verhältnissen eine Rolle, so daß dies den Tod herbeiführt.

In ähnlicher Weise verhält es sich mit der Filterreinigung, wie mit dem Teilwasserwechsel. Die Filterreinigung soll den Erhalt einer möglichst konstanten Wassergüte unterstützen. Und auch wenn es sich bei der Tätigkeit von Aquarienfiltern in erster Linie um mechanisch ablaufende Reinigungsprozesse handelt, die Schmutzpartikel herausfiltern, können sich dennoch „wasserreinigende Bakterien" im Filtermaterial ansiedeln und mithelfen die anfallenden, organischen Substanzen abzubauen. Es benötigt jedoch einiges an Zeit, bis sich entsprechend wirkungsvolle Bakterienpopulationen herangebildet haben, um eine biologische Reinigungskraft zu erzielen. So gesehen können Filter zu häufig aber auch zu wenig gereinigt werden. Stark verschmutzte Filter stellen ein hohes Risiko dar. Das im Filtermaterial angesammelte, organische Material muß deshalb regelmäßig ausgewaschen werden. Als negatives Beispiel sei die folgend beschriebene Situation genannt: Steigen im Sommer die Lufttemperaturen, so erhöht sich auch die Wassertemperatur im Aquarium. In der Folge kann der Sauerstoffgehalt im Aquarium absinken, was den Bakterien schadet. Gleichzeitig können im stark verschmutzten Filtermate-

PFLEGE UND ZUCHT

Links: Hierbei handelt es sich vermutlich um die australische Flußkrebsart *Cherax tenuimanus*. Normalerweise sind diese Krebse braun oder beinahe schwarz gefärbt.
Foto: Yvette Tavernier

rial hohe Mengen an Giftstoffen in Form von Nitrat und Nitrit freigesetzt werden. Werden die Filter aber regelmäßig gereinigt, verringert sich diese Gefahr. Je nach Größe und Bauart der Filter sollte das Filtermaterial etwa alle ein bis drei Monate eine Reinigung erfahren. Kleinere luft- oder motorbetriebene Filter sind häufiger als große Innen- oder Außenfilter zu reinigen. Zum Reinigen wird das Filtermaterial unter dem laufenden Wasserhahn gut ausgespült. Das Leitungswasser soll handwarm sein, um die Bakterien, die noch auf dem ausgespülten Filtermaterial zurückbleiben, nicht zu schädigen.

Beim Teilwasserwechsel und der Filterreinigung werden alle technischen Geräte vom Stromnetz getrennt, um Unfälle zu vermeiden. So versteht es sich von selbst, daß die Reinigungsarbeiten zügig durchgeführt werden, um beim abgestellten Filter die biologische Tätigkeit nicht zum Erliegen zu bringen. Nach etwa einer Stunde sollte daher der Teilwasserwechsel und die Pflegearbeiten an den Pflanzen beendet sein und der Filter, der in größeren Abständen gereinigt wird, wieder in Betrieb genommen werden.

Mit zu den regelmäßigen Pflegearbeiten gehört auch die Überprüfung aller technischen Gerätschaften. Dazu gehören: Das Überprüfen der Förderleistung des Filters, die allenfalls bei starker Abnahme ebenfalls auf eine Filterreinigung hindeuten kann. Weiterhin ist die Wassertemperatur, beziehungsweise die Funktionstüchtigkeit des Regelheizers oder eines anderen Stabheizermodells zu kontrollieren. Schließlich gilt es die Beleuchtung auf ihre Wirksamkeit hin zu überprüfen. Die Leuchtstoffröhren verlieren etwa nach einem Jahr einen Großteil der von ihnen abgegebenen Lichtintensität. Dann sind sie zu ersetzen, um wieder optimale Lichtverhältnisse für die Pflanzen zu schaffen. Um große Schwankungen bezüglich der Lichtintensität zu vermeiden sollten, sofern für die Beleuchtung mehrere Leuchtstoffröhren vorhanden sind, die Röhren abwechslungsweise in Abständen von einigen Monaten ersetzt werden. Somit sind die Pflanzen nicht zu großen Lichtschwankungen ausgesetzt, was einem gesunden Wachstum zugute kommt.

Die Pflegemaßnahmen sollten auch stets Anlaß bieten, neben den täglichen Kontrollen, den Gesundheitszustand der Krebse, Krabben oder Garnelen eingehend zu überprüfen. Sind die Pflegemaßnahmen abgeschlossen, dann sind wieder alle technischen Geräte an den Strom anzuschließen. Vorher sollte man sich aber noch vergewissern, ob kein Spritzwasser an die stromführenden Teile der Gerätschaften gelangte. Andernfalls sind die Stecker mit einem trockenen Lappen abzuwischen, um nicht einen Kurzschluß zu provozieren.

Rote Mangrovenkrabbe. Foto: Yvette Tavernier

Schwierigkeiten bei der Pflege

Schwierigkeiten bei der Pflege von Krebstieren können immer wieder entstehen. In den überwiegenden Fällen sind es Pflegefehler, welche die Tiere schwächen und so zu Krankheiten oder plötzlich auftretenden Todesfällen führen können. Das Thema der Krankheiten, die bei Krebstieren auftreten, wird später in einem separaten Abschnitt behandelt. An dieser Stelle soll lediglich auf die häufigsten Pflegefehler hingewiesen werden, die zu Schwierigkeiten bei der Pflege führen.

Krebse, Krabben und Garnelen sind Lebewesen, die ihre Umgebung sehr wohl mit wachen Sinnen wahrnehmen. Sie reagieren mitunter empfindlich auf Artgenossen mit denen sie in Konkurrenz stehen. Fische können den Krebstieren ebenso zusetzen, auch wenn sie diese nicht als potentielle Beute betrachten und dementsprechend verfolgen. So können Krebstiere sehr schnell Schaden nehmen, wenn der inner- oder außerartliche soziale Druck zu stark ist. Bei manchen Flußkrebsen oder Krabben stehen vor allem die Männchen im Konkurrenzkampf zueinander. Mit diesem Wissen sollte der Pfleger es unterlassen, mehrere Männchen miteinander zu vergesellschaften. Weiterhin sollten keine aggressiven Fischarten, wie beispielsweise gewisse Buntbarscharten mit Revieransprüchen zusammen mit Krebstieren gepflegt werden. Meist kurz vor, während oder nach der Häutung sind die Krebse, Krabben oder

PFLEGE UND ZUCHT

Fächergarnele, vermutlich *A. moluccensis*, mit geöffneten Fächern zum Auffangen feinster Futterpartikel.
Foto: Yvette Tavernier

Garnelen sehr anfällig und nehmen bei übermäßigen Störungen durch ihre Mitbewohner im Aquarium schnell Schaden. Damit die Krebstiere ihre Lebenszyklen, die sie durchwandern, insbesondere aber die Prozesse der Häutung schadlos überstehen, müssen sie über Rückzugsmöglichkeiten verfügen, die es ihnen erlauben für längere Zeit vom Geschehen im Aquarium angemessenen Abstand zu nehmen. Bereits mit einem reich strukturierten Lebensraum können viele Probleme schon gar nicht auftreten.

Eine Hauptursache für Pflegeprobleme sind instabile Verhältnisse bezüglich der Wasserqualität und Wassergüte im Aquarium. Obschon Krebse, Krabben aber auch viele Garnelenarten eine recht hohe Spanne in der Beschaffenheit des Aquarienwassers vertragen, reagieren sie empfindlich auf hohe Schwankungen bei der Wassergüte. Einmal festgelegte Qualitätswerte, wie Härtegrade und pH-Wert müssen unbedingt beibehalten werden. Dies hat vor allem dann Bedeutung, wenn das Leitungswasser für die Verwendung der Krebstierpflege zusätzlich aufbereitet, sprich enthärtet wird. So ist allenfalls bei jedem Teilwasserwechsel das Frischwasser kurz zu analysieren, ob es dem Verwendungszweck entspricht. Dies wird weitgehend hinfällig, wenn die Zusammensetzung des Leitungswassers den Bedürfnissen der Krebstiere entspricht und direkt aus dem Hahn verwendet werden kann.

Ähnlich wie die Qualität des Trinkwassers ist auch die Wassergüte im Auge zu behalten. Krebse Krabben und Garnelen benötigen saubere Wasserverhältnisse. Auf langsam ansteigende Nitratwerte reagieren sie relativ träge. Zumindest sieht man ihnen keine nachteiligen Folgen an, bis es schließlich zu spät ist und sie in großer Zahl sterben. Zusammengefaßt läßt sich sagen, daß überhöhte Nitratwerte oder gar Nitritvergiftungen sehr wahrscheinlich mit zu den häufigsten Todesursachen im Aquarium zählen. Mit den regelmäßigen Teilwasserwechseln und der Reinigung des Filtermaterials wird dieses Risiko so gut wie ausgeschlossen.

Futter für Krebse, Krabben und Garnelen

Die im Süßwasseraquarium gepflegten „Höheren Krebse" fressen so gut wie alles – was natürlich eher sinnbildlich zu verstehen ist. Das heißt, die meisten Krebs-, Krabben- und Garnelenarten wissen eine breite Nahrungspalette zu nutzen. Nebst pflanzlichen Nahrungsbestandteilen bevorzugen viele Krebse tierisches Futter. Dies besteht vorwiegend aus Insektenlarven und Fischfleisch. Wobei zum Beispiel die Flußkrebse auch gute Jäger sind und mit ihren Scheren allerlei Insektenlarven und gelegentlich kleine Fische aus dem freien Wasser ergreifen, um sie gierig zu fressen. Zudem werden die Scheren auch dazu genutzt, um im Bodengrund nach Freßbarem zu suchen. In der Natur verwerten manche „Höhere Krebse" mit Vorliebe Aas, was sie sozusagen zur Gesundheitspolizei in den Gewässern macht.

Im Aquarium können die Krebstiere mit Insektenlarven, Schnecken und Muschelfleisch gefüttert werden. Die Roten Mückenlarven können lebend oder als tiefgefrorene Ware verabreicht werden, nur um eine diesbezügliche Futtersorte zu

PFLEGE UND ZUCHT

Ataya sp. aus Südamerika. Von Uwe WERNER ist eine Garnele unter dem Namen *Atyopsis gabunensis* aus Afrika bekannt, die diesem Exemplar zum Verwechseln ähnlich sieht.
Foto: Yvette Tavernier

nennen. Sehr gerne angenommen werden auch tiefgefrorene Kleinkrebse, wie *Mysis*. Um die Nahrungspalette möglichst breit zu gestalten, sollte regelmäßig Fischfleisch zum Futterplan gehören. Das Fischfleisch wird in Stückchen geschnitten und in kleineren Portionen gereicht. Gelegentlich darf auch Grünfutter in Form von Spinat oder Salat angeboten werden. Ergänzungsweise zu lebendem oder tiefgefrorenem Frischfutter stellen industriell gefertigte Futtersorten ebenfalls eine Möglichkeit dar, die Krebse, Krabben und Garnelen mit dem Nötigsten an Nährstoffen zu versorgen. Hierbei handelt es sich um Futtermittel, die für tropische Aquariumfische hergestellt wurden. Die „Höheren Krebse" fressen mehr oder weniger alles sehr gerne, egal ob es sich um Flocken, Futtergranulat oder Futtertabletten handelt. Allerdings sollte das industriell hergestellte Futter von den Krebstieren gut aufgenommen werden können. Beispielsweise ist das Flockenfutter so zu verabreichen, daß es zum Beispiel von den bodenorientierten Flußkrebsen erreicht werden kann und nicht an der Wasseroberfläche herumschwimmt. Dafür kann das Flockenfutter von Hand oder mit der Pinzette zuerst angefeuchtet werden, indem es eine kurze Zeit ins Aquariumwasser untergetaucht wird, so daß es rasch zu Boden sinkt.

Flockenfutter und andere Futtersorten für Aquariumfische dürfen regelmäßig angeboten werden, sie dürfen jedoch nicht als alleiniges Futter dienen. Obschon das Fischfutter den Krebsen, Krabben und Garnelen viele wichtige Nahrungsbestandteile zuführt, kann es Frischprodukte nicht vollends ersetzen.

Die Krebstiere benötigen auch die Nahrungsbestandteile und „Balaststoffe", die in Insektenlarven, kleinen Krebstierchen oder Fischfleisch sowie in pflanzlicher Nahrung enthalten sind, um zufriedenstellend wachsen zu können. So sollten sich Flokkenfutter und anderes mit den Gaben an frischer Nahrung abwechseln. Hin und wieder dürfen kleinere Mengen Weißbrot verabreicht werden, was von den Krebstieren übrigens sehr gerne gefressen wird.

Nicht alle Krebstierarten bevorzugen die hier aufgezählten Futtersorten gleichermaßen. Manche Arten können mit Fischfleisch nur wenig anfangen und knabbern nur lustlos an den Futterstückchen, obwohl sie genau genommen auch tote Fische fressen. Sollte es einmal dazu kommen, daß die Krebse, Krabben oder Garnelen das angebotene Futter verschmähen, so ist es nach etwa einem halben Tag aus dem Aquarium zu entfernen. Ansonsten verdirbt das Futter bald, was die Wassergüte massiv beeinträchtigt.

Selbst jene Arten, die sich vorwiegend von tierischer Nahrung ernähren, sollten die Möglichkeit haben, sich hin und wieder an pflanzlicher Kost gütlich zu tun. Am besten bietet der Pfleger nacheinander viele verschiedenartige Futtersorten an, um die Vorlieben seiner Pfleglinge herauszufinden. Gelegentlich werden auch plötzlich jene Futtersorten gerne angenommen, die zuvor über längere Zeit verschmäht wurden. Deshalb sollte die Fütterung nicht als notwendiges Prozedere angesehen werden, sondern eher als spannendes Ritual betrachtet werden, bei dem der Pfleger beobachten kann, wie sich die Krebse

PFLEGE UND ZUCHT

Mysis mit Brutsack. Kleine marine Krebstiere zählen, neben anderem, zur bevorzugten Nahrung der in Aquarien gepflegten Krebse, Krabben und Garnelen.
Foto: Daniel Meier

Die Greifwerkzeuge der *Caridina*-Arten sind mit feinen Borsten ausgerüstet, wie hier anhand einer Mikroskopaufnahme von *C. zeylanica* zu erkennen ist. Damit können die Garnelen die Nahrung regelrecht aufkehren und zum Mundwerkzeug führen.
Foto: Alfred Waser

bei der Futteraufnahme verhalten. Gelegentlich sollten immer wieder neue Leckerbissen im Futterangebot stehen, um herauszufinden wie die Krebse darauf reagieren. Manche Arten nehmen nämlich sehr gerne Früchte an. Neben Äpfeln, Birnen werden Gemüsesorten wie Karotten oder Kartoffeln roh oder gekocht gerne gefressen. Gelegentlich darf auch mal ein wenig gekochter Reis oder Brot auf dem Futterplan stehen. Beides trübt jedoch das Wasser und beeinträchtigt die Wasserqualität. Selbst Hundekuchen werden mit Vorliebe verspeist. Reste von solchen Futtersorten sind, wenn sie nicht umgehend gefressen werden, natürlich sofort zu entfernen. Im Zusammenhang mit dem Verfüttern von Karotten ist noch zu sagen, daß beispielsweise von Flußkrebsen, die in den Karotten vorhandenen Farbstoffe wie Carotinoide von den Tieren aufgenommen werden und somit die Körperfärbung intensiviert wird. Manche Flußkrebse entwickeln Vorlieben für Laub. Dabei wird meist Erlen- oder Weidenlaub als Nahrung bevorzugt. Gelegentlich wird Buchenlaub gerne gefressen. Hingegen wird Eichenlaub oftmals verschmäht. Bei den Aquarienpflanzen sind es Wasserpest und ähnlich weichblättrige Arten, die gerne gefressen werden.
Ein kontrolliertes Füttern von jenen Arten, die pflanzliche oder tierische Schwebeteilchen aufnehmen, ist viel schwieriger. Hierfür können kleinste Mengen an tiefgefrorenem Feinstplankton oder Staubfutter, welches ansonsten für die Aufzucht von Jungfischen verwendet wird, verabreicht werden. Im Mörser lassen sich Frischprodukte soweit verkleinern, daß sie zum Beispiel von den Fächergarnelen aufgenommen werden können. Solche zusätzliche Futtergaben dürfen aber nur sehr spärlich gereicht werden, um die Wassergüte nicht übermäßig zu belasten. Im Übrigen finden die Tiere noch genügend andere Futterbestandteile, die im Aquariumwasser vorhanden sind.
Eine ausgewogene und abwechslungsreiche Nahrung ist für die Gesunderhaltung der Krebse, Krabben oder Garnelen sehr wichtig. Man denke nur einmal an die Mengen an „kalkhaltigen" Nahrungsbestandteilen, die von den Krebsen, Krabben und Garnelen benötigt werden, um ihren Panzer neu bilden zu können. Aus diesem Grund fressen die „Höheren Krebse" nach der Häutung oft ihren alten Panzer beinahe vollständig auf. Deshalb sollte der Panzer zumindest für einige Tage im Aquarium belassen werden, damit ihn die Krebstiere auch verwerten können. Gelegentlich nehmen die Krebse keine Notiz von der abgestoßenen Hülle und verschmähen ihren Panzer als Nahrungsbestandteil. Vermutlich wurden die Tiere bei den vorangegangenen Fütterungen mit allem Notwendigen versorgt. Trotzdem kann es zu einem späteren Zeitpunkt vorkommen, daß sie sich geradezu gierig über die abgestoßene Hülle eines Artgenossen stürzen, obwohl an dem Futterplan keine Veränderungen vorgenommen wurden.
Eine ausgezeichnete Variante zu den eben erwähnten Futtermitteln stellt ein selbst zusammengestelltes „Gelatinefutter" für die Ernährung der „Höheren Krebse" dar. Mit dem „Gelatinefutter" lassen sich alle lebensnotwendigen Nahrungsbestandteile in leicht zu verabreichender Form anbieten. Zusätzlich können auch Vitamine oder Kalkpräparate dem Futter beigemischt werden. Zum Herstellen des „Gelatinefutters" benötigt man zu ein Drittel Fischfleisch oder ungeschälte Speisegarnelen, rund ein Drittel pflanzliche Bestandteile, wie Spinat oder Früchte, und etwa einen Drittel kohlenhydratreiche Nahrungsmittel, wie gekochter Reis oder Maisgries. Natürlich können die Nahrungsmittelanteile beliebig verändert werden, je nachdem ob sich die Krebse, Krabben oder Garnelen mehr oder weniger von tierischen Nahrungsmitteln ernähren. Mögliche Nahrungsbestandteile wären zum Beispiel Fisch, Speisegarnele mit Panzer und Äpfel oder Birnen und Karotten sowie

Auf feingliedrigen Pflanzen und im „Algenrasen" finden die Garnelen feinste Nahrungsbestandteile.
Foto: Alfred Waser

PFLEGE UND ZUCHT

Rote Mangrovenkrabben lassen sich gezielt mit einer Pinzette füttern. Schon wenn der Pfleger vors Aquarium tritt reagieren die hungrigen Krabben und springen die Pinzette mit dem gereichten Futter geradezu an. Aber auch wenn das Futter auf dem Boden verstreut wird, werden die Krabben die Futterstücke schnell aufstöbern.
Foto: Yvette Tavernier

gekochter Reis. Je nach Gutdünken des Pflegers können noch ein Ei oder Vitaminpräparate beigemischt werden. Alle Nahrungsmittel werden im Mixer zerkleinert und mit der Gelatine verrührt. Dafür können sogenannte Gelatineblätter einige Minuten im kalten Wasser eingeweicht werden.

Anschließend werden die „glibberigen" Blätter aus dem Wasserbad entnommen und der Nahrungsmasse beigegeben. Damit sich die Gelatine auflöst ist der Nahrungsbrei in einem Heißwasserbad oder auf der Herdplatte vorsichtig zu erwärmen und stetig umzurühren, bis sich die Gelatine vollständig aufgelöst hat. Wichtig ist, daß das Zubereiten der Nahrungsmasse trotz des Erwärmens nicht einem Aufkochen gleichkommt. Gleich nach dem Abkühlen ist das „Gelatinefutter" im Kühlschrank erstarren zu lassen, was etwa zwei Stunden benötigt. Zum Erstarren wird die Masse in einer dünnen Schicht von 5 bis 10 mm in einer Form ausgestrichen. Danach kann die feste Masse mit einem Messer in Portionen aufgeteilt werden und gelangt zur Aufbewahrung ins Tiefkühlfach. So können die täglich benötigten Portionen über einen Zeitraum von mehreren Monaten aufbewahrt werden. Damit das Zubereiten des Futters nicht in einem Desaster endet, gilt es sich entsprechend vorzubereiten. Ansonsten könnte die Freude am selbst zubereiteten Futter schnell vergehen, was sehr schade wäre. Das „Gelatinefutter" wird nämlich gerade von größeren Krebsen sehr gerne angenommen und es eignet sich vortrefflich, die benötigten pflanzlichen Nährstoffe anzubieten. Es ist spannend anzusehen, wie die Flußkrebse, die aus dem Tiefkühler entnommenen und aufgetauten, zu einem Kügelchen geformten Futterstücke aufgreifen und sie eifrig in ihren Gliedmaßen drehen, um sogleich daran zu fressen. So haben auch die größeren Flußkrebse eine gute Möglichkeit ans Futter zu gelangen, weil es ihnen oft schwerfällt, mit ihren großen Scheren feinere Nahrungsbestandteile zu ergreifen. Doch nun zurück zu den Vorbereitungsarbeiten für die Futterherstellung. Eine entsprechende Küchenmaschine oder ein Stabmixer erleichtern das Zerkleinern der Nahrungsmittel. Beim Stabmixer wird zudem ein spezielles Gefäß benötigt, welches über einen Dekkel mit einer Öffnung für den Mixer verfügt. Damit verhindert man, daß die Küche durch herumfliegende Nahrungsbestandteile in ein Schlachtfeld verwandelt wird. Weiterhin gelingt die richtige Beigabe der Gelatinemenge nicht immer. Wird zuwenig Gelatine beigegeben, dann zerfällt das Futter zu schnell und verschmutzt so das Aquariumwasser. Bei einem möglichen „Fehlschlag" ist die Gelatinemenge entsprechend zu erhöhen. Bestimmt gelingt dann ein zweiter Versuch und das Futter erhält die gewünschte Festigkeit. Der Gelatineanteil sollte je nach Fabrikat etwa 5 bis 10 % der Futtermischung ausmachen. Das „Gelatinefutter" ist auch eine hervorragende Möglichkeit zur Fütterung von kleineren Krebstieren und kann in seinen Bestandteilen beliebig variiert werden, so daß man den Krebsen, Krabben und Garnelen eine abwechslungsreiche Nahrung anbieten kann. Das „Gelatinefutter" darf als Alleinfutter ange-

Pflege und Zucht

boten werden, weil es ja alle wichtigen Nahrungsbestandteile enthält.
Im Zusammenhang mit dem Verfüttern von Lebendfutter aus Tümpeln und anderen Gewässern gilt es folgendes zu bedenken. Mit dem Lebendfutter können die Sporen der Krebspest ins Aquarium gelangen und sowohl einheimische wie auch fremdländische Krebsbestände im Aquarium innerhalb einer Woche regelrecht dahinraffen. Natürlich können auf diesem Wege auch andere Krankheiten aus den natürlichen Gewässern ins Aquarium gelangen. Eine gute Alternative ist aber das Verfüttern von tiefgefrorenen Futtertieren.

Das Füttern

Zum Thema Füttern gibt es nicht viel zu sagen. Trotzdem rechtfertigen einige beachtenswerte Punkte, daß dies in einem separaten Abschnitt behandelt wird. Einer der Gründe, eine bestimmte koordinierte Fütterungsmethode anzuwenden, liegt sehr nahe. Dabei sind nämlich die mächtigen Scheren mancher „Höheren Krebse" als Ursache angesprochen. Die Scheren dienen nicht nur zur Nahrungsaufnahme und zur Verteidigung, sondern sie stellen auch gefürchtete Waffen dar. So kann es gelegentlich vorkommen, daß sich die Krebse oder Krabben bei der Futteraufnahme in die Quere kommen. In der Folge verwechseln besonders hungrige Individuen ihre Artgenossen mit etwas Freßbarem. Es kommt zwar selten vor, aber dennoch kann ein kräftiges Tier einem körperlich unterlegenen Artgenossen ein Bein abbeißen, weil es eben zu der besagten Verwechslung gekommen ist. Ebenso ist es möglich, daß sich zwei Kontrahenten um einen Futterbrocken streiten und es dadurch zu einem unliebsamen Zwischenfall kommt. Sozusagen zur Verhütung von Unfällen sollten deshalb die Krebse und Krabben gezielt gefüttert werden. Hierfür wird gleichzeitig an verschiedenen Stellen Futter ausgelegt. Am besten geschieht dies gleich vor den Wohnhöhlen oder den gerade benutzten Verstecken. Als Fütterungshilfe zur präzisen Plazierung des Futters kann eine langstielige Pinzette, eine Pflanzstange oder ein Stöckchen benutzt werden. Mit der Zeit gewöhnen sich die Krebse und Krabben an die Fütterungszeiten und greifen schon beim Hinhalten nach dem auf einem Stöckchen aufgespießten Futterstückchen. Die Krabben schießen sogar regelrecht aus ihren Verstecken heraus und springen gierig die hingehaltene Pinzette an, um sich ihren Futteranteil zu sichern.
Etwas anders verläuft das Füttern von Garnelen. Dies zumindest bei jenen Arten, die mit ihren kleinen Scheren auf Futtersuche gehen. Sie nehmen ihr Futter vom Boden, wie auch von der Wasseroberfläche auf. Dabei schwimmen sie blitzschnell und zielgerichtet auf das vorher fixierte Futterstück zu, um es festzuhalten. Nur selten kommen sich die Garnelen bei der Futteraufnahme in die Quere und wenn es dennoch zu einem „Zusammenstoß" kommt, dann hat eines der beiden Tiere schon ein anderes in der Nähe liegendes Futterstück ins Visier genommen. Ein mäßiges aber regelmäßiges Füttern hilft ebenfalls mit, daß keine Probleme entstehen und dies gleich in mehrfacher Hinsicht. Wird stets nur soviel gefüttert, was die Krebse, Krabben und Garnelen auch in der Lage sind binnen Minuten aufzunehmen, bleiben keine Reste übrig, welche die Wassergüte beeinträchtigen können. Zugleich geraten regelmäßig gefütterte

Zuchtaquarium für Kuba-Flußkrebse. Als Höhlen können den Krebsen auch Kokosnußschalen oder andere Behausungen angeboten werden. Foto: Hans Gonella

Krebse viel weniger miteinander in Konflikt, wenn es darum geht, sich einen Anteil an den Futtergaben zu sichern. Und zu guter Letzt zeigen zurückhaltend – aber dafür täglich – gefütterte Krebse, Krabben und Garnelen ein vitaleres Verhalten, was sich günstig auf die Fortpflanzung auswirken könnte.
Wie gerade erwähnt, sind die Krebse, Krabben und Garnelen einmal pro Tag zu füttern. Die angebotene Tagesration darf auch auf eine zweimalige Fütterung pro Tag aufgeteilt werden. Ein oder zweimal pro Woche dürfen die Rationen etwas reduziert werden, was dem allgemeinen Wohlbefinden der Tiere zugute kommt. Viele Arten, die pflanzliche Nahrung zu sich nehmen, können an solchen Tagen ihren Mehrbedarf mit Pflanzennahrung decken. So wirkt sich die pflanzliche Kost positiv auf den Stoffwechsel aus. Weiterhin ist zu bedenken, daß die „Höheren Krebse" bei weitem nicht jederzeit gleichviel Nahrung aufnehmen. Gerade nach der Häutung wird kein Futter aufgenommen. Während dieser Zeit gehen die verletzlichen Tiere ihren Artgenossen aus dem Weg und reagieren auch nicht auf die Futtergaben. Demzufolge haben sich die Futterrationen nach den verbleibenden, noch fressenden Individuen im Aquarium zu richten.

Die Zucht von Krebsen, Krabben und Garnelen

Das Züchten von Krebsen und Krabben aber auch mancher Garnelenarten ist nicht sehr schwierig. Bei entsprechenden Lebensbedingungen pflanzen sich die „Höheren Krebstiere" bereitwillig fort und dies noch in großer Häufigkeit. Etwas schwieriger wird es dann, die Nachkommenschaft großzuziehen. So geraten beispielsweise die männlichen Jungkrebse des Roten Sumpfkrebses schon sehr früh, „kaum auf eigenen Beinen stehend", miteinander in Konflikt. Dies bedingt, die jungen, aber dennoch kampflustigen Männchen voneinander zu trennen und sie einzeln in mehreren Aquarien großzuziehen. Darüberhinaus sehen die größeren unter den Jungkrebsen in ihren kleingebliebenen Artgenossen eine Beute und stellen ihnen erbarmungslos nach. Möchte man daher möglichst viele Krebse, Krabben oder Garnelen züchten, sind die Nachkommen mehrmals nach ihrer Größe zu sortieren. Zugegebenermaßen fällt dies bei manchen Arten mit ihren kleinen und zierlichen Jungen nicht sehr leicht.
Eine Alternative zum Herausfangen als Zuchtmethode wäre es, genügend Versteckmöglichkeiten anzubieten. Dies hätte wohl immer noch Ausfälle zur Folge, die sich aber in Grenzen halten würden. Bei Garnelen funktioniert dies sehr gut. So erhalten

PFLEGE UND ZUCHT

Bestimmung der Geschlechter bei Flußkrebsen
Schematische Ansicht der Körperunterseite

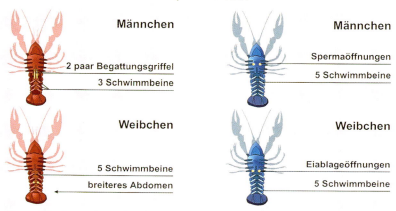

Die europäischen und amerikanischen Flußkrebsarten haben gegenüber den australischen Arten unterschiedliche Geschlechtserkennungsmerkmale.
Abbildung: Hans Gonella

Jungtiere beispielsweise im dichten Javamoos eine hervorragende Kinderstube, in der sie genügend Nahrung finden.
Sehr viele der „Höheren Krebse" lassen sich kaum oder gar nicht züchten. Bislang sind all jene Arten von Zuchterfolgen ausgeschlossen, die vom Süßwasser ins Meer gelangen, um ihre Entwicklung abzuschließen. Bei wieder anderen Arten ist leider viel zu wenig bekannt, um sie zur Fortpflanzung zu bewegen. Nachfolgend werden einige Krebs-, Krabben- und Garnelenarten erwähnt, deren Zucht relativ problemlos zu bewerkstelligen ist. Vielleicht wird der eine oder andere Pfleger dadurch motiviert, es selbst einmal mit der Zucht seiner Pfleglinge zu versuchen. Etwas ist allerdings schon zuverlässig vorauszusagen. Die kleinen oft durchsichtigen Jungkrebschen werden ihren Pfleger sehr schnell in ihren Bann ziehen. Es gibt wohl kaum etwas Faszinierenderes, als zu beobachten, wie aus den zerbrechlich wirkenden Lebewesen stattliche und kräftige Exemplare heranwachsen!
Bevor aber mit einer Zucht begonnen werden kann, gilt es einiges bereitzustellen. Gleich als erstes muß ausreichend Platz für die Aufzuchtaquarien zur Verfügung stehen. Am besten richtet man sich die Aquarien schon vorher ein, um die zu erwartenden Jungkrebse unterbringen zu können. Um die ersten Erfahrungen zu sammeln, reicht ja schon ein einzelnes Aquarium aus, damit bei ausbleibendem Nachwuchs keine unnötig hohen Investitionen entstehen. Von diesen Maßnahmen sind unter Umständen die kleinen Süßwassergarnelen aus Asien ausgeschlossen, sie können auch in einem dichtbewachsenen Aquarium beachtliche Bestände erreichen. Von diesen lassen sich dann immer wieder erwachsene Tiere entnehmen, um sie weitergeben zu können. Für das erfolgreiche Nachzüchten, das über Zufallszuchten hinausgeht, bedarf es einer entsprechenden Wasserqualität, die derjenigen aus den natürlichen Vorkommensgebieten entspricht. Nicht zu vergessen sind Höhlen für jene Arten, deren Weibchen beim Herumtragen der Eier auf den Schutz einer Behausung angewiesen sind. Wichtig ist es auch, über ein Filtersystem zu verfügen, welches die Jungkrebse nicht ansaugen kann. Für Zuchtzwecke kommen nur luftbetriebene Schaumstoffilter infrage.

Die Zucht von Flußkrebsen

Das Züchten von Flußkrebsen ist verhältnismäßig einfach. Voraussetzung ist, man erhält die benötigten Tiere. Von den schönen blaugefärbten Flußkrebsen aus Australien werden nämlich oft nur Männchen angeboten. Wiederum sind die kleinwüchsigeren Krebsarten, welche für die Pflege im Aquarium sehr geeignet wären, nur selten im Handel erhältlich. Auch ist die Geschlechtsbestimmung vor den Verkaufsanlagen nicht ohne weiteres zu bewerkstelligen, da ein Blick auf die Merkmale zur Geschlechtsbestimmung oftmals durch die Wehrhaftigkeit der Krebse schwer fällt und durch das Herausfangen nicht gerade erleichtert wird. Sofern die Sicherheit besteht, daß sich in einer Verkaufsanlage verschiedene Geschlechter befinden, können auch mehrere Exemplare erworben werden, damit sich eines oder mehrere Paare von selbst zueinander finden. Allerdings könnte dies für die schwächeren Männchen schnell den Tod bedeuten, wenn sie später nicht rechtzeitig herausgefangen werden.

Kuba-Flußkrebse bei der Begattung.
Foto: Johannes Leuenberger

Eine Geschlechtsbestimmung auf die Schnelle ist bei den Flußkrebsen beziehungsweise Sumpfkrebsen kaum durchzuführen. Auch die Größen der Scheren, wie allgemein oft angenommen wird, dienen nicht als sicheres Erkennungsmerkmal. Wohl sind die Männchen bei manchen Arten etwas größer als die Weibchen und besitzen demzufolge auch größere Scheren, dennoch ist man – bei alleiniger Beachtung dieses Merkmals – nie sicher, um welches Geschlecht es sich tatsächlich handelt. Anhand der paarig angeordneten, jeweils fünf Bauchfüße (Pleopoden), die sich unterhalb des hinteren Schwanzendes befinden, lassen sich die Geschlechter recht gut unterscheiden. Bei den Männchen sind die ersten zwei Bauchfüße zum Begattungsorgan umgeformt. Bei den Weibchen ist der erste Bauchfuß rückgebildet und die folgenden vier Füße sind mit langen Innen- und Außenästen als Eiträger ausgerüstet.

PFLEGE UND ZUCHT

Ein Kuba-Klußkrebs-Weibchen mit Eiern.
Foto: Hans Gonella

Die Jungkrebse der Kuba-Flußkrebse sind kleine Ebenbilder der Eltern. Dieses zwei Wochen alte Jungkrebschen mißt etwa 3 mm.
Foto: Christine Berger

Ein junger, etwa drei Monate alter Kuba-Flußkrebs von 3 cm Körperlänge.
Foto: Hans Gonella

Die eben erwähnten Merkmale zur Geschlechtsbestimmung sind bei den nordamerikanischen und europäischen Arten vorzufinden. Ganz im Gegenteil dazu verfügen die australischen Flußkrebse über je zwei Öffnungen an den Beinen, welche die Geschlechter voneinander unterscheiden. Die Weibchen sind an zwei Öffnungen unterhalb des dritten Beinpaars zu erkennen. Sie dienen der Eiabgabe. Zum Übertragen der Spermapakete befinden sich ebenfalls zwei Öffnungen an der Unterseite des fünften Beinpaars, welche die Männchen kennzeichnet. Steht erst einmal ein Pärchen Flußkrebse zur Verfügung, so sind für eine Zucht optimale Bedingungen zu schaffen. Hierfür werden alle Elemente benötigt, die auch für die Pflege zur Verfügung stehen müssen. Manche Arten benötigen kühlere Wassertemperaturen, zwischen 15 bis 18 °C oder noch niedrigere Temperaturen, damit eine Geschlechtsreife herbeigeführt wird. So zum Beispiel beim Edelkrebs. Bei anderen Arten müssen unbedingt die Wasserwerte denjenigen aus der Natur entsprechen, um eine Zucht zu ermöglichen. So schreitet zum Beispiel der Kuba-Flußkrebs im mittelharten Wasser, um 10 bis 15 °dGH viel eher zur Fortpflanzung. Zudem besitzen die verschiedenen Flußkrebse sehr unterschiedliche Fortpflanzungszeiten. Manche Arten pflanzen sich nur einmal im Jahr, während der Herbstzeit fort. Andere, tropische Arten, bringen während des ganzen Jahres, abwechslungsweise in der Gruppe, Nachkommen hervor. Die Geschlechtsreife tritt in der Regel je nach Art zwischen dem zweiten und vierten Lebensjahr ein. Manche Arten scheinen sich mit fortgeschrittenem Alter nicht mehr zu verpaaren. Diesbezüglich bestehen jedoch noch keine gesicherten Angaben zu den einzelnen im Aquarium gepflegten Arten. Bei der Zucht von Flußkrebsen braucht es etwas Geduld. Nicht immer gelingt ein Zuchtversuch beim ersten Mal. Manchmal verstreicht mehr als ein Jahr, bis es soweit ist. Oft ist natürlich auch der Zeitpunkt der Geschlechtsreife mitbestimmend. Ist eine Paarung erst einmal erfolgreich, dann steht der Weiterentwicklung der Eier kaum mehr etwas im Wege. In der Eihülle durchläuft der Nachwuchs die verschiedenen Larvenstadien gut geschützt, bis die kleinen Krebschen schlüpfen. Bei einem länger ausbleibenden Zuchterfolg kann der Versuch unternommen werden, mit einem „großen" Wasserwechsel, die Krebse zur Fortpflanzung zu animieren, was in der Regel vor allem bei den tropischen Arten den gewünschten Erfolg bringt. So unterschiedlich wie die Flußkrebsarten sind, so unterschiedlich verläuft die Paarung. Gewisse Arten wie beispielsweise der Edelkrebs liefern sich bei der Paarung regelrechte Kämpfe. Das Männchen packt jedes Weibchen, welches in sein Territorium eindringt – und dies so heftig – daß das Weibchen dabei manchmal einige Gliedmaßen einbüßt. Die jedoch bei der nächsten Häutung wieder nachwachsen. Bei anderen Arten, wie dem Kuba-Flußkrebs verläuft die Paarung viel harmonischer. Hierbei verpaaren sich die Krebse mehrmals hintereinander über mehrere Tage verteilt. Während der Paarung liegen beide Tiere seitwärts Bauch an Bauch. Mit den als Begattungsorganen umgeformten Schwimmbeinen wird das Sperma übertragen. Die Vereinigung von Sperma und Eiern erfolgt aber erst später, wenn sich die gallertartige Umhüllung der Samen im „Brutraum" auflöst. Einige Wochen später, nach vollzogener Befruchtung, treten die Eier aus der Geschlechtsöffnung. Mittels eines abgesonderten Schleims, der die Eier umhüllt, und sozusagen umgehend zu

PFLEGE UND ZUCHT

schrumpfen beginnt, heften sich die Eier an den Bauchfüßen fest. Nun bleiben die Eier bis zum Schlüpfen der Jungkrebse an den Bauchfüßen haften und werden von der Mutter sorgsam behütet. Gleichzeitig pflegt sie die Brut, indem durch rhythmische Bewegungen der Bauchfüße stets ein Frischwasserzufluß gewährleistet ist. Überdies werden vom Weibchen mit den kleinen Scheren abgestorbene Eier aus der Eitraube entfernt. Sobald eine Störung eintritt, wird der Hinterleib zusammengerollt und der Rückzug zur Höhle angetreten. In der Zeit der Brutpflege duldet das Weibchen keine Artgenossen in seiner Nähe und verteidigt vehement ihren Höhleneingang vor Eindringlingen.

Nach sechs Wochen beim Edelkrebs oder nach etwa vier bis fünf Wochen beim Kuba-Flußkrebs schlüpfen die Jungkrebse. Gleich nach dem Schlupf klammern sich die Jungkrebse an den Bauchbeinen der Mutter fest. Bis zur ersten Häutung ernähren sich die Jungen wahrscheinlich von einem Dottervorrat und stehen deshalb genau genommen noch in einem Larvenstadium. Das heißt erst nach der ersten Häutung, die sehr bald eintrifft, kann man von fertig entwickelten Jungkrebsen sprechen.

Nach zwei bis zwölf Tagen, je nach Art und Wassertemperatur, entfernen sich die kleinen Krebschen von der Mutter und verteilen sich im Höhleninneren. In dieser Zeit werden sie immer noch von der Mutter beschützt. Nach einigen Tagen verlassen beispielsweise die jungen Kuba-Flußkrebse die Höhle und sind von nun an auf sich selbst gestellt. Beim Edelkrebs dagegen wird die Mutter die Jungschar noch gut einen Monat betreuen. Dabei verläßt sie auch die Höhle und hinter ihr schreiten die Hundertschaften an Winzlingen getreu mit ihr einher. Während der Brutpflegezeit nimmt die Mutter in der Regel kein Futter auf. Dieser Schutzmechanismus verhindert, daß die Mutter ihre eigenen Nachkommen als Nahrung betrachtet. Allerdings bestätigen auch hier manche Ausnahmen die Regel. Ein Heranwachsen der Jungkrebse zusammen mit den Eltern ist kaum möglich. Um einer möglichen Nachstellung der Eltern oder Artgenossen, die in den Jungkrebsen lediglich etwas zu fressen sehen, zu vermeiden, sind alle erwachsenen Tiere kurz nach dem Freigehen der Jungkrebse aus dem Aquarium zu entfernen. Nun können die Jungkrebse auch gezielter gefüttert werden. Gefressen wird feines Aufzuchtfutter für Aquarienfische, tiefgefrorenes Plankton und alles, was sonst noch im Aquarium zu finden ist. So leben auf den Einrichtungsgegenständen oder zwischen Pflanzen allerlei Mikroorganismen oder es wachsen im Aquarium mikroskopisch kleine Algen, die ebenfalls als Nahrung dienen können. Für ein gesundes Heranwachsen sollte mehrmals täglich in mäßigen Rationen gefüttert werden. Mit dem Größerwerden benötigen die Jungkrebse auch eigene Versteckmöglichkeiten, die in Form von Wasserpflanzen und kleinen Höhlen angeboten werden müssen. Sobald sich die Jungkrebse gegenseitig übermäßig attackieren, sind sie in separate Aquarien zu überführen. Ansonsten dienen die Schwächeren den Stärkeren als Nahrung. Die Kuba-Flußkrebse lassen sich problemlos in größeren Gruppen großziehen; obschon auch bei ihnen hin und wieder ein sich in Grenzen haltender Kannibalismus zu beobachten ist. Währenddessen beginnen die Jungen des Roten Sumpfkrebses schon bald mit den lebensbedrohlichen Auseinandersetzungen und die Männchen können nur getrennt voneinander heranwachsen. Besonders gefährdet sind die kleineren Krebse nach der Häu-

tung. Der neue Panzer benötigt nämlich etwa drei Tage, bis er vollständig ausgehärtet ist. Da hilft auch eine noch so üppige Fütterung nichts, um dem Kannibalismus entgegenzuwirken. Letztendlich wird sich der erfolgreiche Züchter die Frage stellen müssen, wohin mit den „halbwüchsigen" Flußkrebsen? Edelkrebse könnten vielleicht zum Aussetzen an Fischereiverwaltungen weitergegeben werden. Jene Arten, die zur Faunaverfälschung beitragen, dürfen nur an Aquarianer oder den Zoofachhandel abgegeben werden.

Zum Schluß dieses Abschnitts noch einige Bemerkungen zu den blauen Flußkrebsen, die aus den Farmbetrieben in Nordamerika und Australien stammen. Da in der Regel nur blaue Männchen im Zoofachhandel erhältlich sind, kann man versuchen anderweitig – zum Beispiel im Fischgroßhandel – die passenden Weibchen für eine Zucht zu erwerben. Am Beispiel des „Florida-Lobsters" verläuft die Nachzucht folgendermaßen: Das Weibchen mit der natürlichen braunen Färbung wird mit dem blauen Männchen verpaart. Die daraus entstehenden Nachkommen weisen normalerweise alle eine braune Körperfärbung auf. Diese F_1-Generation besitzt dann offensichtlich keine sichtbare „Pigmentveränderung", trägt aber zumindest auch die Erbmerkmale des Männchens in sich. Bei einer erneuten Verpaarung zwischen den Geschwistern wird jedoch ein Teil der F_2-Generation einen blauen Körper aufweisen und der andere Teil braun gefärbt sein. Nun läßt sich mit zwei blauen Exemplaren der Zuchtstamm weiterausbauen, um nachfolgend vielleicht vermehrt blaue „Florida-Lobster" zu erhalten. Ob sich die Vererbung von Farbmerkmalen, wie sie bei Fischen bekannt sind, auf Flußkrebse übertragen lassen, ist anzuzweifeln. Diese in der Literatur beschriebene Farbverteilung war wohl eher zufällig. Zumindest wurde aber der Vorgang anhand eines nordamerikanischen Flußkrebses beobachtet, der mit dem Fantasienamen „Florida-Lobster" bezeichnet wurde. Es ist nicht anzunehmen, daß diese Form der Farbvererbung bei Krebsen zutrifft. Viel eher als mit diesen Mechanismen der Vererbungslehre, könnte die Farbgebung des Zuchtstamms etwas mit der natürlich gegebenen Farbverteilung innerhalb eines Zuchtstamms zu tun haben. Ebenfalls könnte die Art des Futters auf die Farbgebung Einfluß nehmen. Gerade bei den asiatischen Arten kommen blaue Tiere sehr häufig vor, was jedoch bestimmt nichts mit den Vorgängen mit der Vererbungslehre zu tun hat, wie man sie gemeinhin aus der Aquaristik kennt.

Die Zucht von Krabben

Die Zucht von Krabben ist schon schwieriger, als dies vergleichsweise bei Krebsen oder manchen Garnelen der Fall ist. Dies sollte aber nicht davon abhalten, zu versuchen, die interessanten Tiere zur Vermehrung zu bringen. Bei den Krabben lassen sich dafür vergleichsweise einfach Zuchtgruppen zusammenstellen, da sich die Männchen oft deutlich von den Weibchen unterscheiden. Das Züchten von Krabben benötigt schon einiges an Erfahrung, was aber, wenn sie sich eingestellt hat, in der erfolgreichen Nachzucht gipfelt. Das Unterscheiden der Geschlechter ist bei den Krabben anhand der Breite und Form des nach unten „eingeklappten" Hinterteils möglich. Weibchen haben oft ein etwas längeres aber stets breiteres, segmen-

73

Pflege und Zucht

Aufzuchtaquarium für Rote Mangrovenkrabben. Die winzigen Krabben sind auf den Wurzeln zu erkennen.
Foto: Hans Gonella

Zoëa-Larve der Roten Mangrovenkrabbe.
Foto: Daniel Meier

Megalopa-Stadien bei den Roten Mangrovenkrabben.
Fotos: Daniel Meier

tiertes und bewegliches Unterteil, das wissenschaftlich als Abdomen bezeichnet wird. Die Geschlechtsöffnungen liegen bei den Weibchen jeweils am dritten Beinpaar. Die Männchen verfügen über ein schmales, segmentiertes, aber starres „Schwanzstück" an ihrer Körperunterseite. Die Geschlechtsöffnungen befinden sich bei ihnen jeweils bauchseitig am Ansatz des fünften Beinpaars.

Manche Krabben tragen die nach dem Schlüpfen fertig entwickelten Jungtiere noch einige Zeit mit sich herum, bis sie endgültig auf sich selbst gestellt sind. Wieder andere Krabben pflanzen sich fort, indem aus den Eiern Larven schlüpfen, die sich erst nach einigen Häutungen zur „Jungkrabbe" entwickeln. Nachfolgend wird ein Erfahrungsbericht von Daniel MEIER wiedergegeben, der die Zucht von Mangrovenkrabben zum Inhalt hat. Die Zucht von Mangrovenkrabben ist deshalb sehr schwierig, weil die Entwicklung der Larven im Brackwasser oder Meerwasser erfolgt und die fertig entwickelten Krabben bis ins reine Süßwasser vordringen.

Die Weibchen der Mangrovenkrabben führen ihre Eier unter ihrem Abdomen mit sich herum. Die Anzahl der Eier variiert je nach Körpergröße und Ernährungszustand der Weibchen, wobei mehrere tausend Eier pro Weibchen keine Seltenheit sind. Während der Entwicklungszeit verändern die Eier ihre Farbe, von rotbraun bis grau. In drei Wochen ist die Eientwicklung abgeschlossen und aus den Eiern schlüpfen winzige Larven. Diese Zoëa-Larven würden im Süßwasser innerhalb weniger Stunden absterben. So ist das Weibchen schon vor dem Schlüpfen der Larven in ein belüftetes Brackwasseraquarium überzusiedeln. Den Wechsel vom Süß- ins Brackwasser überstehen die Weibchen problemlos. Der Salzgehalt des Brackwasser-

PFLEGE UND ZUCHT

aquariums, das später auch als Aufzuchtaquarium dient, darf nicht zu niedrig liegen. Ein Eßlöffel synthetisches Meersalz auf einen Liter Wasser hat sich gut bewährt. Vor dem Einbringen des Krabbenweibchens sollte aber das Brackwasseraquarium mindestens zwei bis drei Tage „eingefahren" werden, damit das Weibchen keinen Schaden nimmt. Die Grundfläche des Brackwasseraquariums sollte nicht weniger als 80 x 40 cm betragen. Weiterhin zeigte es sich, daß die Höhe des Aquariums einen günstigen Einfluß auf die Larvenentwicklung hat. Als ideal erwies sich eine Aquariumhöhe von rund 80 cm.

Bis die Zoëa-Larven schlüpfen, nimmt das Weibchen keinen Schaden, auch wenn ihm die gewohnten Landgänge im Brackwasseraquarium unmöglich sind. Die Zoëa-Larven schlüpfen nach rund drei Wochen, stets im Schutze der Dunkelheit. Die Larven messen rund 0,5 mm und sind wenig kleiner als *Artemia*-Nauplien. Die farblosen Zoëa-Larven bewegen sich erstaunlich schnell in kugeligen Bewegungen fort und gehen schon vom ersten Tage an auf die Jagd. Trotz ihrer geringen Körpergröße gelingt es ihnen, frisch geschlüpfte *Artemia*-Nauplien zu überwältigen. Dabei halten die Zoëa-Larven der Krabben die *Artemia*-Nauplien mit ihren Gliedmassen fest und fressen ihre Beute langsam auf. Um aber eine Aufzucht der Zoëa-Larven erfolgreich durchführen zu können, ist es notwendig, sie zusätzlich mit Rädertierchen zu versorgen. Hierfür eignen sich die Rädertierchen, *Brachionus plicatilis*, die im Salzwasser herangezogen werden können. Dafür wird Meersalz im Wasser gelöst, bis eine Dichte von 1,020 bis 1,024 geboten ist. Die Rädertierchen werden mit Hefe oder besser noch mit einzelligen Algen, *Chlorella* sp., gefüttert. Die Ansätze für einzellige Grünalgen und die Rädertierchen sind nicht ohne weiteres zu beschaffen. Manchmal können aber Aquariumvereine einen Kontakt vermitteln, so daß die Ansätze von einem Züchter bezogen werden können (s. a. FRISCHE: Erfolgreiche Nachzuchten im Meerwasseraquarium). Auch der Fachhandel bietet Rädertierchenzuchtansätze an.

Bei einer Temperatur um 25 °C und einem hellen Standort vermehren sich die im Salzwasser gedeihenden Grünalgen, *Chlorella* sp., sehr schnell, vor allem dann, wenn etwas Dünger beigegeben wird. Die Algen werden nun den Rädertierchen, *Brachionus* sp., verfüttert, indem die Rädertierchen dem Algenaufguß beigegeben werden. Nach ein bis zwei Wochen haben die Rädertierchen eine Algenkultur leergefressen, so daß stets neue Algenkulturen bereitgestellt werden müssen. Ist der beigegebene Rädertierchenansatz soweit herangewachsen, daß das Wasser einer Algenkultur wieder klar ist, so wird das Wasser durch eine feine Gaze gegossen und die so aufgefangenen Rädertierchen können dann an die Zoëa-Larven verfüttert werden. Gleichzeitig ist mit den Grünalgen und den Rädertierchen auch eine Salinenkrebschenzucht – im herkömmlichen Sinne – zu betreiben, um stets ausreichend *Artemia*-Nauplien zur Verfügung zu haben.

Bei ausreichend Futter wachsen die Zoëa-Larven der Krabben sehr schnell heran. Nach etwa drei Tagen häuten sich die Larven zum ersten Mal und wachsen dabei schon ein beträchtliches Stück. Nun folgen weitere Häutungen in Abständen von ebenfalls rund drei Tagen. Je größer die Larven werden, um so eher können sie ausschließlich mit *Artemia*-Nauplien gefüttert werden und sind nicht mehr auf die Rädertierchen ange-

wiesen. Nach etwa zehn Tagen wird es kritisch. Jetzt häuten sich die Larven erneut und treten ins sogenannte Megalopa-Stadium ein. Dieser Häutungsvorgang ist mit großen Verlusten verbunden. Zudem nimmt der Kannibalismus unter den schon kleinen Krabben drastisch zu. Besonders die noch zurückgebliebenen Zoëa-Larven werden eine leichte Beute. Übermäßigen Verlusten kann lediglich mit ausreichend Futter entgegengewirkt werden. Die „Megalopa-Larven" haben nach rund 25 bis 45 Tagen, je nach Temperatur, mit der vorangegangenen Häutung ihre Larvenstadien abgeschlossen und gehen als kleine fertigentwickelte Krabben zum „Bodenleben" über. Während dieser Zeit ist ebenfalls mit hohen Verlusten zu rechnen. Besonders der letzte Häutungsvorgang der die „Umwandlung" von der Larve zur Krabbe beinhaltet, ist eine kritische Phase, dennoch können mehrere hundert „Kleinkrabben" erwartet werden.

Im Alter von etwa zehn Wochen haben die kleinen Krabben einen Körperdurchmesser von 1 bis 4 mm erreicht. Nun darf der Salzgehalt sehr langsam verringert werden, bis nur noch ein Eßlöffel Meersalz auf 10 l Wasser erforderlich ist. Gleichzeitig werden viele feine Wurzelstücke im Aufzuchtaquarium aufgestellt. Sie dienen den kleinen Krabben zum Festhalten und naturgemäß auch als Verstecke. Zudem sollten die Krabben die Möglichkeit erhalten, auf Landgänge zu gehen.

Als Futter dient Tiefkühlfutter, Trockenfutter und Wasserpflanzen. Nach etwa sieben Monaten haben die Krabben einen Körperdurchmesser von 4 bis 16 mm erreicht und die ersten Weibchen tragen bereits ihre ersten Eipakete unter ihrem Körper. Um aber die Aufzucht über all die Monate problemlos durchführen zu können, sind die „Jungkrabben" nach ihrer Größe zu sortieren, ansonsten dienen die kleineren den größeren als Nahrung. Mit etwas Glück lassen sich aus einem Gelege rund 100 Krabben aufziehen, die dann ihrerseits wieder ohne zu erwartende Nachteile im reinen Süßwasser gepflegt werden können.

Die hier beschriebenen Roten Mangrovenkrabben, *Sesarma johorensis*, erreichen einen Körperdurchmesser von etwa 20 mm und messen mit ausgestreckten Beinen 6 bis 7 cm. Interessant ist, daß jedes Exemplar ein eigenes Körpermuster hat, welches sich im Laufe des Lebens kaum verändert. Bei guter Pflege können die Krabben drei bis vier Jahre alt werden und viel Freude bereiten.

Die Zucht von Garnelen

Unter den „Höheren Krebsen" sind es wohl die Garnelen, die mit manchen Arten relativ leicht nachzuziehen sind. Unter den kleinwüchsigen, asiatischen Garnelen finden sich die unterschiedlichsten Arten, die allesamt mehr oder weniger schön gefärbt sind und in größeren Trupps zusammen leben. Wird eine Gruppe von sechs bis zehn solcher Tiere erworben, so bleibt bei guter Pflege der Nachwuchs oft nicht aus. Um aber die Garnelen auf Dauer züchten zu können, sind sie im Artaquarium zu halten, was übrigens auch für die Krebse und Krabben gilt. Möglichst optimale Pflegebedingungen führen bei vielen Arten unweigerlich zur Fortpflanzung. Gerade die asiatischen Süßwassergarnelen der Garnelengruppen *Caridina* und insbesondere *Neocaridina* haben sehr große Eier, in denen sich die Lar-

Pflege und Zucht

Zebragarnele, *Caridina serrata*.
Foto: Hans Gonella

Zoëa-Larve von *Caridina zeylanica*.
Foto: Alfred Waser

ven bis zu ihrem Schlupf schon sehr weit fortentwickeln oder sogar als kleine vollentwickelte Junggarnelen schlüpfen.

Das Fortpflanzungsverhalten ist bei den Süßwassergarnelen sehr unterschiedlich ausgelegt. Am Beispiel der Großarmgarnelen läßt sich das Fortpflanzungsverhalten gut aufzeigen. Sobald die Eier im Körper des Weibchens herangereift sind, wird sich dieses häuten. Bei der sogenannten „Reifehäutung" wird ein Sexuallockstoff freigesetzt, der die Männchen anlockt. Zur Begattung legen sich die Partner bauchseitig zueinander und das Männchen überträgt in Sekundenschnelle zur inneren Befruchtung sein Sperma. Gleich darauf versteckt sich das Weibchen, um einige Zeit später das Eipaket auszustoßen und an den Bauchbeinen festzukleben. Bleibt eine Befruchtung aus, werden die Eier einige Tage später verschwunden sein. So oder so wird das Männchen in der ersten Zeit nach der Begattung das Weibchen bewachen, um es vor aufdringlichen Geschlechtspartnern zu beschützen. In der Zeit der Eientwicklung verändert sich die Farbe der Eier. Zuerst noch milchig, werden diese zusehends durchsichtiger, so daß schließlich sogar die Larven durch die Eihüllen zu sehen sind. Nach etwa drei Wochen schlüpfen die Zoëa-Larven und werden regelrecht vom Körper des Weibchens abgeschüttelt, indem es mit dem Hinterleib heftige Bewegungen ausführt. Die überaus wendigen Larven entwickeln sich nun im Süßwasser zu kleinen Garnelen. Hierfür müssen sie sich mehrmals häuten. Um nicht alle Larven zu verlieren, muß das Weibchen vor der abgeschlossenen Eientwicklung in ein separates Aquarium überführt werden. Gleich nach dem Schlupf ist das Weibchen aus dem Zuchtaquarium zu entfernen, damit es sich nicht an den eigenen Larven vergreift.

Für die Aufzucht der Larven gilt es einiges zu beachten. Zuerst einmal sind saubere und sauerstoffreiche Wasserverhältnisse nötig. Diese sind eher gewährleistet, wenn das Aquarienvolumen eine bestimmte Größe, ab 50 l aufweist. Zusätzlich könnten bei manchen Arten einige Vorkehrungen bezüglich der Beleuchtung von Vorteil sein. Die Larven einiger Großarmgarnelenarten, *Macrobrachium* sp., verfügen nämlich über ein außergewöhnliches Verhaltensmuster. Sie orientieren sich nach dem Standort der Lichtquelle. Reflexartig schwimmen sie so stets dem Lichte entgegen. Um große Ausfälle zu vermeiden, sind die Aquarienscheiben mit schwarzer Pappe abzudecken, und über dem Aquarium ist eine schwache Beleuchtung anzubringen. Diese Vorsichtsmaßnahme verhindert, daß sich die Larven – infolge des schräg ins Aquarium einfallenden Lichts – Verletzungen zuziehen, indem sie ruckartig, andauernd gegen die Scheiben schwimmen. Wie schon bemerkt, trifft dieses Verhalten aber nicht auf alle Arten gleichermaßen zu.

Bis zur ersten Häutung nehmen die Larven noch keine Nahrung zu sich. Danach sind sie mit frischgeschlüpften *Artemia*-Nauplien zu füttern. Mit fortschreitendem Wachstum kann zusätzlich feines Zooplankton aus freien Gewässern angeboten werden. Beim „Tümpelfutter" ist darauf zu achten, daß keine räuberisch lebenden Insektenlarven eingeschleppt werden, welche den Garnelenbestand dezimieren. Aus diesem Grunde wird auf einen Bodengrund und eine Bepflanzung im Aufzuchtaquarium verzichtet. Damit lassen sich die unerwünschten Untermieter besser erkennen. In kleinen Mengen darf später feines Aufzuchtfutter für Aquariumfische hinzugefüttert werden, sobald die Junggarnelen auch am Boden nach Nahrung suchen. Bis zu einer Körperlänge von unter drei Zentimeter können die Junggarnelen in großen Gruppen zusammen belassen werden. Danach wird sich langsam die Geschlechtsreife einstellen, was bei einer zu hohen Besatzdichte zu Problemen führt. Damit die Garnelen krankheitsfrei aufwachsen können, ist es notwendig, regelmäßige Wasserwechsel durchzuführen. Gerade Junggarnelen reagieren sehr empfindlich auf Schadstoffbelastungen, die sich im Wasser unweigerlich anreichern. Sollten die Larven oder Junggarnelen von einer Krankheit befallen werden und in größeren Mengen sterben, dann hilft nur ein häufigeres Wasserwechseln, um eine weitere Ausbreitung eines nicht näher zu erkennenden Krankheitsbilds zu stoppen. Zusätzlich sollten unbedingt Schnecken als Restevertilger ins Aufzuchtaquarium eingebracht werden.

Junge Zebragarnele. Foto: Jürgen Schmidt

PFLEGE UND ZUCHT

Atyopsis sp.
Foto: Jürgen Schmidt

Bei einigen Garnelenarten, wie beispielsweise aus der Gruppe *Caridina*, ist die Aufzucht der Jungen verhältnismäßig einfach. Aus den Eiern schlüpfen fertig entwickelte Miniaturausgaben der Eltern. Die Junggarnelen finden beispielsweise im Javamoos oder in dichten Pflanzenbeständen ausreichend Versteckmöglichkeiten. So gelingt es auch, ohne die Elterntiere aus dem Aquarium zu entfernen, genügend Nachwuchs groß zu ziehen. Diese Junggarnelen können mit Aufzuchtfutter für Aquariumfische ernährt werden. Wichtig ist, den Garnelen genügend Futter anzubieten. Ein regelmäßiges Füttern darf aber die Wasserqualität nicht allzu stark beeinflussen. Zusätzlich nehmen die Junggarnelen noch allerlei Nahrungsbestandteile auf, die sie im Aquarium aufspüren. Dazu gehören Mikroorganismen und Algenaufwuchs, was beides in einem eingerichteten Aquarium ohnehin zu finden ist.

Zusammengefaßt läßt sich sagen, daß jene Garnelenarten mit kleinen Eiern nach dem Schlüpfen verschiedene Larvenstadien durchlaufen und die Garnelenarten mit großen Eiern nach dem Schlupf bereits fertig entwickelte Jungtiere hervorbringen. Es sind dann auch letztere, die sich viel müheloser aufziehen lassen; zumal man bei diesen Süßwassergarnelen in der Regel davon ausgehen kann, daß ihre Entwicklung nicht ans Meer gebunden ist. Diese Aufteilung gilt für die *Caridina*-, beziehungsweise *Neocaridina*-Arten sowie auch für die *Macrobrachium*-Arten.

Fächergarnele, vermutlich *Atyopsis moluccensis*. Foto: Yvette Tavernier

Krankheiten

Krankheiten und Schädigungen bei „Höheren Krebsen" im Aquarium

Über die Krankheiten bei Krebsen, Krabben und Garnelen und deren Ursachen ist verhältnismäßig wenig bekannt. Sicher ist, daß ungünstige Pflegebedingungen die Krebstiere schwächen und zu einem erhöhten Krankheitsrisiko führen. So ist es besser vorzubeugen, indem saubere Aquarienverhältnisse möglichen Krankheitsausbrüchen entgegen wirken. Kommt es dennoch einmal zum Ausbruch einer Krankheit, dann sind die Folgen meist verheerend. In kurzer Folge können ganze Bestände Schaden nehmen und sterben, ohne daß dafür eine erkennbare Ursache verantwortlich gemacht werden kann.

Die Schwierigkeit, eine Krankheit bei Krebstieren zu erkennen, liegt darin begründet, daß man den Tieren beispielsweise eine bakterielle Infektion kaum ansieht. Wird die Krankheit anhand veränderter Verhaltensweisen bemerkt, so ist es meist zu spät. Hingegen bestehen kaum Möglichkeiten, viele der bekannten Erkrankungen zu diagnostizieren. Obendrein sind die Erfahrungen zur Behandlung von erkrankten Krebstierarten, die im Aquarium gepflegt werden, so gut wie nicht vorhanden. Zugegebenermaßen ist diese Hilflosigkeit des Pflegers auf Krankheiten zu reagieren sehr frustrierend. Tröstlich ist allerdings, daß ohne aufwendige Laboranalysen eine sichere Diagnose ohnehin nicht durchzuführen wäre.

Erhebliche Probleme entstehen, wenn neu gekaufte Krebstiere bereits eine Infektionskrankheit aufweisen. Durch den Transport geschwächt und den Streß der Umsiedlung zusätzlich beeinträchtigt, ist die körpereigene Abwehr der Tiere meist nicht mehr in der Lage einer Infektionskrankheit entgegenzuwirken. In der Folge kann die Krankheit ungehindert ausbrechen. Nicht nur deswegen sollten neu hinzugekaufte Tiere zuerst einmal eine vierwöchige Quarantäne durchlaufen, bevor sie einer bestehenden Gruppe zugeführt werden. Außerdem sind die Geschehnisse im Aquarium bei neu hinzugefügten Individuen in der ersten Zeit genauestens zu beobachten. Sollte der „soziale Frieden" der bestehenden Gruppe durch die Neuankömmlinge gestört werden, so kann dies ein erhöhtes Streßaufkommen bedeuten, welches wiederum Krankheiten hervorrufen könnte. Womöglich können bei manchen Flußkrebsarten sogar Kämpfe ausbrechen, die oft nicht mit dem Verlust der Scheren beendet sind. Gegebenenfalls muß der Pfleger eingreifen und den Auseinandersetzungen Einhalt gebieten, indem jeder der beiden Kontrahenten ein eigenes Aquarium erhält.

Im Gegensatz zur privaten Pflege von Krebsen, Krabben und Garnelen sind mögliche Krankheiten bei jenen Arten, die gewerbsmäßig für Speisezwecke gezüchtet werden, gut erforscht. Diese Erkenntnisse können dann auch für die Heimtierpflege hinzugezogen werden. Nachfolgend sind einige Krankheitsbilder erwähnt, die als solches oder in ähnlicher Form auch bei in Aquarien gepflegten Krebstieren auftreten könnten. Das sichere Erkennen der Krankheiten bedarf jedoch einer Fachperson. Eine Behandlung erfordert zudem geeignete Medikamente, die oftmals schwierig zu beschaffen sind und daneben nicht einmal eine Genesung garantieren. Trotzdem soll das Thema der „Krebstierkrankheiten" nicht unerwähnt bleiben, um dem Pfleger zumindest einen Eindruck über die Vielfalt der Krankheitsbilder zu vermitteln.

Anmerkung: Die Anwendung von Medikamenten in der Aquaristik ist für den Pfleger nicht unbedenklich. Eine ganze Reihe von sogenannten Medikamenten enthalten krebserregende, gesundheitsschädliche Substanzen.

Großarmgarnele, *Macrobrachium* sp. aus Costa Rica. In den Vorkommensgebieten können verschiedene Farbformen dieser Garnelenart beobachtet werden.
Das Bild zeigt ein Männchen, wie es das frischgehäutete Weibchen beschützt. Bei Gefahr sucht das Weibchen von sich aus Schutz unter dem Männchen. Oft findet nach der Häutung auch die Paarung statt, der ein Paarungstanz vorausgeht. Die daraus enstehenden Junggarnelen lassen sich mit *Artemia*-Nauplien aufziehen.
Interessant zu beobachten ist, wie diese Garnelen während der Häutungsphase auffällig glänzen. In dieser Zeit wird ebenfalls kein Futter aufgenommen. Die Garnelen bevorzugen eher hartes Wasser mit neutralem pH-Wert (oder höher). Die Wassertemperatur kann zwischen 23 bis 29 °C liegen.
Foto: Oliver Schrimper

Ungeeignete Temperatur als Krankheitsursache

Eine ungeeignete Umgebungstemperatur kann zu Krankheiten oder aber zu schwerwiegenden körperlichen Störungen führen. Dies gilt sowohl für zu niedrige als auch für zu hohe Temperaturen. Ein plötzlicher Temperaturanstieg im Aquarium oder Aquaterrarium, beispielsweise durch die Sonneneinstrahlung, kann sozusagen zu einem Hitzeschlag führen, von dem sich die Tiere nur schwer erholen. Dies kann selbst bei tropischen Krabben eintreten, die eigentlich an hohe Temperaturen gewöhnt sein müßten. Durch Temperaturen, die schnell ansteigen und über 35 °C betragen, können auch diese Krabbenarten regelrecht kollabieren. In der Folge wird ihr Gleichgewichtssinn ireparabel gestört. Und selbst wenn die Krabben noch einige Zeit überleben, so werden sie doch früher oder später den Tod finden. Infolge ungünstiger Temperaturen könnte noch eine weitere Störung bei Krabben auftreten. Hin und wieder ist zu beobachten, daß Krabben wie erlahmt im Wasser liegen. Sogar auf

Krankheiten

Weiblicher Edelkrebs, *Astacus astacus*, in Abwehrhaltung. Auf dem Kopf des Muttertiers ist ein Jungkrebs zu sehen. Bei den Edelkrebsen werden die Jungkrebse verhältnismäßig lange von der Mutter beschützt oder zumindest geduldet.
Foto: Jürgen Schmidt

Berührungen reagieren sie kaum. Setzt man sie an Land, dann ist zu erkennen, wie ihre Atmung aber noch funktioniert. An Land erholen sich die Krabben wieder und demonstrieren bald eine normale Aktivität. Ob dies auf eine Überhitzung, eine Unterkühlung einem Sauerstoffmangel oder auf eine Erkrankung zurückzuführen ist, kann zur Zeit nicht beantwortet werden.

Die Wassertemperatur nimmt auch Einfluß auf das Wachstum der Krebse, Krabben oder Garnelen. Deshalb ist es wichtig, artgerechte Wassertemperaturen beizubehalten. Ein zu langsames Wachstum durch viel zu niedrige Temperaturen oder ein zu schnelles Wachstum durch zu hohe Temperaturen könnten sich nachteilig auf einen dauerhaften Pflegeerfolg auswirken. Insbesondere bei den Garnelen ist eine artgemäße Wassertemperatur für das Wohlbefinden der Tiere unumgänglich. Vielfach mutet man ihnen nämlich zu hohe Wassertemperaturen zu. Kommt es bei frisch ins Aquarium eingesetzten Garnelen zu einem Massensterben, könnten zum Beispiel zu hohe Wassertemperaturen dafür verantwortlich sein. Gerade vielen *Caridina*-Arten aber auch *Macrobrachium*-Arten kommen „gemäßigte" Wassertemperaturen von 20 bis 22 °C sehr entgegen.

Der Verlust von Gliedmaßen

Ein Verlust von Gliedmaßen stellt an und für sich kein Problem dar. Die Schreitbeine und auch die mit den großen Scheren ausgerüsteten Gliedmaßen besitzen Sollbruchstellen; sie verhindern, daß – wenn bei Auseinandersetzungen ein Bein verlorengeht – die Krebstiere einen stärkeren Schaden erleiden. Gelegentlich wurde auch schon beobachtet, wie sich Krebstiere ihre verletzten Gliedmaßen, die sie behinderten, selbst amputierten. Bis zur nächsten Häutung regenerieren sich die verlorengegangenen Gliedmaßen und die Krebstiere erhalten ihre gewohnte Beweglichkeit zurück. Bei verlorengegangenen Gliedmaßen, welche die Aktivitäten eines betroffenen Individuums allzu stark beeinträchtigen, findet sogar eine frühzeitige Häutung statt.

Vor dem Häuten entstehen am Körper, wo sich die Beine befinden, kleine Knoten, auch Papillen genannt. Darin befinden sich die neugebildeten Glieder, welche nach dem Häuten zur Entfaltung gelangen. Bei jungen Exemplaren haben die regenerierten Gliedmaßen beinahe die alte Größe, was jedoch auf Kosten des gesamten Körperwachstums geht. Bei älteren Krebstieren sind die neuen Glieder etwas kleiner und erhalten erst nach einigen weiteren Häutungsvorgängen ihre ursprünglichen Ausmaße zurück.

Einen Teil des benötigten Kalks zur Neubildung des Panzers wird der bestehenden Körperhülle entzogen. Zusätzlich entnimmt das frischgehäutete Tier den dringend benötigten Kalk über die Kiemen aus dem Wasser. Im Magen befinden sich weiterhin Kalkablagerungen, die Magensteine, die allgemein aber lediglich einen geringen Anteil zur Panzerneubildung beisteuern. In der ersten Zeit nach dem Häuten, bis der Panzer ausgehärtet ist, sind die Tiere äußerst empfindlich. Deshalb vermeiden sie auch Auseinandersetzungen mit Artgenossen. Oft ziehen sie sich in ihre Verstecke zurück und sind einige Tage kaum zu sehen.

Weil der Panzer ein stetiges Wachstum unmöglich macht, wachsen die Krebstiere nach jeder Häutung ein beachtliches Stück. Manche Arten fallen durch eine veränderte Farbgebung nach dem Häuten auf. So können beispielsweise einzelne Exemplare des Roten Sumpfkrebses plötzlich herrlich anzuschauende Blauanteile aufweisen, die jedoch schon bald der normalen roten Panzerfärbung weichen.

Die Häutung bedeutet für die Krebstiere eine beachtliche körperliche Anstrengung. Zum einen ist dies durch den Aufbauprozeß des neuen Panzers bedingt, zum anderen aber auch durch das Häuten selbst hervorgerufen. Vermutlich deshalb gehen in den Häutungsphasen auch viele Krebstiere zugrunde. Alte oder sonstwie geschwächte Exemplare vermögen wohl

Innerhalb von Garnelen-Zuchtstämmen können sehr unterschiedliche Farbvarianten auftreten. Dies ist im vorliegenden Buch auch bei den verschiedenen Aufnahmen von *Caridina zeylanica* ersichtlich. Äußere Krankheitsanzeichen sind bei *Caridina*-Arten kaum zu beobachten. Süßwassergarnelen weisen bei guter Pflege so gut wie nie Krankheiten auf und zeigen in der Regel auch keine Farbveränderungen bei Beschwerden auf. Allerdings können bei einer schlechten Wasserqualität ohne Vorwarnung innerhalb weniger Stunden oder Tage ganze Bestände sterben.
Foto: Alfred Waser

KRANKHEITEN

die „Kraftanstrengungen" eines erneuten Wachstumsschubs nicht mehr aufzubringen. Bis es allerdings soweit ist, wachsen die meisten Arten zeitlebens weiter, wenn auch mit zunehmendem Alter mit immer geringerem Größenzuwachs. Die Anzahl der zu erwartenden Häutungen und ihre zeitliche Abfolge sind je nach Art sehr unterschiedlich. Der Rote Sumpfkrebs häutet sich normalerweise in der Natur gerade nur einmal pro Jahr. Währenddessen sich der Kuba-Flußkrebs mehrmals pro Jahr einer Häutung unterzieht. Zumindest ist dies bei den „Kubanern" in den ersten Lebensjahren der Fall.

Pilzkrankheiten (Brandfleckenkrankheit)

Schon häufiger wurde über Pilzkrankheiten bei „Höheren Krebsen", die im Aquarium gepflegt werden, berichtet. Zuerst tauchen rotbraune Flecken am Panzer auf. Infolgedessen sterben die erkrankten Tiere nach mehreren Wochen. Meist helfen auch verbesserte Lebensbedingungen nicht mehr, um die betroffenen Individuen zu retten. Selbst eine medikamentöse Behandlung mit einer handelsüblichen Arznei gegen Pilzinfektionen zeigt nicht in jedem Fall die gewünschte Wirkung. Erschwerend kommt hinzu, daß solche Medikamente Kupfer enthalten. Auf eine Kupfer-Überdosis können die Krebstiere aber empfindlich reagieren. Bereits bei Konzentrationen von 0,1 bis 10 µg Cu/l treten irreparable Störungen auf. So ist eine wirksame Dosierung des Medikaments äußerst schwierig und eher „auf gut Glück" durchzuführen. Besser ist es auf eine solche Behandlung zu verzichten. Für die Brandfleckenkrankheit zeigen sich zwei Fadenpilzarten verantwortlich, die mit Erlen- oder Buchenlaub, beziehungsweise mit den von ihnen abgegebenen Inhaltsstoffen, eingedämmt werden können.

Als Ursachen für Pilzkrankheiten gelten verschiedene Streßfaktoren. Streß wird durch eine Überbesetzung des Aquariums erzeugt, was sich in andauernden Revierkämpfen und in den Folgen der starken Nahrungskonkurrenz bemerkbar macht. Weiterhin führen unzureichende Wasserqualitäten oder überhöhte Schadstoffwerte (Nitrat, Nitrit) zu Streß. Dies alles führt zu einer Schwächung der körpereigenen Abwehr und begünstigt schließlich das Ausbrechen einer Pilzkrankheit. Den besten Schutz vor Pilzkrankheiten bilden daher die regelmäßig durchzuführenden Wasserwechsel und Aquarien, die der Anzahl der gepflegten Exemplare ausreichend Raum zur Verfügung stellen. Sollte es dennoch einmal zu einer Pilzinfektion kommen, so ist äußerste Vorsicht geboten. Schon wenige Pilzsporen genügen, um die Krankheit auf Krebse in anderen Aquarien zu übertragen. Die toten Krebse sind der Müllverbrennung zuzuführen und die Aquarien und Arbeitsgeräte müssen mit einem wirksamen Desinfektionsmittel gereinigt werden. Es versteht sich von selbst, daß beim Hantieren mit Desinfektionsmitteln die nötige Vorsicht den Pfleger vor Schaden bewahrt.

Kranke oder sonstwie geschwächte Garnelen werden nicht selten umgehend von ihren Artgenossen verspeist.
Foto: Yvette Tavernier

KRANKHEITEN

Yabby, *C. destructor*, mit pilzartigen Krankheitsanzeichen. Eine einfache Methode zur Behandlung ist sauberes Wasser und die Beigabe von Buchenlaub ins Aquarium.
Foto: Hans Gonella

Krebspest

Die Krebspest ist wahrscheinlich die bekannteste Pilzerkrankung bei Krebsen. Bereits um das Jahr 1860 trat die Krebspest erstmalig in Norditalien auf. Mit ziemlicher Sicherheit wurde die Krebspest durch die eingeführten, aus Amerika stammenden, Kamberkrebse, *Orconectes limosus*, eingeschleppt. Unter anderem durch Fischtransporte und dem Tourismus fand der Krankheitserreger des Schlauchpilzes, mit dem Namen *Aphanomyces astaci* eine weite Verbreitung in Europa und vernichtete die einheimischen Krebsbestände bis auf wenige Ausnahmen. Seither kam es immer wieder zu Epidemien, welche die sich langsam erholenden Bestände europäischer Krebsarten fortlaufend dezimierten. Dies auch durch die darauffolgende Einfuhr des Roten Sumpfkrebses, *P. clarkii*. Dabei sind die amerikanischen Flußkrebse oft Träger des Krankheitserregers, ohne dabei selbst zu erkranken. Dazu gehören Krebsarten, wie zum Beispiel der Kamberkrebs, *O. limosus*, und der Signalkrebs, *Pacifastacus leniusculus*, sowie der Rote Sumpfkrebs, *P. clarkii*. Aufgrund ihrer weitgehenden Resistenz und der Ansteckungsgefahr ist das Aussetzen der amerikanischen Flußkrebse strengstens untersagt.

Die Krebspest läßt sich anhand folgender Merkmale erkennen: Die erkrankten Krebse sind geschwächt und reagieren kaum mehr auf Reize. Der Panzer wird weich und brüchig. Die Körperfärbung verblaßt und oft fehlen den Krebsen Gliedmaßen oder Teile davon. Im fortgeschrittenen Stadium sind an den Gelenkhäuten und manchmal auch auf der Hornhaut der Augen wattebauschartige Pilzfäden zu beobachten. Sind die Symptome so deutlich zu erkennen, so kommt mit Sicherheit jede Hilfe zu spät. Anmerkung: In der Natur besteht keine Möglichkeit, die Pilzerkrankung zu behandeln. Auch im Aquarium besteht keine Hoffnung, einen erkrankten Krebs zu retten. Die Krankheit verläuft dermaßen schnell, daß keine Zeit zur Behandlung bleibt. Zudem fehlt es an einem Medikament, um der Krankheit Einhalt zu gebieten. Bricht die Krebspest im Aquarium aus, so wird wohl in kürzester Zeit der gesamte Bestand verloren sein. Danach können die Pilzsporen noch über einen gewissen Zeitraum aktiv sein, so daß das gesamte Aquarium mit Einrichtung und Pflegegeräten desinfiziert werden muß, um die Krankheit nicht in andere Aquarien zu verschleppen. Im übrigen geht von der Krebspest keine Gefahr für den Menschen aus, was nach heutigem Wissensstand auch für alle anderen Krankheitserreger gilt, die bei in Aquarien gepflegten Krebsen auftreten könnten.

Parasitenbefall

Die Krebse können von allerlei Parasiten geplagt sein. So ist zum Beispiel der Krebsegel bekannt. Allerdings ist die Bedeutung der Parasiten nicht geklärt. Unklar ist, ob sie überhaupt zu Erkrankungen führen. Vermutlich können ungünstige Pflegebedingungen einen übermäßigen Parasitenbefall hervorrufen, was bei den Krebsen zu Problemen führen kann. Gerade die begrenzten Raumbedingungen im Aquarium könnten eine ungehinderte Vermehrung von Parasiten begünstigen.

Der gerade erwähnte Krebsegel stellt in der Natur kaum ein Problem für Krebse dar. Im Aquarium könnten sich die Krebsegel jedoch so stark vermehren, daß es vielleicht zu Problemen kommen könnte. Die auf den Gelenken, Augenstielen und Körperunterseite haftenden Egel sind mit dem Auge gut zu erkennen. Es handelt sich dabei um einen 5 bis 12 mm langen und schmutziggelben Schmarotzer. In der Natur entledigt sich ein befallener Krebs mit den Häuten der Plagegeister. Sofern sie nicht im Übermaß vorkommen, sind auch im Aquarium keine Maßnahmen zu ergreifen.

Zu den Parasiten, welche die inneren Organe befallen, können unterschiedliche Arten von mikroskopisch kleinen Geissel- oder Wimpertierchen verantwortlich gemacht werden. Im Darmbereich können zudem Würmer auftreten. Auch bei diesen Parasiten ist es unklar, ob sie Krankheiten verursachen. Gerade Wimpertierchen finden sich häufig bei Krebsen, ohne daß die Tiere Anzeichen einer Schwächung zeigen. Darüberhinaus leben im Körperinneren von Krebsen gelegentlich – den Leberegeln der Schafe ähnlich aussehende – Würmer.

Eine zuverlässige Methode zur Behandlung von Parasitenbefall ist nicht bekannt. Bei „Medikamentenbäder" kann man zwar davon ausgehen, daß sie auf die Einzeller eine schnellere Wirkung zeigen, als auf die „Höheren Krebsen" und wenigstens theoretisch eingesetzt werden könnten. Allerdings sind keine Erfahrungen bezüglich der Dosierung auf die jeweiligen Krebsgrößen bekannt. Dasselbe gilt für die Dauer der Behandlung. So gesehen sind „Medikamentenbäder" doch keine empfehlenswerte Methode, um Parasiten abzutöten, weil sie bei den Krebsen mehr Schaden anrichten könnten, als einen Nutzen herbeizuführen.

Eine Krankheit, die bei Krebsen relativ häufig vorkommt, ist die Porzellankrankheit, die übrigens auch bei Fischen zu finden ist. Die Porzellankrankheit wird durch einen Einzeller namens *Thelohania contejani* (Mixozoa) hervorgerufen. Diese Einzeller zerstören die Muskulatur, was im Schwanzbereich am besten zu erkennen ist. Es entstehen an der Schwanzunterseite weiße Flecken in der Muskulatur, die durch die Gelenkhaut gut zu erkennen sind. Eine Behandlung von erkrankten Krebsen und Fischen ist nicht möglich, da kein Medikament zur Verfügung steht. Die Krankheit wird verbreitet, indem befallene Tiere von Artgenossen aufgefressen werden.

Aus den Garnelenzuchtfarmen sind folgende Krankheitsbilder, hervorgerufen durch eine Überbesetzung, schlechte Wasserqualitäten oder mechanische Verletzungen bekannt. Meist entstehen daraus sekundäre Bakterien- oder Pilzinfektionen. Körperlich angeschlagene Garnelen zeigen eine erhöhte Anfälligkeit für Brandflecken, dadurch entstehen rote, braune bis schwarze Verfärbungen an den Gelenken und am Panzer, die

KRANKHEITEN

Der beste Schutz vor Krankheiten ist der Erwerb von lebhaften und gesunden Krebsen. Dieser Kamberkrebs (ein großes Exemplar) in einem Händleraquarium hat nicht die besten Lebensbedingungen, deshalb könnten Krankheiten auftreten, die sich erst später im Heimaquarium bemerkbar machen. Foto: Hans Gonella

jedoch nicht zum Tode führen müssen. Solche Pilzinfektionen lassen sich relativ einfach behandeln. Man verwendet dafür leicht verrottetes Buchen- und Pappellaub. Dieses wird außerdem von den Krebsen oftmals gerne gefressen. Nach dem Verfüttern der Blätter über einen längeren Zeitraum hinweg wird nach einigen Häutungen die Brandfleckenkrankheit verschwunden sein. Vermutlich tragen die in den Blättern enthaltenen Stoffe wie Humin- und Fulvosäuren zur Genesung bei. Auch die durch Bakterien verursachte Schwarzfleckenkrankheit führt nicht unweigerlich zu Problemen, nur bei schweren Fällen wird die Muskulatur befallen. Ähnliche Anzeichen finden sich bei der Schwarzen Kiemenkrankheit. Diese wird bei überhöhten Amoniak-, Nitrat- und Nitritwerten festgestellt. Unter Umständen können vor allem bei Jungkrebsen schon Werte von unter 2 mg/l zu Problemen führen. Weiterhin sind noch eine ganze Reihe anderer Krankheitsbilder bei Garnelen und ihren Larven bekannt, die unter anderem an weißlichen Panzerverfärbungen, Fäulnis, Augenschäden und Wachstumsstörungen zu erkennen sind. In den Zuchtfarmen entstehen diese Krankheitsbilder durch die bekannten Streßfaktoren sowie eine unzureichende Fütterung. Selbst bei zu hohen Lichtintensitäten der Beckenbeleuchtungen, die ebenfalls Streß bei den Garnelen erzeugen, zeigen die Garnelen Streßerscheinungen. Durch verbesserte Pflegebedingungen lassen sich die Krankheiten meist unter Kontrolle bringen.

Fächergarnele, *Ataya* sp. Foto: Yvette Tavernier

Verhalten

Das Verhalten von Krebsen, Krabben und Garnelen

Die Krebse, Krabben und Garnelen sind keine langweiligen Geschöpfe, die ihr Dasein als stumpfsinnige Wesen fristen. Vielmehr verfügen sie über die mannigfaltigsten Verhaltensweisen, die mitunter sehr auffällig ihren Lebensablauf bestimmen. Dem aufmerksamen Beobachter wird nicht entgehen, daß die Krebstiere noch viel mehr zu bieten haben. So umsorgen manche Krebstierarten ihre Brut mit so viel „Weitsicht", die schon an die Fähigkeiten von höher entwickelten Lebensformen erinnern. Manchmal ist man sogar dazu geneigt, in den „Höheren Krebsen" so etwas wie eine Intelligenz zu entdecken. Beim genaueren Betrachten wird man diese mit großer Wahrscheinlichkeit auch feststellen können. Natürlich handelt es sich hierbei nicht um eine Intelligenz, die mit den menschlichen Fähigkeiten gleichzusetzen ist, dafür aber um eine doch überaus bemerkenswerte „Krebsintelligenz". Die Krebse, Krabben und Garnelen sind also keine seelenlosen Maschinen, sondern Tiere, die Angst, so etwas wie Freude und vielleicht auch Leid empfinden können. Sicher ist so etwas wie eine, wenn auch bescheidene, Lernfähigkeit vorhanden. Warum sollte auch die Möglichkeit durch Erfahrungen zu lernen und daraus für den Lebenskampf besser gerüstet zu sein, den „Höheren Krebsen" verschlossen sein! Dies würde ihren so umfangreichen entwicklungsgeschichtlichen Erfolgen völlig widersprechen. Damit die „Höheren Krebse" während ihrer Millionen Jahre dauernden Entwicklungszeit bestehen konnten, steht ihnen selbstverständlich ein umfangreiches Verhaltensrepertoir zur Verfügung. Neben dem Grundverhalten mit dem anpassungsfähigen Zusammenspiel von Umweltvoraussetzungen – Nahrungsaufnahme – Schutz vor Feinden – stehen ihnen ein ausgeklügeltes Fortpflanzungsverhalten und Verteidigungsverhalten beziehungsweise Kampfverhalten zur Verfügung.

Über das Verhalten der „Höheren Krebse" in natürlicher Umgebung ist verhältnismäßig wenig bekannt. Mit Ausnahme von jenen Arten, die durch ihre gut einblickbaren Lebensweisen zufriedenstellend zu beobachten sind. Als Beispiel hierfür seien manche Krabbenarten wie die „Winkerkrabben" angesprochen. Weit mehr tropische Arten führen aber eine versteckte Lebensweise, die kaum einsehbar ist, weil trübe Wasserverhältnisse, eine dichte Ufervegetation und anderes ein zufriedenstellendes Beobachten kaum zulassen. Meist entziehen sich die eher scheuen Tiere dem Beobachter durch eine schnelle Flucht. Zudem zeigen die hier angesprochenen im Süßwasser lebenden „Höheren Krebse" vor allem in der Dämmerung oder des Nachts eine erhöhte Aktivität, was wiederum Naturbeobachtungen erschwert. So ist man weitgehend auf Aquarienbeobachtungen angewiesen, um das Wesen der Krebse, Krabben und Garnelen zu ergründen. Allerdings ist auch über das Verhalten der im Süßwasser lebenden „Höheren Krebse" im Aquarium noch sehr wenig bekannt. Und dabei ist genau das Wissen um das Verhalten für eine erfolgreiche Pflege ausschlaggebend. In diesem Abschnitt über das Verhalten der Krebse, Krabben und Garnelen werden anhand einiger Beispiele mehr oder weniger auffällige Verhaltensmuster aufgezeigt. Sie sollen dem Pfleger helfen, seine Beobachtungen einzuordnen und ihn zugleich motivieren, eigene Verhaltensbeobachtungen durchzuführen. Nur dadurch wird der Pfleger seine Kenntnisse über die „Krebstierpflege" erweitern können, um so auf etwaige verhaltensbedingte Probleme zu reagieren. Gerade die umfangreichen Verhaltensmuster, die bei den „Höheren Krebsen" zu beobachten sind, machen den Reiz aus, die interessanten Tiere in Pflege zu nehmen. Mit Sicherheit wird der eine oder andere Pfleger auch neue Verhaltensweisen entdecken, die ihm einen größeren Einblick in das Leben seiner Pfleglinge eröffnen.

Großarmgarnele, *Macrobrachium* sp., im reich strukturierten Garnelenaquarium. Die Garnele sitzt gut getarnt vor ihrem Versteck und ist in der Bildmitte erkennbar.
Foto: Hans Gonella

VERHALTEN

Das Verhalten von Flußkrebsen

So unterschiedlich die Flußkrebsarten sind, so mannigfaltig sind ihre Verhaltensweisen. Während die einen Arten sehr friedlich bleiben, können sich andere Arten um so rabiater gebärden. Manche unter ihnen kämpfen unerbittlich um ein Versteck oder machen sich gegenseitig das Futter streitig und verfallen in einen regelrechten Freßrausch. Manche Flußkrebsarten strukturieren die Einrichtung ihres Aquariums ganz und gar um, so daß kein Stein auf dem anderen bleibt. Meist ist dies dann zu beobachten, wenn die Krebse ihre eigenen Höhlen im Bodengrund anlegen möchten. Als nachtaktive Tiere gehen sie ihren Grabarbeiten in der Dunkelheit nach, so daß sich der Pfleger am Morgen einer umgestalteten „Mondlandschaft" gegenüber sieht.

Trotz der hohen Aggressivität der Männchen muß es nicht unbedingt zu tödlich endenden Auseinandersetzungen kommen. Die Flußkrebse haben verschiedene Kampfrituale entwickelt, um mit Drohgebärden Auseinandersetzungen zu entscheiden. Hochgestellte Antennen und Scheren demonstrieren beispielsweise höchste Kampfbereitschaft. Im Übrigen verfügen Fluß- krebse über eine „chemische Kommunikationsmöglichkeit". Indem der Urin, der in Kopfnähe austritt, beim Ausscheiden dem Kontrahenten mit den Kieferfüßchen regelrecht entgegengeschleudert wird, erhalten die drohenden Krebse einen Eindruck von der Kampfstärke ihres Rivalen. Jenes Tier, welches stärker uriniert, trägt dann auch meist einen Sieg davon, indem sich der Schwächere zurückzieht, ohne daß ein Kampf zustande gekommen ist. Zur besseren Geruchsortung erzeugen beispielsweise die Mundwerkzeuge einen Wasserstrom, um die Geruchsquellen besser zu erkennen.

Am Beispiel der Kuba-Flußkrebse lassen sich die vielfältigen Verhaltensmuster gut aufzeigen. Deshalb seien einige Besonderheiten aus dem Leben der kleinwüchsigen Flußkrebse an dieser Stelle kurz aufgezeigt, um den zukünftigen Pfleger über das mögliche Geschehen im Aquarium ins Bild zu setzen.

Flußkrebse werden gelegentlich mit der Metapher des „gepanzerten Ritters" umschrieben. Analog dazu könnte man sagen: Was dem Ritter recht ist, ist dem Flußkrebs nur billig. Dies unter dem Motto: „My home is my castle". Gemeint ist natürlich die Höhle des Flußkrebses. Und darin unterscheidet sich der Kuba-Flußkrebs auch nicht von vielen anderen Flußkrebsarten. Die Höhle bietet Schutz und wird als Schlafplatz genutzt. Demzufolge hat eine eigene Höhle für jeden Flußkrebs eine große Bedeutung. Um Höhlen werden erbitterte Kämpfe geführt. Selbst der friedliche Kuba-Flußkrebs vertreibt Eindringlinge ungestüm aus seiner Höhle, ohne daß es dabei zu ernsthaften Verletzungen kommt. Wichtig ist, daß jedem Flußkrebs eine Höhle zur Verfügung steht. Ebenso entscheidet die „Bauweise", beziehungsweise Beschaffenheit der Höhle, über die Akzeptanz der bereitgestellten Behausung beim jeweiligen Besitzer. So wird jede Versteckmöglichkeit genauestens untersucht.

Fächergarnele, *Atyopsis moluccensis*.
Foto: Yvette Tavernier

VERHALTEN

Flußkrebs aus dem Zugersee, der aus seiner Höhle hervor schaut.
Foto: Andreas Wieland

Einer der Freßfeinde der Flußkrebse ist der Aal, *Anguilla anguilla*. Er dringt sogar bis in die Wohnhöhlen vor, um an die Flußkrebse zu gelangen.
Foto: Andreas Wieland

Schlußendlich entscheidet sich ein Flußkrebs für jene Behausung, die ihm am geeignetsten erscheint. Bis alle Flußkrebse im Aquarium ein Versteck gefunden haben, kann einiges an Unruhe entstehen. Oft werden die Höhlen gewechselt, indem der Eigentümer vertrieben wird. Anschließend wird die eroberte Behausung genau untersucht. Um von vornherein große Auseinandersetzungen um die Schlafplätze zu vermeiden, lohnt es sich, Höhlen in der Zahl der Krebse, mit ähnlicher Bauweise anzubieten. So wird schnell Ruhe im Aquarium eintreten. Gelegentlich teilt sich ein Pärchen eine Höhle für eine gewisse Zeit, um kurz darauf wieder auseinander zu gehen.

Die Höhlen werden frei von Schmutz gehalten und ebenso peinlichst bewacht. Hierfür plazieren sich die Flußkrebse so vor dem Eingang, daß sie mit ihren langen Antennen mögliche Eindringlinge wahrnehmen können. Sobald etwas die vor dem Eingang positionierten Antennen berührt, erheben die Kuba-Flußkrebse drohend ihre Scheren. Überhaupt wird dem Ein- und Ausgang der Höhle viel Aufmerksamkeit geschenkt. Ist der Eingang groß genug, um auch dem Pfleger einen Einblick ins Innere der Krebshöhle zu gewähren, so wird die Öffnung von den Kuba-Flußkrebsen oft verbarrikadiert. Hierfür werden Büschel von Javamoos vor den Eingang transportiert. Selbst Moorkienholzstückchen, die mehr als das zehnfache Volumen der Krebse aufweisen, werden durchs halbe Aquarium bugsiert, um sie vor dem Höhleneingang aufzustellen. So wird sich im Aquarium jeden Tag etwas verändern, was mitunter auch die Faszination ausmacht, die von den Kuba-Flußkrebsen ausgeht.

Die Futteraufnahme geht bei den Kuba-Flußkrebsen problemlos von statten. Nur gelegentlich schubsen sie sich leicht beiseite, um an das anvisierte Futterstück zu gelangen. Werden die Futterstücke vor die jeweiligen Höhleneingänge gelegt, dann kommen die Kuba-Flußkrebse bereitwillig aus ihren Behausungen, um zu fressen. Mit dieser Fütterungsmethode sind zudem Auseinandersetzungen aus Futterneid weitgehend ausgeschlossen.

In der Dämmerung und nachts gehen die Kuba-Flußkrebse auf ausgedehnte Erkundungsgänge durchs Aquarium. Würden sie einen Durchschlupf finden, so wäre es auch nicht ausgeschlossen, daß sie das Aquarium verlassen, um Tage später vertrocknet in irgend einem Winkel des Wohnraums gefunden zu werden. Bei ihren Wanderungen durchs Aquarium suchen sie allerlei Freßbares. Wobei sie sich nicht nur auf den Aquariengrund beschränken, sondern auch an den Pflanzen oder Moorkienwurzeln emporklettern. Die Kuba-Flußkrebse können mehrmals am Tage beobachtet werden, wie sie ihre Höhlen verlassen. Bei diesen kurzen Ausflügen nehmen sie oft Kontakt zu Artgenossen auf. Gegenseitig betasten sich dann die Tiere mit ihren Antennen. Hin und wieder findet sich so auch ein Pärchen. Die Begattung verläuft bei den Kuba-Flußkrebsen überaus harmonisch. Über Wochen hinweg teilen sie sich eine Höhle und liegen oft stundenlang regungslos nebeneinander. Während dieser Zeit kommt es immer wieder zur Begattung, sei es in der Höhle oder im Freien. Dabei gehen die Kuba-Flußkrebse beinahe zärtlich miteinander um. Die Begattung, Bauch an Bauch liegend, dauert jeweils fünf bis zehn Minuten, manchmal auch länger. Zwischendurch verlassen sich die Partner wieder für einige Zeit, um getrennte Wege zu gehen. Kurz darauf kann man sie aber erneut gemeinsam in einer Höhle beobachten. Sobald das Weibchen seine Eier trägt, duldet es das Männchen nicht mehr in seiner Nähe. Von nun an muß er sich in seiner Höhle aufhalten. Das Weibchen bewacht seinen Höhlenausgang auf das Genaueste und verschließt diesen, zum Beispiel mit Javamoos. Kommt das Männchen vor den Höhleneingang, so wird es umgehend vertrieben. Manchmal scheint das Weibchen mit seiner Höhle nicht mehr zufrieden zu sein und nimmt von der Höhle des Männchens Besitz. Nicht aber, ohne vorher seinen Partner selbstsicher aus seiner Behausung zu vertreiben. Dieser läßt sich dies meist widerstandslos gefallen und wechselt in eine andere Höhle über. Nach etwa drei bis vier Wochen ist es soweit, und die Jungkrebse schlüpfen aus ihren Eiern. Nun holt sich das Kuba-Flußkrebsweibchen ein Büschel Javamoos in seine – sonst stets sauber gehaltene – Höhle. Am Javamoos herumkletternd, sind kurz darauf die Jungkrebse gut zu beobachten. Eine Weile werden die Jungkrebse noch von ihrer Mutter bewacht, bis sie die Höhle verlassen und ihren eigenen Lebensweg gehen. Gelegentlich kann beobachtet werden, wie die Mutter ihre Jungschar durchs Aquarium führt. Nach einer kurzen „Erholungsphase" nach der mehrwöchigen intensiven Brutpflege – währenddessen das Weibchen immer Nahrung zu sich genommen hat – verläßt es vermehrt seine Höhle. Vielleicht wird es sich zwischendurch häuten und geht in dieser Zeit dem Männchen für einige Tage aus dem Weg. Etwas später ist es wieder gewillt, mit dem Männchen erneut Kontakt aufzunehmen. Zuerst etwas zaghaft, doch schon bald wird man die beiden wieder häufiger miteinander in „trauter Zweisamkeit" beobachten können.

Alles in allem scheinen die Kuba-Flußkrebse sehr friedliche Tiere zu sein. In zu kleinen Aquarien beginnen sich aber auch bei dieser Art die Jungen gegenseitig zu dezimieren. Dies vor allem

VERHALTEN

Der Rote Sumpfkrebs verteidigt vehement seine Höhle.
Foto: Hans Gonella

Rote Mangrovenkrabben sind sehr flinke Tiere, die sich nicht ohne weiteres einfangen lassen. Dieses Exemplar weist jedoch die typischen Anzeichen einer verhaltensbedingten Schädigung auf, die als „Krabbenlähmung" bezeichnet werden könnte. Vielleicht ist das auf eine Infektionskrankheit zurückzuführen.
Foto: Hans Gonella

dann, wenn es an geeigneten Versteckmöglichkeiten fehlt. Die jungen Kuba-Flußkrebse schreiten schon etwa ab 4 cm Körperlänge zur Fortpflanzung. Interessant ist dabei, daß sich kleine Männchen auch mit viel größeren Weibchen verpaaren können. Es besteht zudem die Vermutung, daß sich die fortpflanzungswilligen Paare mittels „Duftstoffe" verständigen, beziehungsweise die Männchen von den Weibchen angelockt werden.
Nicht alle Flußkrebsarten verlassen gleichermaßen häufig ihre Höhlen wie dies der Kuba-Flußkrebs praktiziert. Die meisten Arten verlassen ihre Verstecke nur zum Fressen oder für kurze Ausflüge. Auch die Begattung erinnert bei vielen Arten eher an eine wilde Rauferei.
Darüber hinaus können bei den Flußkrebsen noch allerlei mehr interessante Verhaltensbeobachtungen gemacht werden. Neben einer Art Körperpflege, indem sich die Krebse Scheren und Fühler putzen, wird man auch feststellen können, daß sich manche Arten in ihren Höhlen kleine Nahrungsreserven anlegen. So wird angebotenes Futter gesammelt und in die Höhle getragen, um es später zu verzehren.

Das Verhalten von Krabben

Berühmtestes Beispiel aus der Verhaltensforschung, was die Krabben anbelangt, sind die Verhaltensmuster der Winkerkrabben aus der Gattung *Uca*. Diese Krabben sind relativ häufig an tropischen Küstengebieten anzutreffen. Am Strand graben sie Höhlen in den Sand oder Schlamm, in denen sie während der Flut Zuflucht suchen. Bei Ebbe verlassen sie die Höhlen und suchen im Schlamm nach winzigen Futtertieren und Pflanzenteilen, dabei benutzen sie das vorderste Beinpaar zur Futtersuche. Die Männchen sind bei der Futtersuche deutlich benachteiligt. Bei ihnen ist eine Schere stark vergrößert. Diese dient ihnen fast ausschließlich als Kommunikationsinstrument. In artspezifischer Form beziehungsweise arteigener Rhythmik winken sie auffällig mit ihrer Schere. Die Zeichensprache dient unter anderem zur Revierkennzeichnung, also der Mitteilung: Seht her – dies ist mein Höhleneingang. Darüberhinaus werden mit besonderen Winkzeichen Weibchen angelockt. Häufig werden die großen Scheren auch zu ritualisierten Kämpfen zwischen den Männchen eingesetzt, wobei es selten zu Verletzungen kommt. Manche Krabbenarten verständigen sich sogar durch Klopfzeichen, indem sie mit ihrer Schere in rhythmischer Abfolge gegen den Untergrund klopfen. Wieder andere Arten können überdies mit ihren Schrittleisten Töne erzeugen.
Das Verhalten der Krabben ist maßgeblich von ihrem guten Sehvermögen geprägt. Weiterhin können sie leichteste Vibrationen wahrnehmen. Mitunter ermöglicht ihnen dies eine große Fluchtdistanz vor Freßfeinden. Auch die im Aquaterrarium gepflegten Süßwasserkrabben unterscheiden sich in dieser Hinsicht nicht von ihren marinen Verwandten. Noch bevor der Pfleger vors Aquaterrarium tritt, haben sie sich blitzschnell in ihre Verstecke zurückgezogen. Mit der Zeit werden die Krabben aber zutraulicher und flüchten nur noch vor schnellen Bewegungen oder unbekannten Situationen. Auffallend dabei ist, daß bei schneller Fortbewegung stets seitwärts gegangen wird. Dies liegt am Körperbau der Krabben.
Die Krabben sind dämmerungs- und nachtaktiv, während dieser Zeit lassen sie sich auch am besten beobachten. Schon kleinste Signale bewirken Reaktionen. Ein kurzes Drohen mit der Schere und eine der beiden Krabben schießt davon. Die Verhaltensabläufe gehen oft so schnell vor sich, daß sie kaum wahrzunehmen sind. Obschon Krabben unverträglich gegenüber Artgenossen erscheinen, sind doch viele Arten auf das Leben in der Gruppe angewiesen. Krabben die einzeln gepflegt werden, reagieren mit einer übertriebenen Scheu und wagen sich kaum mehr aus ihren Verstecken heraus. Auffallend ist dieses Verhalten beispielsweise bei den „Roten-Thai-Krabben", die in größeren Populationen leben.
In der Nacht unternehmen die Krabben ausgedehnte Spaziergänge. Dabei zeigen sie auch ihr außergewöhnliches Klettervermögen. Sind kleinste Unebenheiten vorhanden, können sie selbst senkrechte Wände emporklettern. Ansonsten schreiten sie hochbeinig durch ihr Territorium, welches jedoch keine festen Grenzen zu haben scheint. Allerdings verteidigen die Krabben heftig ihre bevorzugten Verstecke. In der Regel sind es die stärkeren Tiere, die ihre Artgenossen aus einem für sie interessant gewordenen Unterschlupf vertreiben. Dadurch

VERHALTEN

Trupp einer Glasgarnelenart im Vivarium des Zoologischen Gartens Basels. Die durch ihr transparentes Äußeres gut getarnten Garnelen stürzen sich aufgeregt auf das angebotene Futter, ohne sich dabei in die Quere zu kommen.
Foto: Hans Gonella

entsteht ein dauerndes Wechseln der Verstecke. Sofern einer der beiden Kontrahenten nicht sofort das Feld räumt, drohen sie sich gegenseitig mit aufgerichteten Scheren. Oft bleibt es bei dieser Geste und das schwächere Tier tritt den Rückzug an. Hin und wieder kommt es aber zu ernsthaften Auseinandersetzungen, die nicht selten mit dem Verlust einzelner Gliedmaßen enden. Besonders unter den Männchen sind Rivalenkämpfe an der Tagesordnung. Deshalb sind in kleineren Aquaterrarien stets nur ein Männchen mit mehreren Weibchen zu pflegen.

Eine hohe Wehrhaftigkeit, die in endlosen Kämpfen ihren Ausdruck findet, kann den Krabben nicht ganz abgesprochen werden. Gerade kleinere Exemplare werden attackiert und als potentielle Beute betrachtet. Allerdings sind unaufhörliche Auseinandersetzungen, wobei einzelne Individuen immer wieder Schaden nehmen, auch ein deutlicher Hinweis auf ungeeignete Pflegebedingungen wie Platzmangel oder fehlende Versteckmöglichkeiten.

Gegenüber Fischen zeigen Krabben kein aggressives Verhalten. Wohl versuchen sie mit ihren Scheren die Fische zu packen, was ihnen jedoch so gut wie nie gelingt. Haben sich die Krabben erst einmal an die vorhandenen Fische gewöhnt, so nehmen sie keine Notiz mehr von ihnen. Fischlarven oder kleine Jungfische würden von den Krabben sehr wohl erbeutet und verspeist, wenn sie sich nachts nahe des Bodengrunds aufhalten. Gerade bei der Nahrungssuche zeigen die Krabben interessante Verhaltensweisen. Selbst bei ausreichender Fütterung stochern sie mit den Scheren im Bodengrund, um etwas Freßbares aufzustöbern. Oftmals ist nicht zu erkennen was sie im Bodengrund finden und mit den Scheren ergreifen, um die Nahrungsteilchen präzise vor ihre Mundwerkzeuge zu führen. Besteht die Möglichkeit, dann graben sich viele Krabbenarten ihre eigenen Höhlen oder vergraben sich während des Tages im Sand. Die Höhlen werden gerne unter dem Wurzelgewirr von Landpflanzen unterhalb des Wasserspiegels gegraben. Wobei sich manche Arten, wie beispielsweise die Winkerkrabben auch über dem Wasserspiegel ihre Wohnhöhlen anlegen und bei Bedarf vehement verteidigen.

Das Verhalten von Garnelen

Mit Ausnahme einiger Arten von Großarmgarnelen sind die Garnelen eher als friedliche Krebstiere einzustufen. Gegenüber Artgenossen oder artfremden Tieren zeigen sie wenig Aggressionen. Kleine Fische die sie zu erbeuten vermögen, werden aber selbstverständlich bejagt. Ihre Friedfertigkeit beruht darauf, daß viele Süßwassergarnelenarten in größeren Trupps zusammenleben. Manche Arten bilden, zumindest zeitweise, große Schwärme. Obschon eine Gruppenbindung besteht, ist die Abhängigkeit einzelner Garnelen von der Gruppe als weit geringer einzustufen als angenommen werden könnte. Außerhalb der Fortpflanzungsphasen werden kaum direkte soziale Kontakte aufgenommen. Im Aquarium besitzt jede Garnele ihren mehr oder weniger bevorzugten Standort, der jedoch kaum verteidigt wird. Es bestehen in der Regel keine Bindungen an bestimmte Verstecke, wie dies bei den Flußkrebsen zu beobachten ist. So durchstreifen die Garnelen während der aktiven Zeit einen Großteil des Aquariums. Dabei vermeiden sie ein unmittelbares Zusammentreffen mit Artgenossen. Während des Tages halten sie sich versteckt zwischen den Pflanzen auf. Auch dabei kommen sich die Garnelen nie zu nahe. Möchte man deshalb die Gruppenbindung der Süßwassergarnelen mit dem Schwarmbildungsverhalten von Fischen vergleichen, so läßt sich dennoch beides nicht miteinander vergleichen. Jede Garnele benötigt einen bestimmten Raum, den sie für die Nahrungssuche oder für die Ruhephasen zur Verfügung haben muß. Eine Überbesetzung des Aquariums kann Streß erzeugen, was sich auf die Gesunderhaltung der Garnelen negativ auswirkt. In einem Aquarium von 80 bis 100 l Wasserinhalt sollten nicht mehr als etwa 15 Individuen gepflegt werden. Bei den kleinwüchsigen Arten darf die Gruppendichte natürlich etwas größer sein. Aber auch bei diesen Arten ist zu beobachten, daß nach einem vermehrungsbedingten Anstieg der Populationsdichte, diese plötzlich um ein Vielfaches abnimmt.

Für das Wohlbefinden der meisten in Aquarien gepflegten Garnelenarten ist es wichtig, daß den Tieren ausreichend Versteckmöglichkeiten zur Verfügung stehen. Diese finden sie zwischen den Pflanzen. Bei einer Überbesetzung des Aquariums oder zu wenigen Verstecken zeigen die Garnelen ein unruhigeres Verhalten. In solchen Fällen oder wenn die Garnelen durch irgendetwas erschreckt werden, demonstrieren sie ihr beachtliches Springvermögen. Sie springen nicht selten hoch über die Wasseroberfläche hinaus und landen so neben dem Aquarium auf dem Boden. Eine Abdeckung kann dem Einhalt gebieten.

Im Vergleich zu anderen „Höheren Krebsen" fällt bei den Garnelen sofort ihr lebhaftes Verhalten auf. Einmal von den größeren Arten abgesehen, scheinen die Garnelen beinahe verspielt, indem sie stets unruhig umherschwimmen. Dabei durchstreifen sie schnell schwimmend das freie Wasser. Der lebhafte Charakter macht sich gerade bei der Fütterung bemerkbar. Noch vor dem vermeintlich leeren Aquarium stehend,

Verhalten

Zwei sehr unterschiedlich gefärbte Fächergarnelen, die unter dem Namen *Ataya sulcatipes* bekannt sind.
Foto: Jürgen Schmidt

schießen die Garnelen blitzschnell aus ihren Verstecken hervor, kaum daß der Pfleger Futter ins Aquarium gegeben hat. Jetzt versucht jede Garnele sich so schnell wie möglich einen Futterbrocken zu sichern. Im allgemeinen Gerangel kann es zu kurzen Auseinandersetzungen kommen, wenn sich die Tiere gegenseitig ein Stück Futter abspenstig machen wollen. Zu Verletzungen kommt es dabei nicht, denn einer der beiden Widersacher wird schnell aufgeben und aufgeregt nach einem neuen Futterstück Ausschau halten. Sekundenschnell hat so jede Garnele ein Futterstück erhascht, bleibt nun ruhig auf einem Gegenstand sitzen und frißt. Überhaupt scheinen Gegenstände, die über den Bodengrund hinausragen, beliebte Aufenthaltsorte der Garnelen zu sein. Besonders auf Moorkienwurzeln halten sich die Garnelen gerne auf. Die Wurzeln werden auch fleißig gesäubert. Es empfiehlt sich auf jeden Fall in einem Garnelenaquarium eine oder mehrere Moorkienwurzeln bereitzustellen. Es könnte davon ausgegangen werden, daß die Garnelen mit dem Säubern der Wurzeln wichtige Nahrungsbestandteile aufnehmen, die durch die normale Fütterung nicht zugeführt werden. In den Nachtstunden sitzen die Garnelen über längere Zeit hinweg regungslos auf den Wurzeln. Beim genaueren Hinsehen ist zu beobachten, wie sie eifrig die Wurzeln mit ihren kleinen Scheren bearbeiten.

Gegenüber viel kleineren Artgenossen oder kranken, sehr geschwächten Individuen demonstrieren die Garnelen das von den „Höheren Krebsen" beschriebene kannibalische Verhalten. Beinahe schon gierig überfallen die gesunden Exemplare ihren geschwächten Artgenossen und fressen ihn in kurzer Zeit auf. Danach tritt aber sofort wieder Ruhe im Aquarium ein.

Die Vergesellschaftung mit Fischen und anderen Tieren

Die Frage ob und inwieweit sich „Höhere Krebse" mit Fischen oder anderen Krebstieren problemlos vergesellschaften lassen, läßt sich nicht ohne weiteres beantworten. Es hängt weitgehend von den jeweiligen Krebstierarten ab, und unter welchen Bedingungen sie gepflegt werden, wenn eine Tiergemeinschaft zusammengestellt werden soll. Vielleicht läßt man sich ja von den Schauaquarien der Zoologischen Gärten inspirieren. Immer mehr öffentlich zugängliche Schauaquarien verzichten heute darauf, möglichst viele Tierarten vorzuführen. Stattdessen werden weniger Arten in möglichst naturnahen Lebensräumen gepflegt. Zudem werden verschiedene Tierarten in geräumigen Gehegen miteinander vergesellschaftet, die auch in der Natur dieselben Biotope besiedeln. So nehmen sich die Schauaquarien dieser in Zoos allgemein gültigen Betrachtungsweisen einer modernen Tierpflege an. Ähnliches läßt sich auch in Heimaquarien realisieren. Ziel ist es also, nicht möglichst viele Krebstier- und Fischarten im Aquarium auszustellen, sondern ausgewählte Arten in kleinen Gruppen zu pflegen. Dabei verwendet man möglichst große Aquarien mit einer strukturreichen Einrichtung, worin der Betrachter nur durch genaues Beobachten die Tiere entdecken kann, und sich dafür an ihren ungestörten Verhaltensweisen erfreuen darf. Um dies zu erreichen, ist darauf zu achten, daß Tierarten ausgewählt werden, die nicht dieselben biologischen Lebensräume beanspruchen. Zudem dürfen sich die ausgewählten Tierarten nicht durch ihre artspezifischen Verhaltensweisen wie Freßverhalten in die Quere kommen. Sonst würde sich der Tierbestand im Aquarium sehr schnell verringern. Nachfolgend seien nun einige mögliche Tiergemeinschaften erwähnt, die sich je nach Erfahrungen des Pflegers beliebig ergänzen oder verändern lassen. Selbstverständlich können beim zusammenstellen von Tiergemeinschaften Fehler gemacht werden und daraus resultierend Probleme verursachen. Weiterhin können Mängel an der Einrichtung eine friedliche Koexistenz von unterschiedlichen Tierarten beeinträchtigen. Deshalb ist es sehr wichtig, in den ersten

Im Meer bietet eine besondere Lebensgemeinschaft faszinierendes: Hier gehen Krebse mit bestimmten Grundeln eine Symbiose ein. Während der Krebs die Wohnröhre instand hält, beobachtet die Grundel die Umgebung und warnt den Krebs frühzeitig vor Freßfeinden. In der Wilhelma in Stuttgart kann eine solche Beziehung zwischen dem Knallkrebs, *Alpheus* sp., und der Singapur-Partnergrundel, *Cryptocentrus singapurensis*, aus dem Indopazifik bestaunt werden.
Foto: Hans Gonella

VERHALTEN

Garnelen, wie beispielsweise die Fächergarnelen sollten nur mit kleinwüchsigeren und friedlichen Fischarten vergesellschaftet werden. Foto: Hans Gonella

Pflegemonaten die Geschehnisse im Aquarium oder Aquaterrarium genauestens zu beobachten. Gegebenenfalls müssen an der Einrichtung Korrekturen vorgenommen werden. Vielleicht müssen sogar Veränderungen des Tierbestands ständige Auseinandersetzungen beenden. Zugegebenermaßen verlangt dies alles auch bestimmte Kenntnisse vom Pfleger, wie sich das zu erwartende Verhalten der Krebse oder Fische entwickeln kann und welche Umstände Verhaltensmuster verstärken oder unterdrücken. So ist es ratsam, mit nur wenigen Tierarten zu beginnen, über deren Bedürfnisse und Pflegeanforderungen ausreichend Erkenntnisse vorhanden sind. Letztendlich eignen sich aber nur gewisse Arten für ein sogenanntes Gesellschaftsaquarium, in dem es auf Dauer zu keinen lebensbedrohenden Aggressionen kommt.

In einem Aquarium mit 200 l Wasserinhalt können beispielsweise zwei bis drei Kuba-Flußkrebse mit zehn bis 20 kleinwüchsigeren und friedlichen Fischen zusammenleben. Dies können zum Beispiel kleinere Salmler sein. Weiterhin bietet sich noch Platz für ein Pärchen Zwergfadenfische, *Colisa lalia*. Die Kuba-Flußkrebse lassen sich auch mit mittelgroßen Glasgarnelen oder mit Japanischen Süßwassergarnelen vergesellschaften. Gerade bei den Garnelen ist es aber nicht immer einfach, die im Handel angebotenen Tiere einer bestimmten Art zuzuordnen. So empfiehlt es sich, zunächst nur wenige Exemplare zu erwerben, um bei anfallenden Problemen nicht allzuviele Tiere zu verlieren. Mitunter können sich die Garnelen untereinander bekämpfen.

Die Fächergarnelen gehören schon zu den seit Jahrzehnten erprobten Bewohnern eines Gesellschaftsaquariums. Sie können auch in Trupps mit friedlicheren Aquarienfischen gemeinsam gepflegt werden.

Etwas schwieriger ist eine Tiergemeinschaft mit Arten aus der Garnelengruppe *Caridina* zusammenzustellen. Sie können lediglich mit klein bleibenden Fischen auf die Dauer zufriedenstellend gepflegt werden. Zudem bleibt natürlich ein zu erwartender Nachwuchs aus, weil die Junggarnelen von den Fischen als Futter angesehen werden. Möchte man verschiedene *Caridina*-Arten miteinander vergesellschaften, so kann dagegen nie ganz ausgeschlossen werden, daß sich die Arten untereinander kreuzen und so Bastarde hervorbringen. Dies wäre nicht weiter schlimm, wenn solche Garnelen nicht in den Handel gelangen, und so die züchterischen Bemühungen anderer Pfleger eine Wildart im Aquarium zu erhalten, nicht gefährden könnten. Zum Glück sind die meisten Bastarde steril.

Eine weitere Möglichkeit wäre es, Kuba-Flußkrebse oder Garnelen zusammen mit kleinwüchsigeren Süßwasserkrabbenarten in einem Paludarium zusammen mit Fischen zu pflegen. Ein Paludarium ist ein Sumpfaquarium mit einem mehr oder weniger großen Landteil. Darin können die Lebensräume für die Krabben wie auch für die Fische optimal gestaltet werden. Es versteht sich aber wohl von selbst, daß dafür das Paludarium ein entsprechend geräumiges Volumen aufweisen muß.

In der Natur bewohnen zum Beispiel der Steinkrebs, der Edelkrebs und der Galizierkrebs dieselben Gewässerabschnitte. Im Aquarium könnte es bei der Vergesellschaftung von verschiedenen Flußkrebsen zu Problemen kommen. Dies wäre vor allem dann der Fall, wenn die verschiedenen Flußkrebse unterschiedlich schnell wachsen und die kleineren plötzlich den größeren zum Opfer fallen würden. Gerade deshalb sollten Flußkrebse vorzugsweise im Artaquarium gepflegt werden. Gegenüber Fischen zeigen größer werdende Exemplare keine Feindseligkeiten, sofern es sich nicht um besonders kleine Fische handelt.

Caridina sp. reinigen mit großem Eifer die Aquariumeinrichtung. Bevorzugter Aufenthaltsort sind dabei die Wurzeln, die sie regelrecht abzuweiden scheinen. Gleichzeitig verwerten die Garnelen die Futterreste der Fische. Foto: Johannes Leuenberger

SCHLUSSBEMERKUNGEN

An mehreren Stellen in diesem Buch wird deutlich, wie wenig über die „Höheren Krebse" und ihre Pflege im Aquarium bekannt ist. Nichtsdestotrotz werden die Krebse, Krabben und Garnelen häufig im Handel angeboten und haben die Herzen der Aquarianer erobert. Dadurch, daß die meisten Käufer von „Höheren Krebsen" bereits über ein beachtliches Wissen in der Pflege von Aquarienfischen verfügen, können auch die Krebstiere optimal gepflegt werden. Das vorhandene Wissen über die Krebstiere und ihre Pflege werden im vorliegenden Buch auf möglichst einfache Weise dargestellt. Deshalb sollte es auch dem unerfahrenen Pfleger möglich sein, den Tieren artgerechte Pflegebedingungen zukommen zu lassen. Einige Themenkreise sind jedoch zugegebenermaßen sehr allgemein wiedergegeben, so daß es sich lohnt aus der bestehenden Aquarienfachliteratur weitere Kenntnisse zu erwerben. Wiederum bei anderen Themenkreisen, wie beispielsweise den Krankheiten, besteht schlichtweg ein gravierender Wissensmangel, der erst noch durch die Wissenschaft aufgearbeitet werden muß. Bis dahin ist allerdings noch ein langer Weg. In der Zwischenzeit muß um so genauer mittels vorbeugender Maßnahmen auf die Gesundhaltung der Krebstiere geachtet werden.

diese Aussage Geltung, wenn der Pfleger bereit ist, auf seine Beobachtungen einzugehen, falls durch unvorhersehbare Geschehnisse ein Eingreifen erforderlich wird.
In diesem Buch wird ein „Sammelsurium" an Krebs-, Krabben- und Garnelenarten vorgestellt. Sicher wäre es denkbar gewesen, die einzelnen Krebstiergruppen etwas ausführlicher vorzustellen. Allerdings hätte dies an den Ausführungen über die Pflegeanforderungen auch nicht viel geändert. Es war beim Ausarbeiten dieses Buchs oberstes Ziel aufgrund des Handlungsbedarfs innerhalb vertretbarer Frist den momentanen Wissensstand über die Krebstiere und ihre Pflegeanforderungen umfassend aufzuzeigen, weil diesbezüglich kaum Fachliteratur vorhanden ist – abgesehen von Fachartikeln in den Zeitschriften, die jedoch stets lediglich eine bestimmte Sichtweise zum dargestellten Thema wiedergeben. Mit dieser umfangreicheren Darstellung des Themas soll deshalb in erster Linie ein Beitrag zur artgemäßen Krebstierpflege geleistet werden, der zudem auf dem Wissen vieler erfahrener Aquarianer und ausgewiesener Fachleute beruht.

Die Pfeilschwanzkrebse, wie diese Exemplare aus der Wilhelma in Stuttgart, sind beliebte Zootiere. Trotz ihres krebshaften Aussehens ist die Verwandtschaft zu den Spinnen um ein Vielfaches näher. – Es handelt sich folglich nicht um Krebse!
Foto: Hans Gonella

Eine Garnele, die als *Caridina japonica* im Handel angeboten wird. Ob es sich wirklich in jedem Fall bei den angebotenen Garnelen um diese Art handelt ist unsicher.
Foto: Hans Gonella

Bei der Fülle an Arten war es nur teilweise möglich, differenziertere Angaben über die Lebensweisen und Bedürfnisse der Krebstiere wiederzugeben. Letztendlich besteht auch in dieser Hinsicht ein beachtlicher Wissensmangel. Dies hat jedoch weit weniger Einfluß auf die Pflege, als angenommen werden könnte. Die Pflegeanforderungen der heute aus dem Aquarium bekannten Arten ähneln sich in vielerlei Hinsicht. Darüber hinaus gelangen immer wieder neue Arten in den Handel, über die so gut wie nichts bekannt ist. Mit dem in diesem Buch dargestellten Wissen sollte es aber möglich sein, erhebliche Pflegefehler bei neu entdeckten Arten zu vermeiden. Zumindest hat

FORTPFLANZUNG

Oben: Flußkrebs aus dem Zugersee.   Foto: Andreas Wieland
Unten: Zebragarnele, *Caridina serrata*.   Foto: Yvette Tavernier

LITERATURVERZEICHNIS

AMANO, T. 1997. Amanos Naturaquarien, Wasserpflanzenparadiese und die Welt der Salmler. Ruhmannsfelden, ISBN 3-931 792-08-0

Anonym. Aahri Newsletter article. 1997. Diseases of the Freshwater Prawn, *Macrobrachium rosenbergii*. The Aquatic Animal Health Research Institute 4(2, Dec.), Dep. of Fisheries, Bangkok 10900, Thailand

ARNOLD, A. 1989. Nochmals zum Kuba-Süßwasserkrebs, *Procambarus cubensis*. AT 36: 24-26.

BAENSCH, H. A. et al. 1992. Gartenteich Atlas. Melle, ISBN 3-88244-024-4

BAENSCH, H. A. et al. 1997. Aquarien Atlas, Band 1. Melle, ISBN 3-88244-101-1

BARNES, R. S. K., CALOW, P. & OLIVE, P. J. W. 1993. The Invertebrates, a new Synthesis. Blackwell Science Ltd, ISBN O-632-03127-1

BENZIE, J. A. H. & DE SILVA, P. K. 1983. The abbreviated larval development of *Caridina singhalensis* ORTMANN, 1894 (Decapoda, Atyidae). J. Crust. Biol. 3(1): 117-126.

BENZIE, J. A. H. & DE SILVA, P. K. 1984. The taxonomic relations of the Atyidae (Decapoda, Caridea) of Sri Lanka determined by electrophoretically detectable protein variation. J. Crust. Biol. 4(4): 632-644.

BENZIE, J. A. H. & DE SILVA, P. K. 1988. The distribution and ecology of the freshwater prawn *Caridina singhalensis* (Decapoda, Atyidae), endemic to Sri Lanka. Journal of Tropical Ecology 4(4): 347-359.

BERGER, M. 1985. Cuba-Süßwasserkrebs. AT 32: 153.

BÜSSER, T. et al. 1998. Die Bekämpfung des Roten Sumpfkrebses (*Procambarus clarkii*) im Schübelweiher und Rumensee (Kanton Zürich). EAWAG, CH-8600 Dübendorf.

Cukerzis, J. 1984. La biologie de l'écreoisse (*Astacus astacus* L.). Inra Publications, Versailles.

DE SILVA, K. H. G. M. 1982. Studies on Atyidea (Decapoda, Caridae) of Sri Lanka. I. On a new species, a new subspecies, and two species new to Sri Lanka. Crustaceana 43(2): 127-141.

DE SILVA, K. H. G. M. 1982. Aspects of the ecology and conservation of Sri Lanka's endemic freshwater shrimp *Caridina singhalensis*. Biol. Conserv. 24(3): 219-231.

DE SILVA, K. H. G. M. 1988. Studies on Atyidae (Decapoda, Caridea) of Sri Lanka. III. Aspects of the population ecology of *Caridina simoni* BOUVIER, 1904. Crustaceana 54(1): 85-103.

DE SILVA, K. H. G. M. 1988. Studies on Atyidae (Decapoda, Caridea) of Sri Lanka. IV. Some aspects of the population ecology of the endemic freshwater shrimp *Caridina pristis* ROUX, 1931. Crustaceana 54(3): 225-242.

DIAZ, H. & EWALD, J. J. 1968. A comparison of the larval development of Met *Asesarma rubripes* (RATHBUN) and *Sesarma ricordi* H. HILANE EDWARDS (Brachyura, Grapsidae) reared under similar laboratory conditions. Crustaceana Suppl. 25: 225-248.

DOST, U. 1995. Flußkrebse im Aquarium. DATZ 48(8): 502-508.

DUDGEON, D. 1985. The population dynamics of some freshwater caridians (Crustacea, Decapoda) in Hongkong. Hydrobiologica 120: 141-149.

DUMONT, P. 1987. Der Amerikanische Teichkrebs. Aquarien Magazin 21(7): 296-297.

EDER, E. & HÖDL, W. 1995. Wiederentdeckung seltener „Urzeitkrebse". DATZ 48(6) : 395-397.

EMMERSON, W. D. 1994. A note on three uncommon Southern African Grapsids, *Helice leachii* HESS, 1865, *Sesarma (Sesarma) longipes* KRAUSS, 1843 and *Sesarma (Sesarma) smithi* H. MILNE EDWARDS, 1853. Crustaceana 67(3): 317-323.

FOERSCH, W. 1982. *Triops cancriformis* – ein lebendes Fossil. TI, 17 (Juni): 25-27.

FRISCHE, J. 1999. Erfolgreiche Nachzuchten im Meerwasseraquarium. Ruhmannsfelden, ISBN 3-927 992-86-2

GLAISTER, J. P. 1976. Postembryonic Growth and Development of Caridina, *Nilotica aruensis* ROUX (Decapoda: Atyidae). Reared in the Laboratory. Aust. J. Mar. Freshwater Res. 27, 263-278.

GONELLA, H. 1995. Paludarium, Tropenwald im Wohnzimmer. Ruhmannsfelden, ISBN 3-927 997-47-1

GONELLA, H. 1998. Ihr Hobby Paludarium. Ruhmannsfelden, ISBN 3-931 792-70-6

GRZIMEK, B. et al. 1970. Grzimeks Tierleben, Enzyklopädie des Tierreiches. Niedere Tiere (Band 1). München.

GURNEY, A.R. 1984. Freshwater shrimp general *Caridina* and *Parisia* (Decapoda, Caridea, Atyidea) of Madagaskar, with descriptions of four new species. J. Nat. Hist. 18(4): 567-590.

HAGER, J. 1996. Edelkrebse. Leopold Stocker Verlag, ISBN 3-7020-0751-2

HARTL, A. 1993. Nachzucht des Flußkrebses im Kaltwasseraquarium. DATZ 46(11): 691-693.

HAYASHI, K.-I. & HAMANO, T. 1984. The complete larval development of *Caridina japonica* DE MAN (Decaposa, Caridea, Adyidea) reared in the laboratory. Zool. Sci. 1(4): 571-589.

HÖDL, W. 1994. Seltene Urzeitkrebse an der March. DATZ 47(4): 244-249.

HOFMANN, J. 1980. Die Flußkrebse. Hamburg und Berlin.

HORSTMANN, T. & VENZLAFF, J. 1996. Neues zur Haltung von Landeinsiedlerkrebsen. DATZ 49(1): 32-34.

JALIHAL, D. R. & SHENOY, S. & SANKOLLI, K. N. (1980). An atyid shrimp *Caridina kempi* – a prospective species for culture. Proceedings of the Symposium on Coastal Aquaculture. Symp. Ser. Mar. Biol. Assoc. India (6), 1882: 421.

KRAUSE, H.-J. 1997. Handbuch Aquarientechnik. 3. Aufl. Ruhmannsfelden, ISBN 3-927 997-10-2

KRAUSE, H.-J. 1998. Handbuch Aquarienwasser. 4. Aufl. Ruhmannsfelden, ISBN 3-927 997-00-5

KRAUSE, H.-J. 1998. Ihr Hobby Aquaristik für Einsteiger. Ruhmannsfelden, ISBN 3-931 792-77-3

LEIENDECKER, E. & U. 1982. An ihren Scheren kann man sie erkennen: Süßwassergarnelen. Aquarien Magazin 16(3): 167-172.

LIANG, Xiangqiu & YAN, Shengliang. 1986. Study on *Caridina* (Decapoda, Caridea) from Guizhou Province, China. Oceanol. Limnol. Sin./Haiyang Yu Huzhao. 17: 197-206.

MARTIN, M. 1997. Urzeitkrebs als „Filmstar". DATZ 50(8): 544.

MEIER, D. 1998. Die Vermehrung von Mangrovenkrabben. Manuskript einer Fortpflanzungsstudie.

MEIER, W. 1997. Merkblatt über die Krebspest. Bundesamt für Veterinärwesen, CH-3012 Bern.

LITERATUR

Montanari, S. 1992. Der Italienische Flußkrebs. aqua geōgraphia 2(7, 8, 9): 80-84.
Mori, F. 1998. Asiatische Süßwassergarnelen. Aquaristik Aktuell 5(7, 8): 6-11.
Ng, P. K. L. & Tan, T. H. T. 1996. Die Regenbogenlandkrabbe aus dem Süden Thailands. DATZ 49(12): 784-787.
Ng, P. K. L. & Chia, D. G. B. 1994. Die Riesenbachgarnelen. DATZ 47(10): 644-648.
Nolte, A. (1996). Der Zwergflußkrebs, *Cambarellus shuffeldtii*. DATZ 49(9): 567-569.
Obradovic, J. (1993). Zur Haltung und Fortpflanzung des Flußkrebses. DATZ 46(3): 158-159.
OÖ Landesmuseum Linz [Hrsg., mit Beiträgen von W. Hödl, E. Eder et al.] 1996. Urzeitkrebse Österreichs: Lebende Fossilien in kurzlebigen Gewässern. Stapfia, Kataloge des O.Ö. Landesmuseums, Neue Folge 42: 1-170. ISBN 3-900 746-45-8
Ott, G. 1990. Flußkrebse. Der Amerikanische Flußkrebs, *Orconectes limosus*, ist meist nur aus dem Kochtopf bekannt. Das Aquarium (8): 5-10.
Ott, G. 1992. Krebse. TI Nr. 109 (Februar): 8-13.
Piechocki, R. & Händel, J. 1996. Makroskopische Präparationstechnik. Teil II: Wirbellose. Stuttgart, Jena, ISBN 3-437-35000-5
Raman, K. V. A. & Reddy, S. R. & Shakuntala, K. 1986. Distribution and abundance of prawns in the freshwater habitats of Bengalore, South India. Proc. Indian Acad. Sci., Anim. Sci. 95(1): 77-87.
Rasch, P. 1991. Zarte Gesellen mit rauhen Manieren. DATZ 44(2): 92-95.
Richter, H.-J. 1980. Eine Garnele fürs Süßwasseraquarium: *Microbrachium niponensis*. Aquarien Magazin 14(10): 532-536.
Rickborn, R. 1965. Vom Krebsleben. DATZ (1): 26-28.
Riede, T. 1988. Weitere Ausführungen zu *Procambarus cubensis* – Die Eientwicklung. AT: 90-91.
Saladin, J. 1959. Räuber im Waldbach – Der Bachkrebs. München.
Sartorius, H. 1951. Die Süßwassergarnele, *Atyaëphyra desmaresti* Millet. DATZ (9): 240-242.
Schmidt, J. 1996. *Siphonophanes grubii*. Ein seltener Kiemenfußkrebs im Ruhrgebiet. TI Nr. 127, 30(1): 65.
Schmidt, J. 1997. Ihr Hobby Aquarienpflanzen. Ruhmannsfelden, ISBN 3-931 792-66-8
Schmidt, J. 1997. *Eubranchipus grubii* – ein seltener Kiemenfußkrebs im Heerener Holz bei Kamen. Der Makropode 19(11/12): 118-119.
Smolinka, S. 1997. Eine Krabbe aus dem Malawisee. DATZ 50(4): 220-221.
Stöhr, S. 1990. Haltung von Landeinsiedlerkrebsen. DATZ 43(12): 726-727.
Tomey, W. A. 1989. Borsten- oder Fächergarnelen, *Atyopsis spinipes* und *Atyopsis moluccensis*. TI Nr. 95(10): 6-10.
Trauber, R. 1998. Decapodi d'acqua dolce in acquario; Note die anatomia e biologia sull'esempio die *Procambarus clarkii*. Aquarium 9: 48-51.
Vivarium, Zoo Basel [Hrsg.] o. J. Sonderbulletin des Vereins der Freunde des Zoologischen Gartens Basel (Broschüre an der Zookasse erhältlich).

Wachtel, H. 1987. Der „Kuba-Hummer" ein interessanter Süßwasserkrebs. DATZ 40(11): 524-525.
Waser, A. 1996. Sonderlinge im Aquarium-Süßwassergarnelen. Aquaria 43(6): 28-29.
Weerakkody, J. S. & Costa, H. H. (1987). Fecundity, morphometry post embryonic growth and development of *Caridina simoni* Bouvier (Decapoda, Atyidae). J. Natl. Aquat. Resour. Agency (Sri Lanka) 31: 81-96.
Werner, U. 1987. *Procambarus clarkii*, der Nordamerikanische Teichkrebs. DATZ 40(12): 529-531.
Werner, U. 1993. Ausgefallene Aquarienpfleglinge. Hannover, ISBN 3-7842 0495-3
Werner, U. 1998. Krabben, Teil 1. Das Aquarium Heft 352 (10): 24-28.
Werner, U. 1998. Krabben, Teil 2. Das Aquarium Heft 353 (11): 12-15.
Werner, U. 1998. Garnelen, Krebse und Krabben im Süßwasseraquarium.- Aqualog: Special-Serie Ratgeber. Mörfelden-Walldorf, ISBN 3-931 702-52-9
Westheide, W. & Rieger, R. et al. (1996). Spezielle Zoologie. Teil 1: Einzeller und Wirbellose Tiere. Stuttgart, Jena, ISBN 3-437-20515-3
Wieland, F. 1994. Quo Vadis Chevalier D'*Astacus*. aqua geōgraphia 2(8): 73-79.
Wiese, R. 1985. „Chinesische Invasion" – Die Wollhandkrabbe. Aquarien Magazin 19(11): 467-470.
Wischnath, L. 1986. Gepanzerte aus Mexiko: Montezuma-Flußkrebse. Verhalten, Pflege und Zucht von *Cambarellus montezumae*. Aquarien Magazin 20(7): 278-279.
ZZA. Zentralverband Zoologischer Fachbetriebe Deutschlands e.V. (1998). Krabbelmeister fürs Aquarium. Langen (5): 154.

Ataya sulcatipes.   Foto: Jürgen Schmidt

REGISTER

(**Fett**druck = Hinweise auf Abbildungen)

Aal **85**,
Alpheus **88**,
Amerikanische Languste 13,
Amerikanischer Flußkrebs 37,
Amerikanischer Hummer 20,
Amurkrebs 36,
Anguilla anguilla **85**,
Anomura 13,
Anubias barteri var. *nana* 35,
Aphanomyces astaci 81,
Aquarium 27, 28, 33, 49,
Aquaterrarium 27, 33, 43,
Artemia salina **12**,
Artemien 12,
Arthropoda 10,
Asellus aquaticus **14**,
Astacidae 14,
Astacoidea 13, 14,
Astacura 13,
Astacus astacus 14, 36, 37, **37**, **79**,
Astacus leptodactylus 36, **36**,
Ataya 14, 53, **54**, 67, 82,
Ataya spinipes 52,
Ataya sulcatipes **88**, **93**,
Atyidae 14,
Atyopsis 14, **77**,
Atyopsis gabunensis 67,
Atyopsis moluccensis **29**, 52, **53**, **66**, **77**,
    84,
Atyopsis spinipes 52, **52**,
Austropotamobius pallipes 37,
Bachflohkrebs **9**,
Bärenkrebs **12**,
Bartkrebse 11,
Bee-Shrimp 59,
Bienengarnele 50, 59, **89**,
Birgus 48,
Blattfußkrebs 11,
Blaukrabbe 13,
Brachyura 13,
Branchiopoda 11,
Branchiura 11,
Callinectes sapidus 13,
Cambarellinae 14,
Cambarellus 14,
Cambarellus montezumae 36,
Cambaroides dauricus 36,
Cambaroides schrencii 36,
Cambaridae 14,
Caridea 13,
Caridina 14, **28**, 49, 57, 58, 59, 62, **68**,
    75, 77, **79**, 89, **89**,
Caridina costei 59,
Caridina brevirostris 57,

Caridina brevispina 62,
Caridina cornuta 62,
Caridina denticulata 57,
Caridina gracillorostris 59,
Caridina guizhouensis 62,
Caridina ishigakiensis 57,
Caridina japonica **7**, 49, 56, **56**, 57, **57**,
    90,
Caridina kempi 62,
Caridina liui 62,
Caridina nilotica 59,
Caridina nilotica var. *bengalensis* 62,
Caridina pristis cruszi 59,
Caridina pristis pristis 59,
Caridina rajadhari 62,
Caridina serrata **32**, 57, **58**, 59, 76, **91**,
Caridina simoni 59,
Caridina singhalensis 59,
Caridina weberi var. *sumatrensis* 62,
Caridina zeylanica **22**, **24**, 57, **57**, 59, **59**,
    63, **68**, 76, **79**,
Cephalocarida 11,
Ceratophyllum demersum 43,
Ceylon-Süßwassergarnele 57, **57**,
Cherax destructor 14, **32**, 39, **39**, 81,
Cherax quadrimaculatus 40,
Cherax tenuimatus 39, 40, **65**,
Chitinskelett 8, **15**,
Cirripedia 12,
Coenobita brevimanus 48,
Coenobita cavipes 48, **48**,
Coenobita perlatus 48,
Coenobita rugosus 48,
Coenobitidae 14,
Copepoda 12,
Crangon crangon 20,
Crustacea 10,
Cryptocentrus singapurensis **88**,
Dentrobranchiata 13,
Dohlenkrebs 37,
Echte Krabben 13,
Edelkrebs 36, 37, **37**, **79**, 89,
Eigentlicher Langschwanzkrebs 13, **13**,
Einsiedlerkrebs **8**, **11**, 13, **16**,
Engelskrebs **10**,
Entomostraca 8,
Entwicklungsgeschichte 9,
Eriochir sinensis 44,
Eubranchipus grubei **10**,
Eucarida 13,
Europäische Languste 13,
Europäischer Hummer 13, 20,
Fächergarnele **4**, **25**, **29**, 49, 52, **52**, 53,
    53, **54**, 63, 66, **77**, 82, **84**, **88**, 89,
    89,
Fangschreckenkrebs 13,

Florida-Lobster 40, 73,
Flußkrebs 35, 84, **85**, **91**,
Fortpflanzung 19,
Fossilien 9, **9**,
Futter 66, 67, 68,
Galizierkrebs 31, 36, **36**, 37, 89,
Gammarus pulex **9**,
Gecarcinidae 14,
Gesamthärte 30,
Geschlechtsmerkmale 71,
Glasgarnele 20, **29**, 54, 55, **55**, 56, **62**,
    87, 89,
Grapsidae 14,
Großarmgarnelen 14, 49, **50**, 54, **54**, 76,
    78, **83**, 87,
Großer Flußkrebs 36,
Großer Pfeilschwanzkrebs 21,
Grüne Drüse 18,
Häutung 16,
Homarus americnus 20,
Homarus gammarus 13, 20,
Hoplocarida 13,
Hornkraut 43,
Hummer 13, 20,
Japanische Süßwassergarnele 49, 56,
    56, 89,
Javafarn 35,
Javamoos 35,
Kamberkrebs 37, 38, **38**, 81, **82**,
Karbonathärte 30,
Karpfenlaus 11,
Kiemen 17, 18,
Kleinkrebse 11, 12,
Knallkrebs **88**,
Köcherfliegenlarve **9**,
Königskrabbe 13,
Krankheiten 78, 80,
Krebspest 20, 22, 81,
Kuba-Flußkrebs 40, **41**, **70**, **71**, 72, **72**,
    73, 80, 84, 85, 86, 89,
Landeinsiedlerkrebse 14, 48, **48**,
Langschwanzkrebs 13, **13**,
Languste 13, 20,
Leander 55,
Lebensraum 24, 25,
Lemna minor 43,
Leptostraca 13,
Lymnaea stagnalis **14**,
Lysmata amboinensis **19**, **21**,
Macrobrachium 14, 20, 49, **50**, 51, 55,
    55, 56, 62, 76, 77, **78**, **83**,
Macrobrachium assameuse 56,
Macrobrachium gua 56,
Macrobrachium inpa 56,
Macrobrachium lanchestri 56,
Macrobrachium lar 55,

REGISTER

Macrobrachium niloticum 56,
Macrobrachium nipponeuse 56,
Macrobrachium ohione 56,
Macrobrachium pilimanus 56,
Macrobrachium rosenbergii 20, 56,
Macrobrachium vollenhovenii 56, **56**,
Malacostraca 8, 10, 12,
Malawisee-Krabbe 14, 24, 46, **46**,
Mangrovenkrabbe 14, 74,
Marron 39,
Microsorum pteropus 35,
Mittelkrebse 13,
Muschelblume 43,
Muschelkrebs 12,
Mysis **68**,
Mystacocarida 11,
Neocaridina 14, 49, 50, 57, 75, 77,
Neocaridina serrata 57, 58,
Ocypodidae 14,
Orconectes limosus 37, 81,
Ostracoda 12,
Pacifaustus leniusculus 39, 81,
Palaemon serratus 55,
Palaemonetes antennarius 56,
Palinura 13,
Palinurus argus 13,
Palinurus elephas 13,
Palmendieb 48,
Pancarida 13,
Paralithodes camtschatica 13,
Parastacidea 14,
Parastacoidea 14,
Paratya 57,
Penaeus monodon 20,
Peracarida 13,
Pfeilschwanzkrebs 21, **90**,
Phyllocarida 13,
pH-Wert 31
Pistia stratiotes 43,
Pleocyemata 13,
Poppiana dentata 45,
Potamobius torrentium 36,
Potamon 44,
Potamonautes armata 46,
Potamonautes orbitospinus 46,
Potamonidae 14, 42, 44, 46,
Präparat 22, 23, **23**,
Procambarus **26/27**,
Procambarus clarcii 20, 21, **23**, 25, **34**, 36, 38, **38**, 81,
Procambarus cubensis 40, **41**,
Procambarus montezuma 41,
Procambarus paeninsulanus 40,
Procambarus shuffedtii 41,
Putzergarnele **19**,
Putzergarnele, Larve **19**, 21,

Rankenfüßer 12,
Ranzenkrebse 13,
Red Claw Hummer 40,
Regenbogenlandkrabbe 46, 47,
Remipedia 11,
Rennkrabben 14, 47
Reptantia 13,
Riesenbachgarnele 52,
Riesensüßwassergarnele 54,
Ritterkrebse 13,
Rosenberggarnele 54,
Rote Großarmgarnele **51**,
Rote Mangrovenkrabbe 42, **42**, 43, 45, **45**, **65**, **69**, 74, **74**, 75, 79, **86**,
Roter Flußkrebs = Roter Sumpfkrebs 20, 21, **23**, 25, **34**, 36, 38, **38**, 80, 81, **86**,
Rote-Thai-Krabbe 86,
Ruderfußkrebse 12,
Salinenkrebs 12, **12**,
Sägegarnele 55,
Sägezahnkrabbe 45,
Sesarma bidens 45,
Sesarma chiromates 45,
Sesarma johorensis 45, 75,
Sesarma siamensis 45,
Singapur-Partnergrundel **88**,
Signalkrebs 39,
Sinnesleistungen 17,
Spitzschlammschnecke **14**,
Steinkrebs 36, 89,
Stomatopoda 13,
Südamerikanische Fächergarnele 53,
Syncarida 13,
Systematik 10, **11**,
Tanganjikasee-Krabbe 14, 46, **46**,
Tantulocarida 12,
Technik 33, 43, 49,
Temperatur 32, 78,
Terrapotamon abbotti 46,
Thailändische Regenbogenlandkrabbe 46,
Thermosbaenacea 13,
Tigergarnele 20, 50, 59,
Triops cancriformis 21,
Uca 47, 86,
Verbreitung 24,
Vergesellschaftung 88,
Verhalten 83, 84, 86, 87.
Vesicularia dubyana 35,
Wasser 28, 29, 30,
Wasserassel 14, **14**,
Wasserhärte 30,
Wasserlinse 43,
Wassertemperatur 32,
Winkerkrabben 14, 47, **47**, 86,

Wollhandkrabbe 44, 45,
Yabby 14, **32**, 39, **39**, **81**,
Yamatonuma-Garnele **7**, 56, **56**, 59, **60/61**,
Zebragarnele **32**, 50, 57, **58**, 76, **76**, **91**,
Zebrasüßwassergarnele 57, 58, 59, **91**,
Zucht 63, 70, 71, 73, 75,
Zwergflußkrebse 14,
Zwergspeerblatt 35,

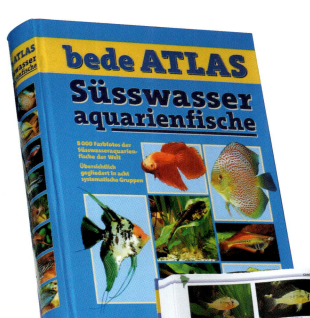

bede- Klassiker

Ein wahrlich besonderes Buch – ehrfurchtsvoll nennt man ihn in der internationalen Aquarianer-Szene schon jetzt den „Big bede-Atlas". Ein Name, den dieses Buch mit seinen mehr als fünf Kilo wahrlich verdient.

Die etwa 8 000 Farbabbildungen auf über 1 100 Seiten machen dieses Buch zu einem Standardwerk für alle Aquarianer weltweit. Erhältlich in sieben Weltsprachen (Deutsch, Englisch, Französisch, Italienisch, Schwedisch, Holländisch, Tschechisch) wird der bede-Atlas zu dem Kommunikationsmedium in der gesamten Aquaristikbranche.

ISBN 3-933646-90-1
bede-Nr. AT 217

€ 98,-
A-€ 101,70 · sFr 170,00

Aus der bede Premium-Reihe

ISBN 3-931792-43-9
bede-Nr. GB 018
€ 29,80
A-€ 30,70 · sFr 53,00

112 Seiten
ca. 200 Farbfotos
ISBN 3-931792-99-4
bede-Nr. RG 137
€ 22,80
A-€ 23,50 · sFr 41,50

ISBN 3-927997-00-5
bede-Nr. GB 015
€ 19,80
A-€ 20,40 · sFr 36,00

ISBN 3-927997-10-2
bede-Nr. GB 014
€ 22,80
A-€ 23,50 · sFr 41,50

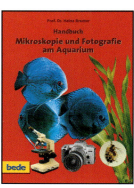

ISBN 3-89860-020-3
bede-Nr. GB 022
€ 22,80
A-€ 23,50 · sFr 41,50